中国梯田撂荒问题及其对策

李秀彬　辛良杰　谢花林　等　著

气象出版社
China Meteorological Press

内容简介

本书是国家自然科学基金重点项目“梯田撂荒过程及其造成的地力资本损失”的资助成果。本书首先介绍了世界梯田与梯田撂荒的基本特征与研究进展，利用构建的基于深度学习的梯田提取模型绘制出中国米级梯田现状分布图；基于全国抽样调查方法探究了中国梯田撂荒的严重程度及区域分布特征。从宏观与微观尺度对全国及典型区梯田撂荒的驱动机制进行了深入分析，测算了近年来中国梯田资产的贬值程度。在此基础上，应用多种回归算法模拟了中国未来梯田撂荒的不同情景。在充分总结评估我国现有梯田保护政策效果的基础上，提出了切合实际的梯田撂荒的应对策略。

本书可作为地理学、土地资源学、农业经济学等学科专业教师、研究生和本科生的教材，也可作为国土与农业管理部门施政的参考用书，还可为水土保持等相关领域的研究人员提供翔实的基础资料。

图书在版编目（CIP）数据

中国梯田撂荒问题及其对策 / 李秀彬等著. -- 北京 : 气象出版社, 2024. 6. -- ISBN 978-7-5029-8233-1

Ⅰ. F323.211

中国国家版本馆 CIP 数据核字第 2024RD3699 号

审图号：GS京（2024）0932号

中国梯田撂荒问题及其对策

ZHONGGUO TITIAN LIAOHUANG WENTI JIQI DUICE

出版发行：气象出版社

地　　址：北京市海淀区中关村南大街 46 号　　**邮政编码**：100081

电　　话：010-68407112（总编室）　010-68408042（发行部）

网　　址：http://www.qxcbs.com　　**E-mail**：qxcbs@cma.gov.cn

责任编辑：蔺学东　毛红丹　　**终　　审**：张　斌

责任校对：张硕杰　　**责任技编**：赵相宁

封面设计：楠竹文化

印　　刷：北京地大彩印有限公司

开　　本：787 mm×1092 mm　1/16　　**印　　张**：10.25

字　　数：270 千字

版　　次：2024 年 6 月第 1 版　　**印　　次**：2024 年 6 月第 1 次印刷

定　　价：120.00 元

前　言

梯田，作为中华民族农耕文明的杰出代表，不仅是中国传统农耕文化的重要组成部分，也是山区农民赖以生存的重要资源。梯田的合理利用对于保障粮食生产、蓄水保土、改良土壤、保护生物多样性等方面具有重要意义。同时，梯田也融入村寨、森林、水系等元素，构成“自然-社会-经济”独特的景观和农耕文化复合系统，成为了重要的旅游资源和世界文化遗产。

然而，梯田也具有与生俱来的劣势，如地形破碎、农业劳动强度大且不易用机械替代、土地贫瘠产出水平低等。在现代化进程加速的今天，梯田的这些劣势被逐渐放大，梯田撂荒现象愈发普遍，逐渐成为影响中国农业与农村发展的典型现象。

本书是国家自然科学基金重点项目“梯田撂荒过程及其造成的地力资本损失”的资助成果。本书内容框架主要包括：梯田与梯田撂荒的研究进展、中国梯田分布制图、中国梯田撂荒程度及区域分布特征、中国梯田撂荒的驱动机制与未来发展情景、中国梯田地力资产变化等。首先介绍了世界梯田与梯田撂荒的基本特征与研究进展，利用构建的基于深度学习的梯田提取模型绘制出中国米级梯田现状分布图；基于全国抽样调查方法探究了中国梯田撂荒的严重程度及区域分布特征。从宏观与微观尺度对全国及典型区梯田撂荒的驱动机制进行了深入分析，测算了近年来中国梯田资产的贬值程度。在此基础上，应用多种回归算法模拟了中国未来梯田撂荒的不同情景。

梯田撂荒问题是一个复杂的社会经济问题，需要政府、社会、农民等多方面的共同努力才能有效解决。本书通过对梯田撂荒问题的深入分析和探讨，在充分总结评估我国现有梯田保护政策效果的基础上，提出了切合实际的梯田撂荒的应对策略。我们相信，在全社会的共同努力下，梯田这一宝贵的农业遗产将焕发出新的生机与活力。

在本书撰写过程中，作者尽力收集最新的数据、应用合适的方法，但受知识、经验、时间等各方面的限制，梯田撂荒问题又复杂多变，涉及自然、经济、社会、政策等多个方面，书稿不足甚至错误之处在所难免，敬请读者批评指正。

作者

2024 年 3 月

目　录

第 1 章 绪 论

梯田是在坡地上分段沿等高线建造的条状阶台式或波浪式断面的农田，广泛分布在世界各地，如地中海沿岸、非洲南部、中美洲、东亚、东南亚等。我国是世界上最早修筑梯田的，也是梯田分布最广的国家之一。梯田历史悠久，自史前时期便开始出现，几乎与农业文明同时产生。作为良好的农耕系统，梯田根植于本土、技术成熟，且与当地的社会习俗和文化相融合，其在提高土地的农业产出、抵御气象气候灾害及保护环境和生态方面，发挥了重要的作用。同时，梯田还因自身独特的景观和农耕文化，成为重要的旅游资源和世界文化遗产。然而，梯田被放弃耕作、失于维护的情况也时有发生。如此宝贵的耕地资源被撂荒，特别是当这种情况普遍发生或成为趋势性现象的时候，无疑需要引起重视。

1.1 梯田概念、分类与功能

1.1.1 梯田的概念

梯田是丘陵山区最常见的农业景观之一，是粮食生产的重要载体，也是几千年来人类利用和改造自然环境的标志。梯田本质上是通过工程手段对斜坡进行改造，使得斜坡变缓，从而降低耕作难度。因此，从形态上看，梯田通常沿着山坡层层分布，由从斜坡上切割而来的楔形地块组成。在工程施工中，通过挖土填方、修筑坎埂和平整田面等工序，最终地块按等高线排列，形状如阶梯，故称为“梯田”。

1.1.2 梯田的分类

梯田的修筑过程受地形和坡度的限制，田面宽度也受到土层厚度、灌溉系统和耕作方式等因素的约束，因此，梯田类型和结构非常多样化（Wei et al.，2016），习惯上往往根据断面结构、田面坡度、材料、土地利用方式、灌溉方法、施工方法等划分为不同梯田类型（图 1-1）。

根据断面形式不同，梯田可分为台阶式梯田和波浪式梯田两类（陈蝶 等，2017）。台阶式

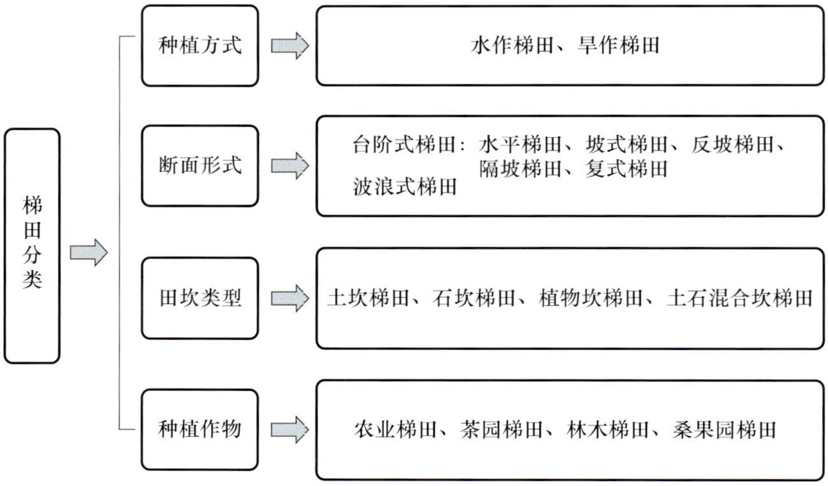

图 1-1　梯田分类

梯田是坡地上沿等高线修筑的逐级升高的台阶型的农田，在东亚、东南亚、西欧等人口稠密、土地稀缺的地区分布广泛。基于田面坡度和结构的不同，台阶式梯田可以进一步分为水平梯田、坡式梯田、反坡梯田、隔坡梯田和复式梯田等多种形式。水平梯田沿等高线修筑，将田面修成水平的阶梯状农田，是最常见的梯田类型之一。此类型梯田除了可以保护土壤和水资源，还能提高作物产量。坡式梯田是指田埂呈现阶梯状但田面呈斜坡的旱耕地。反坡梯田田面坡向与山坡方向相反，反坡的倾斜角度一般在 3°～5°。隔坡梯田是沿原自然坡面隔一定距离修筑的水平梯田，并在梯田与梯田间留有一定山坡植被的坡地，通常坡度超过 15°。复式梯田是一种由多种类型梯田组合而成的梯田体系，开辟在因山就势、因地制宜的山丘坡面上。波浪式梯田又称宽埂梯田，是在缓坡上修筑成波浪形状的断面农田。波浪式梯田在北美、澳洲和东欧等稀疏人口地区较为常见，其坡度相对较小，更适合机械耕作。

根据田坎（建筑）材料的不同，可以将梯田分为土坎梯田、石坎梯田、植物坎梯田和土石混合坎梯田等。土坎梯田沿着等高线修筑，外侧用土体培埂夯实，适用于土层深厚、降水较少的地区。在雨水较多、土层稀少的地区，可以使用质地坚硬的石块等材料修筑田坎，称为石坎梯田，它具有较强的水土保持能力，但修建的工程成本可能较高。植物坎梯田以植被为主，其田坎覆盖着大量的牧草或灌木。植被的培育所需的时间较长，因此形成田坎所需的周期也比较长，不过投资成本相对较低。

此外，梯田还可以根据土地利用方式的不同进行分类，比如农业梯田、茶园梯田、林木梯田和桑果园梯田等类型。根据是否需要灌溉，梯田可以分为水作梯田和旱作梯田。

1.1.3　梯田的功能

修筑梯田的本质是在农业实践中突破地理环境的限制。梯田通过重塑地表形态，可以控制土壤侵蚀、提高土壤肥力、抵御自然灾害（Brown et al.，2021），将改善耕作条件、保护生态环境及艺术审美有机地结合在一起，形成多功能景观综合体。因此，梯田的主要功能包括粮食生产、蓄水保土、改良土壤、保护生物多样性、旅游观赏和传承农耕文化等。

(1)粮食生产

梯田最原始的功能就是粮食生产。在人口大幅增长的时期,丘陵山区仅仅依靠面积有限的平缓耕地和坡度陡峭的坡耕地,很有可能无法保障足够的粮食供应。此外,自然灾害、战乱、气候异常等因素也会使粮食产量发生波动。大量研究表明,与坡耕地相比,梯田的重要特征之一是高产稳产,产出效率高。Wickama 等(2014)对东非高原进行的研究表明,在相同的投入成本下,梯田的玉米和小麦的产量分别比在斜坡上种植时增加 3～4 倍和 6～7 倍。在秘鲁的安第斯山脉,修建梯田 2～4 年后,比相邻的坡耕地产量提高 20%(Posthumus et al.,2010)。Liu 等(2011)在 2001—2005 年进行了多次田间试验,发现黄土高原地区修建 3 年的梯田比坡耕地(坡度>10°)的产量提高了 27%。汪永刚等(2009)对定西市的旱作农业研究表明,梯田与坡耕地相比,在同等耕作条件下每公顷增产粮食 780 kg(折合 52 kg/亩①)。据此推算,定西市的梯田每年可增产粮食 2.3 亿 kg。同期测算发现,在一般年份,宁夏隆德县的水平梯田比坡耕地增产粮食 50 kg/亩,全县 55.2 万亩梯田增产 2760 万 kg(李禄胜,2008)。罗林等(2007)调查分析表明,将喀斯特石漠化地区的坡耕地按照特有的建设模式改造成梯田后,单株玉米平均增产 36.4%。一般而言,坡度越陡峭、水土流失越严重、土层越薄的坡耕地建成梯田后粮食增产的效益越高。根据大量报道和案例分析结果,将坡耕地改成水平梯田(简称坡改梯)后作物产量平均提高 1.94 倍(Wei et al.,2016)。

(2)蓄水保土

水土流失特征取决于降水强度、地形坡度、土壤松紧度和植被覆盖状况等。一般而言,坡度越陡峭、土壤越疏松,土壤的抗蚀和抗冲能力就越弱,越容易发生和加剧水土流失(李禄胜,2008)。随着坡度的增大和坡长的增加,坡耕地的水土流失就会加剧。降水量较大时,水流在下坡位汇集,汇流动能较大,并在土壤凹处淤积,上坡位的土壤受雨水侵蚀搅动,耕作层土壤易离散,顺水流方向移动(白丹 等,2010)。

梯田通过改变地表形态,显著影响田面坡度、土壤和植被。梯田通过降低径流的速度和总量来削弱侵蚀力,因此具有良好的保持水土的功能。各种形式的坡改梯,都能在减少土壤侵蚀方面发挥重要作用(王道龙 等,2002)。研究表明,坡改梯是流域综合治理中的有力措施,梯田的保水减沙效益整体优于其他用地类型,即水土保持效益“梯田>林地>草地”,如表 1-1 所示。

表 1-1 陕西省安塞县小流域不同地类的侵蚀模数和产沙量

土地类型		侵蚀模数/(t/(km² · a))	总产沙量/t
农地	水平梯田	700	285
	原始坡地	14000	13394
林地	乔木林	1500	1171
	灌木林	2500	1333
	经济林	7000	2469
草地	人工草地	3000	1666
	改良草地	5000	1500
	天然牧荒地	14000	29185

资料来源:(吴钦孝 等,1998)。

① 1 亩≈666.67 m^2,下同。

世界各国兴修梯田的实践和大量的实地测算资料均表明，实施坡改梯后，梯田区域内的水土流失得到了极大的改善。Hammad 等(2004)在对巴勒斯坦的研究中发现，非梯田地区的径流和侵蚀率更高，梯田的水分利用效率几乎是非梯田地块的 3 倍。Sharda 等(2002)针对印度研究发现，梯田的减水效率最高可达 80%，减沙效率可达 90%左右。Rutebuka 等(2021)证实梯田技术在控制卢旺达水土流失方面具有巨大的潜力。Gebrernichael 等(2005)的研究表明，在埃塞俄比亚北部提格雷高地，石坎坡式梯田使水蚀造成的年度土壤流失减少了 68%。我国的研究表明，甘肃省定西市关河流域内梯田年均土壤流失量为 0.072 t/亩，同比坡耕地减少了 95%；年均径流量为 1.38 m^3/亩，比坡耕地减少了 89%(史海滨，1992)；北京市密云水库周边的石匣小流域的实验观测表明，将坡耕地改成梯田可以减少地表径流的 54.2%，年均侵蚀模数可以减少 67.95%(蔡新广，2004)。

(3)改良土壤

坡耕地的耕层薄，深层土长期得不到耕作而形成了“生、冷、硬”的土质特性，不利于作物根系延伸、水分渗透与养分累积。修筑梯田后，可最大限度地减弱水力侵蚀，改善土壤养分(Wei et al.，2016)，另外，随着以梯田形式进行耕作和管理利用年限的延长，再加上肥料、植物凋落物投入与根系回收，大多数情况下可改善土壤的物理结构和性质(Qi et al.，2020；吴春晓 等，2022)。

现有主流观点认为，梯田对保护和提高土壤肥力有积极作用(Brown et al.，2021)。Rawat 等(1995)的研究发现，坡改梯后土壤结构得到改良，入渗强度增加。Xu 等(2021)的研究认为，梯田土壤水分高于坡耕地和自然植被表面；在 0～1 m 土壤深度范围内，土壤湿度比坡耕地高 4.39%～4.89%。Hammad (2006)在地中海地区的研究发现，梯田可减少强降雨引发的土壤侵蚀，从而增加有机碳(SOC)、镁(Mg)、钙(Ca)、钾(K)的含量。王茜等(2011)对陕西省安塞县的研究表明，梯田土壤多年含水率、有机质和氮磷钾含量较高，其中有机质比对照坡耕地高 32.5%。张超等(2010)的研究证实，黄土丘陵区坡改梯 30 年后，土壤有机碳(TOC)、水溶性有机碳(DOC)、碳水化合物(CHO)、微生物量碳(MBC)相较于坡耕地分别增加了 146%、97%、234%、134%。基于大量文献的统计分析显示，坡改梯后，土壤养分和土地生产力平均是坡耕地的 1.2 倍(Wei et al.，2016)。

(4)保护生物多样性

梯田在重建和改善植物生境和动物栖息地方面也发挥了关键作用，进而有利于生态系统恢复和生物多样性增加。梯田对物种生境的改善作用可以从以下几个方面理解。首先，梯田可以抵御滑坡、泥石流、旱涝灾害，降低物种死亡率。其次，梯田改善了水分和土壤条件，为自然界的物质循环和能量流动提供了更好的基础，对整个生态系统的优化起到关键作用。最后，通过增加区域的景观异质性，改善了不同物种的生境，从而有助于增加生物多样性。

大量的实地调查证明，梯田在保护生物多样性方面做出了重要贡献。在日本东南部的东邦村，监测梯田护坡的空间发现了 43 科 88 种植物，说明梯田有助于在局部范围内保护植物的生物多样性(Taizo et al.，2015)。中国云南的红河哈尼梯田生态系统有 151 科 445 属 651 种植物，其中药用植物 255 种、食用植物 226 种(张晴 等，2022)。杨蕊等(2022)采用样地调查法发现梯田生态系统的蚂蚁隶属于 10 亚科 47 属 101 种。河北涉县旱作梯田农业系统种植或管理了 77 种农业物种，其中包括粮食作物 15 种、蔬菜作物 31 种、油料作物 5 种、干鲜果 14 种、药用植物及纤维烟草等 12 种；共有 171 个传统农家品种，其中粮食作物 62 个、蔬菜作物 57

个、干鲜果品 33 个、油料作物 7 个、药用植物和纤维烟草 12 个。这些农业物种及传统农家品种，通过混合种植、轮作倒茬、间作套种、优中选优等一系列保护与利用技术被活态传承和保护下来(贺献林 等，2020)。Košulič等(2014)研究表明，捷克的人工葡萄园梯田总共记录了 171 种蜘蛛，其中 40%为稀有品种，15%为红色名录的受威胁品种，已经成为稀有和濒临灭绝的蜘蛛群落的栖息地和避难所。

(5)旅游观赏和传承农耕文化

梯田已成为国家或区域人类社会文化遗产中的重要组成部分。梯田系统蕴含丰富的文化资源，是具有持久文化传承意义的纪念碑。梯田的起源和发展历经繁杂过程，记录了历史上环境与人类相互作用的丰富信息(Jiang et al.，2014)。由于梯田多分布于交通不便、信息闭塞的山区和丘陵地带，容易在相对封闭的环境中形成地方文化。梯田农业系统，因悠久的历史、丰富的生物多样性，以及承载的传统技术、习俗和文化，而展现出独有的文化价值。古代农业梯田是人类历史、多元文化和文明的印记，是在长期与自然环境的协同演化和动态适应中所创造出的独特土地利用系统和农业景观，也是全球重要农业文化遗产中不容忽视的一种耕作类型(闵庆文，2020；张永勋 等，2016)。

1995 年，菲律宾的科迪勒拉水稻梯田(Rice Terraces of the Philippine Cordilleras)正式被列入世界遗产名录，引起了对梯田遗产和旅游价值的关注。印尼巴厘岛水稻梯田，以其独有的苏巴克(Subak)灌溉组织系统，优雅地展现出智慧的光芒及朴素的哲学思想，并在 2012 年被列入世界遗产名录。中国云南红河哈尼梯田因其规模之大和独特的民族文化，在 2010 年成功入选全球重要农业文化遗产(Globally Important Agricultural Heritage Systems，GIAHS)，在 2013 年被列入世界遗产名录。此外，中国涉县的旱作石堰梯田系统(杨荣娟 等，2019)、南方山地稻作梯田系统分别在 2014 年和 2018 年入选全球重要农业文化遗产。全球至今已有 14 处古梯田被联合国教科文组织(United Nations Educational，Scientific，and Cultural Organization，UNESCO)纳入世界遗产名录，其中 6 处被联合国粮食及农业组织(Food and Agriculture Organization of the United Nations，FAO)列为全球重要农业文化遗产。

梯田的美学观赏价值也不容忽视。梯田景观是“自然-社会-经济”复合系统的一部分，既包括梯田本身，也融入村寨、森林、水系等元素，形成构型和布局景观。壮观多变的梯田以其宽阔的视野和空气透视成为立体视觉的主要因素，极具观赏性。梯田具有丰富的层次感、灵动优美的线条及独特的社会文化，因此成为宝贵的旅游资源，吸引了成千上万的游客。许多国家和地区通过梯田旅游开发挖掘文化，活化历史场景并对梯田景观系统进行丰富的配套规划，推动社会、经济、文化和环境的可持续发展。例如，菲律宾的巴纳韦梯田、瑞士的拉沃梯田，以及中国的哈尼梯田和龙脊梯田等(表 1-2)。

表 1-2 国内外著名梯田(部分)简况

梯田名称	地理位置	景区面积/km^2	梯田海拔/m	气候	初垦时间	景区文化等级
巴纳韦梯田	菲律宾吕宋岛北部伊富高省巴纳韦镇	400	1400～1500	热带雨林气候	距今 2000 年前	世界文化遗产
拉沃梯田	瑞士西南部沃州	8.9	—	温带海洋气候	距今 800 年前	世界文化遗产

续表

梯田名称	地理位置	景区面积/km²	梯田海拔/m	气候	初垦时间	景区文化等级
哈尼梯田	中国云南省元阳县	127	144～2939	亚热带季风气候	距今 1300 年前	世界文化遗产、全球重要农业文化遗产、中国重要农业文化遗产
龙脊梯田	中国广西壮族自治区龙胜县	66	300～1100	亚热带季风气候	距今 650 年前	全球重要农业文化遗产
能登半岛梯田	日本本州中北部能登半岛	1656	—	温带季风气候	14—16 世纪	全球重要农业文化遗产
苏库尔梯田	尼日利亚东北部苏库尔	7.64	—	热带季风气候	16 世纪	世界文化遗产

1.2 世界梯田的分布与发展历史

1.2.1 世界梯田

梯田历史悠久，自史前时期便开始出现（陈蝶 等，2017），几乎与农业文明同时产生。早在大约 5000 年前，巴勒斯坦、也门及中国的长江流域就出现了梯田。此后，梯田逐渐传播到地中海南北两岸（Galletti et al.，2013；Price et al.，2005）及东南亚地区（De Blécourt et al.，2014）。在中东和地中海地区，有关梯田的实践记录至少可以追溯到公元前 1000 年的铁器时代（Stanchi et al.，2012）。最初，人们清除山顶小丘的植被，用于种植粮食或者建立防御工事，这是梯田的雏形。随着人口的增加和技术的进步，梯田逐渐演变成一种集约农业生产方式，成为防止水土流失、节约用水和增加农业产出的重要手段。

在亚洲，中国、日本、韩国、印度、尼泊尔、泰国、越南、印度尼西亚、菲律宾等国家，均广泛分布着梯田。受气候、地形、饮食偏好等因素的影响，亚洲的梯田主要用于种植水稻（杨艳芬 等，2021），形成个性鲜明的亚洲“梯田文化圈”（付广华，2008）。

印度梯田主要分布在东北部的丘陵山区。菲律宾的高山地区也广泛分布着梯田，如吕宋（Luzon）、巴纳韦（Palawan）、帕奈（Panay）和苏禄（Sulu）等地（刘勇，2001）。在吕宋岛的科迪勒拉山脉中，伊富高梯田具有完整的“水源涵养林-木涌-聚落-梯田-水系”的结构（侯惠珺 等，2016）。也门是世界上梯田面积最广的国家之一，梯田的面积占国土总面积的 35%，在北部和中部的高地梯田尤为密集（Varisco，1991；Vogel，1987）。在日本，梯田分布在除东京（Tokyo）、埼玉（Saitama）和冲绳（Okinawa）以外的全国各地，尤其集中在新潟县（Niigata）的库比基丘陵（Kubiki Hills）、冈山县（Okayama）的吉备高原（Kibi Plateau）和大分县（Oita）的阿苏九重火山（Aso-Kuju Volcanoes）脚下（Nakajima，1996）。

欧洲的梯田历史悠久且分布广泛，尤其在地中海周边更为集中。据考证，地中海区域在欧洲文艺复兴时期曾进行过大规模的梯田建设（Uchida et al.，2013）。历史上，西班牙、葡萄牙、意大利、希腊、瑞士和挪威都对丘陵沟壑进行广泛整地，建造了一系列的梯田。与亚洲的梯田用于种植水稻不同，欧洲梯田主要用于种植葡萄、橄榄树和杏树等，形成了富有地中海特色的梯田“文化圈”。

西班牙梯田的历史可以追溯到公元前2000年，18—19世纪因农村人口的快速增长，梯田得到了快速的发展。20世纪70年代至21世纪初，得益于欧盟的土地政策和市场需求的增加，西班牙利用现代机械修筑了大量的葡萄园梯田。在西班牙东北部的加泰罗尼亚地区，存在多种类型的梯田(Kinnaird et al.,2017)。意大利早在石器时代就出现了梯田，中世纪前就有关于梯田的记录。在文艺复兴和第一次工业革命时期，意大利进行了大规模梯田建设，目前，在其北部的利古里亚、中部的托斯卡纳、南部的萨勒诺地区都有大量梯田存在(Tarolli et al.,2014)。希腊人在公元前400年就开始在山坡上修建梯田(Krahtopoulou et al.,2008)，以便于灌溉和改良土壤。希腊大规模地在爱琴海周边建设梯田一直持续到大约19世纪，米蒂利尼岛、安迪西基拉岛、纳克索斯都有梯田广泛分布。瑞士南部的梯田较为典型，其中拉沃葡萄园梯田最为著名，在2007年入选世界遗产名录。

在非洲撒哈拉沙漠以南的许多国家，如埃塞俄比亚、肯尼亚、坦桑尼亚、乌干达、南非、赞比亚、马达加斯加等，都实施了以梯田建设为主的水土保持工程，成为提高农业水资源利用效率的有效方法。埃塞俄比亚南部的孔索部落以擅长在山坡上开凿梯田而闻名，已经有超过3000年的历史。现代梯田大多建于1974年之后，主要集中在高地地区(Amsalu et al.,2007)。卢旺达的农耕区以梯田农业为主(Rutebuka et al.,2021)，有效地控制了土壤侵蚀，提高了水资源利用率和土壤养分含量。肯尼亚在塔纳河流域修建梯田用作降低土壤侵蚀率的一项干预措施(Thomas et al.,1980)。

在史前时期，中美洲的大多数高原以梯田作为主要的集约农业方式之一。在危地马拉的高原和墨西哥河谷中，有许多梯田和配套的灌溉系统。在印加帝国时期，居民通过修建梯田建立了先进的农业系统。美国的新墨西哥州梯田最早修建于公元1000—1150年(Sandor et al.,1990)。在秘鲁的高原上，古老的梯田历史已超过2500年(Inbar et al.,2000)。在南部低地地区，瓦里时期曾经大力发展梯田(Londoño et al.,2017)。秘鲁建造梯田形成了安第斯高原农业系统，在不同海拔高度种植特定作物，低海拔(2500～3500 m)主要种植玉米，中海拔(3500～3900 m)主要种植马铃薯，高海拔(4000 m以上)主要用作牧场或种植高山植物。安第斯高原梯田农业系统具有丰富的生物多样性，覆盖了超过300个本地聚居区，在2005年被列入全球重要农业文化遗产名录。

1.2.2 中国梯田

中国是世界上梯田分布最广的国家之一，中国梯田农业的发展与自然资源禀赋条件和农业技术发展密切相关。中国人口众多，山地面积占比2/3以上，在农业生产实践中梯田得以形成和发展。梯田系统体现了人类对自然环境的适应和改造，对中国农业贡献巨大。按修建时间可以分为两类，一是在历史发展过程中对山地改造修建的梯田，以南方山区丘陵居多，主要种植水稻，形成较为稳定的南方稻作梯田系统，如云南元阳哈尼梯田、福建尤溪联合梯田、江西崇义客家梯田、湖南新化紫鹊界梯田、广西龙胜龙脊梯田等。根据史料记载，约在3000年前长江流域出现了水稻梯田，黄河流域的旱作梯田可追溯到公元前2000年。另一类是在新中国经济建设时期，通过人工或者机械在干旱半干旱区、水土流失敏感区修建的梯田，多为旱作梯田，主要集中在黄土高原的甘肃、宁夏、陕西、山西等地。第二次全国土地调查数据显示，中国耕地中梯田总面积约 2.8 亿亩，占耕地面积的 14%，主要集中在黄土高原、云贵高原及南方丘陵山区。

中国梯田的发展大致可以分成四个时期：梯田萌芽期、梯田形成期、梯田建设扩展期、梯田工程技术体系完善期。

梯田萌芽期（公元前 2 世纪—公元 10 世纪前后）的标志是修建小面积梯田，以便于耕作和保水保肥、增加产量，并开始注意改善灌溉和水利条件。西汉时，南方丘陵山区的农民开始在山麓及沟谷较为低缓的坡地修建水平梯田。

梯田形成期（公元 10 世纪—16 世纪）的主要特点是梯田不再是零星田块，而是沿坡面建筑成片多阶段的梯田。元代的《王祯农书》对梯田的定义、分类、布设及修筑方法进行了系统的叙述。

梯田建设扩展期（公元 16 世纪—20 世纪 40 年代），这一时期梯田推广的范围持续扩大，修筑梯田不仅考虑农业生产因素，还有意识地与治山治水结合起来，形成了引洪漫淤、保持水土、提升肥力的技术和理论。明代徐光启在《农政全书》中详细讲述了修筑梯田的经验："均匀水土，水土相得……"；清代蒲松龄在《农桑经》中重点讲到梯田的作用："一则不致冲决，二则雨水落淤，名为天下粪。"20 世纪 20 年代，水利专家李仪祉在《黄河根治法之商榷》中指出梯田在治理黄河中的重要作用。

梯田工程技术体系完善期（20 世纪 40 年代至今）可分为三个阶段：第一阶段（1942—1952 年）为梯田沟洫工程试验阶段。该时段内，我国在甘肃天水等地设定试验区，修筑梯田以减少径流、保持水土、增加产量。由于受到当时社会、经济和技术条件的限制，梯田修筑没有大面积推广。第二阶段（1952—1969 年）进入大修梯田时期。通过总结过去的经验，将草带变成地埂，并依据地形条件采用低处培高、高处培低、埂顶相平的方法，让梯田起到良好的拦蓄作用。在 1955 年、1957 年全国的水土保持会议推进下，水土保持工作的坡面治理和农业增产紧密结合，并得以由点到面普遍推广。在 1958—1965 年，掀起了兴修梯田的高潮，以人工修筑为主，主要为坡式梯田和窄条水平梯田。第三阶段（1970 年以后）进入大面积机械修筑梯田时期。这一时期，农业机械开始普及，机修水平梯田出现，梯田的工程技术体系趋于成熟。

1.3 梯田研究进展

1.3.1 全球研究概况

现有的梯田研究主要集中在其发展历史、分布、价值利用等方面，更细致的研究主题则集中在以下几个重点：梯田景观、梯田农业、梯田撂荒、梯田的土壤和水文、梯田的保护与可持续利用（Chen et al.，2022）。在全球范围内，中国是梯田研究成果最为丰富的国家，在 Web of Science 核心数据库中发文量占到 50%以上，主要研究领域涵盖农业生产、农业工程、文化旅游和生态环境等方面（表 1-3）。

表 1-3　Web of Science 核心数据库中梯田文献量排名前 10 的国家

国家	文献数量/篇	总被引次数/次
中国	203	732
美国	95	784
日本	62	224
西班牙	60	1136
意大利	38	401
英国	35	510
印度	30	40
德国	28	234
菲律宾	26	85
法国	18	74

注：检索时间截至 2023 年 3 月。

1.3.2　梯田研究的聚焦点

关键词分析表明，梯田研究的聚焦点排名靠前的是“土壤侵蚀”“地表径流”“梯田景观”和“土地环境”。根据共现网络，梯田研究的焦点可以分为五个方面。①关注梯田的地质和考古特征。由于梯田的建设经历了漫长的历史时期，有逐渐发展和演变的过程，对梯田土壤碳、氮同位素的考古研究提供了验证记载和发现的机会。②主要研究梯田景观及其文化价值。梯田景观及其文化价值来自梯田维护与利用的结合，是人类改造自然的成果（Chen et al.，2016）。同时，优美的梯田景观给游客带来极佳的视觉享受。故而，量化梯田的文化景观价值也是近年来研究的重点。③主要研究梯田的水土保持和农业利用功能。梯田防止水土流失的功能得到广泛认可（Chidi et al.，2022），但其有效性受到气候、土壤特性、地形、土地利用、文化、人口和社会经济等因素的限制（Chen et al.，2017），因此，为最大限度地保障梯田的功能，学者们开展了大量的研究。④主要涉及对梯田撂荒和土地利用变化的研究。与平原地区相比，梯田的地形条件和灌溉条件较差，更容易发生撂荒。近年来，梯田撂荒在全球尺度上发生，学者们在梯田撂荒规模、驱动机制、效应及影响等方面开展了广泛研究。⑤研究主要涉及典型梯田的保护和可持续利用。虽然一些古老的传统梯田受到重视且功能齐全，但低效利用仍然广泛存在。显然，自然因素和经济因素都会影响梯田的可持续利用（Sayed et al.，2020；Wang et al.，2021），需要进行动态保护实现路径的研究。

1.3.3　梯田研究的主题演变

对于梯田的研究主题，可以分为单一路径和扩展路径。单一路径指的是研究主题在研究期内保持不变，在未来一段时间继续作为研究重点。根据形成时间可分为传统路径和新兴路径。扩展路径则与此前的研究主题密切相关又有所不同。具体而言，单一路径启发扩展路径，而扩展路径深化单一路径。

对于梯田的研究，有四条主要的单一研究路径：农业（1991—2017 年）、土壤侵蚀（1991—2017 年）、农业景观（2005—2017 年）、土地撂荒（2014—2020 年）。其中，农业、土壤侵蚀、农业景观为传统路径，土地撂荒为新兴路径。工业化和城市化的加快推进加剧了梯田撂荒，未来对于梯田撂荒的研究将继续为热点。

扩展研究路径比单一研究路径更为丰富。1990 年以来，对生物多样性、生态系统服务、可持续性的研究越来越受到重视。主题的演化路径呈现出从单一到多样、从简单到复杂的研究趋势。最初的研究主题是农业、梯田和土壤侵蚀，现在已经发展到可持续利用、生物多样性和生态系统服务上。然而，对梯田分类管理的研究仍显不足，对梯田历史演变、价值评估、生态环境效应分析及具体管理策略的研究有望成为未来的研究热点。

1.4 梯田撂荒的研究进展

1.4.1 梯田撂荒发文量变化

本研究以“PY＝1900—2023 AND (TS＝terrace abandonment OR TS＝abandoned terrace)、PY＝1900—2023 AND (TS＝terrace AND TS＝abandonment)”作为检索字段，在 Web of Science 核心合集中对梯田撂荒的相关文献进行检索，一共检索出 483 篇论文（截至 2023 年 8 月）。图 1-2 呈现了梯田撂荒相关文献数量的年际变化。20 世纪 90 年代以前，梯田撂荒的文献数量偏少且时间上分布不均；20 世纪 90 年代以后，梯田撂荒的相关文献数量整体呈现指数型增长趋势，拟合公式为 $y=1.243e^{0.114x}$，$R^2=0.697$，其中 2021 年的文献数量达到峰值，当年发表文献为 47 篇。

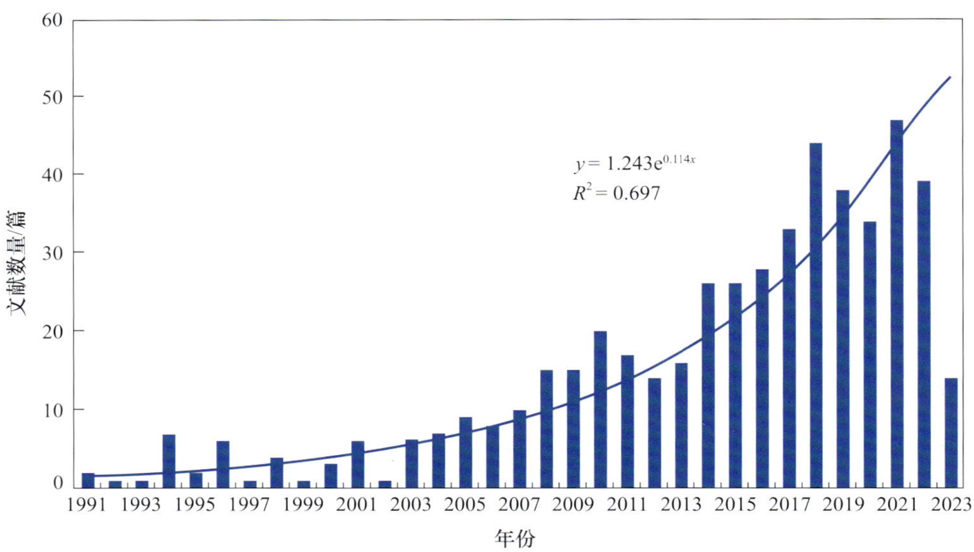

图 1-2　1991—2023 年梯田撂荒文献发表数量趋势

1.4.2 梯田撂荒研究进展

虽然梯田具有多功能和高价值的特点，但利用率并不理想，近几十年来梯田撂荒成为世界范围内较为普遍的现象，也成为学术界的研究热点之一。对于梯田撂荒的研究，主要集中在以下几个方面：一是梯田撂荒的识别与分布；二是研究梯田撂荒的驱动机制；三是评估梯田撂荒的影响；四是研究梯田撂荒的应对策略。

(1)梯田撂荒的识别与分布。相比梯田撂荒，目前学术界研究更多的是整体耕地的撂荒。现代明显的耕地撂荒现象始于20世纪50年代的欧洲(Cramer et al.，2008)，随着非农产业在经济结构中比重持续上升和劳动力的大量外流，在随后的半个多世纪撂荒呈全球性扩散，包括但不限于发生在美洲、地中海地区、东亚地区、东南亚地区等(Díaz et al.，2011；Nguyen et al.，2022)，尤其山区呈多发态势。中国撂荒的情况自20世纪80年代开始出现并持续加剧(Song et al.，2015；Xi et al.，2012)，撂荒时间较长、分布较为广泛，据调查估计，中国山区的耕地撂荒率已达到14.3%(李升发 等，2017)。现有研究表明，处于地理劣势的山区和半干旱环境更容易发生撂荒并可能达到前所未有的程度(Lasanta et al.，2017)。

研究表明，在成本-收益的权衡下，世界梯田撂荒自20世纪40年代以来已经达到了4.6%，区域性的案例也报道了梯田的大量撂荒事实，其中一些情况更为严重。例如，据统计，秘鲁科尔卡峡谷的梯田撂荒率高达62%，高山地区梯田撂荒率为91%。在安第斯山脉中段Santa Eulalia流域内，海拔在2800～4650 m的地区，大部分梯田处于半撂荒状态，梯田生态系统显著退化(Inbar et al.，2000)。我国江西崇义客家思顺乡梯田的撂荒率甚至高达39%，传统农耕文化正在逐渐丧失(缪建群 等，2018)。

梯田撂荒研究较少的原因主要是受研究方法所限。一些研究以实地调查数据为核心进行统计分析来研究梯田撂荒(He et al.，2020；Zhang et al.，2016a)，然而，由于村落分散、交通可达性低等因素(Sen et al.，2021)，调查的深度和广度需要较高的时间和经济成本支撑(Lubitow et al.，2021)。另一些研究则是以遥感技术为核心来识别和解译梯田撂荒的数据。相对于实地调查，遥感可提供更客观的定量测算结果及更丰富的空间模式信息(Löw et al.，2015；Sieber et al.，2013)。但在具体应用中，标准化的数据生产过程面临许多难题，如数据的可用性和适宜性、选择合适的算法及建模过程的复杂性等(Lu et al.，2014)。因此，未来的研究可能需要将实地调查和遥感解译结合起来以识别梯田撂荒的分布情况。

(2)梯田撂荒的驱动机制。耕地撂荒是社会、经济和生态因素的复杂组合所导致的(Cramer et al.，2008)，不同时期和不同国家背后的原因也不尽相同。在欧洲，土地耕作条件差、政府补偿机制缺乏被认为是撂荒的重要原因(Strijker，2005)。而在日本，撂荒是受自给自足农户的人均耕地数量、户均劳动力数量、田块密度等因素所影响的(Yamada et al.，2007)。受土地稀缺的影响，埃塞俄比亚的耕地不足以支撑劳动力的生计，导致劳动力的数量和质量下降，进而出现撂荒(Bezu et al.，2014)。亚马孙地区的撂荒研究表明，撂荒率随着降雨量和坡度值的增加而增加，距离主要道路较近的耕地更有机会持续耕种，而在大河流附近及远离公路的耕地更容易被撂荒(Laue et al.，2016)。

随着农业技术的发展、劳动力的迁移和老龄化程度的加深，梯田与坡耕地一样出现大面积的撂荒。虽然已有研究对坡耕地撂荒的驱动力、农户撂荒的决策机理等方面进行了较深入的认识，特别是在地块和农户层次上（Yan et al.，2016；周宗俊 等，2021），但是梯田的地理条件与坡耕地差异很大，其不仅有顺边际化的特征（劣势），还有逆边际化特征（优势），这些特征可能导致梯田撂荒过程机理及空间分布的决定因素与坡耕地不同。总之，与坡耕地相比，梯田撂荒的过程机理更为复杂，因此在相同条件下，梯田和坡耕地的撂荒程度可能会有很大的差异。

（3）梯田撂荒的影响。梯田撂荒后，原本周期性耕作的农作物被草本植物、林地（包括灌木丛）所替代，引起环境一系列变化。本质上，梯田属于人工生态系统，而撂荒地属于半自然/自然生态系统，两者的生态系统结构存在极大不同。耕作的梯田，其农作物在种植管理下，与撂荒后生长的天然植被的种类、生长周期、空间配置（水平分布、垂直分布）均不相同，两者形态结构存在差异。此外，梯田地块上物种数量组合关系及土壤条件的不同，将进一步加剧组分结构的差异。更重要的是，农业产品的净初级生产力（Net Primary Productivity，NPP）将在人的主导下被社会经济系统占用及消耗（Liu et al.，2022；Mayer et al.，2021），而自然植被的 NPP 直接进入陆地生态系统参与物质循环，这种差异将导致营养结构的根本区别。因此，梯田撂荒后与原先的形态结构、组分结构和营养结构相比差异显著。由于结构发生改变，梯田生态系统的物质循环、能量流动及信息传递机制也发生改变，对生态系统功能的发挥及自我调节能力产生深远的影响。

梯田撂荒后的功能差异已成为学界共识。撂荒导致农业产出减少甚至消失，可能引起耕作层退化，从粮食安全角度考虑，撂荒带来的影响是负面的。就社会经济而言，梯田撂荒是地力资本的损失。因为前期修建梯田固定了大量的资本，但后期没有发挥生产功能，导致没有经济效益产生。从生态影响方面来看，则可能出现完全相反的观点。例如，撂荒长期被视作碳固定（Yang et al.，2019）、生物多样性增加（Navarro et al.，2012；Xie et al.，2020）的重要机会，但近年来有学者持审慎态度。Crawford 等（2022）的研究表明，撂荒地增加固碳和恢复生物多样性的程度，取决于撂荒的规模和时间长短，因此短暂的撂荒所做的贡献极有可能被夸大。同样地，已有研究认为撂荒能促使土壤结构稳定（Wang et al.，2018a），但对于加剧土壤流失的忧虑也长期存在（Koulouri et al.，2007）。因此，梯田撂荒的粮食安全威胁非常明确，但其他生态效益则存在复杂性和不确定性。

（4）梯田撂荒的应对策略。针对如何减缓梯田撂荒的问题，国内外学者进行了积极探索。李永明等（2022）建议，建立撂荒梯田的复耕复种机制，包括但不限于增加资本投入和补贴，提升农业科技含量等；谢花林等（2023）认为，应着重从农业服务外包、梯田宜机化改造、梯田流转、扶持新型农业经济主体的角度缓解梯田撂荒；Estacio 等（2022）对伊富高水稻梯田的研究表明，推出可持续的融资机制、提高区域的经济支撑能力，以及开展教育宣传都可以防止梯田撂荒的加剧。

第 2 章

梯田撂荒研究的理论基础

梯田撂荒是耕地边际化的结果，而耕地边际化是在社会经济、法律制度和自然环境等多因素综合作用下，耕地经济生产能力不断降低的过程。从农户角度来看，耕地撂荒实际上是农户对土地和家庭劳动力优化配置的结果。地租理论能够从土地净收入角度解释耕地被撂荒的根本原因，从而为判断哪些土地容易发生撂荒提供依据；家庭劳动力配置理论从家庭效用最大化出发，分析了农户对外部条件变化所做出的响应行为及导致的土地利用变化结果，从而能够判断出哪些农户容易发生撂荒耕地行为；而森林转型和土地边际化理论从宏观上论述了一个国家或地区农地面积从扩张到收缩的整个过程，并且指出了促使耕地撂荒发生的主要驱动力。这些理论都为撂荒测算模型的构建、撂荒分布空间分异的影响因子选取及撂荒风险评价提供指导。

2.1 地租理论

地租理论是资源经济学和土地利用研究重要的基础理论之一，不同发展阶段的学者都对地租的来源、性质、分类和土地资源配置等内容进行了阐释，通过对经典著作和相关文献的梳理，地租理论大概可分为以下几个阶段：首先是 17 世纪中期至 19 世纪初期的古典经济学地租理论，以威廉・配第、亚当・斯密、大卫・李嘉图为代表；其次是 19 世纪初至 19 世纪中后期的新古典经济学地租理论，以冯・杜能为代表；再者是 19 世纪中后期的马克思地租理论，以马克思为代表人物；最后是 20 世纪初期至今的现代西方地租理论，以阿隆索、马歇尔、萨缪尔森、雷利・巴洛维为代表人物。

(1)李嘉图地租论

李嘉图是英国古典经济学杰出代表和最后完成者，其在 1817 年发表的《政治经济学与赋税原理》中，将土地自身优质性获得地租和改良投入获得租值增加相区分，认为地主通过加租的方式抢夺了资本家为改良土地的成果。同时，首次运用劳动价值论对级差地租进行讨论，认为级差地租产生是由土地资源稀缺性和质量异质性两方面决定，如果土地资源无限供给且是均质的情况下，那就没有人会为使用土地而支付代价。其核心推断为：假设某一国家或区域在社会发展初始阶段，人口相对较少，维持当时社会需求所需要开垦的土地较少，中等地和优等地或者仅优等地即可满足需求；随着社会经济的发展和人口增加，仅依靠中等地和优等地难以满足实际需求，这时相对劣质土地被开垦投入农业生产中。而在资本竞争的环境下，耕作不同等别土地追求的收益率是一致的，因此，农产品市场价格最终由劣等地投入成本所决定，而不同等别土地资本和劳动投入的实际生产率并不相同，中等地和优等地生产效率高，因而获得超额利润（邱道持，2015），这部分超额利润就形成了级差地租。

（2）杜能农业区位论

杜能是农业区位论的创始人，也是继李嘉图之后地租理论重要代表人物，其于 1826 年完成的《孤立国同农业和国民经济的关系》一书中，基于一个假想空间，采用“孤立化的方法”，在对自然、运输工具、市场等进行严格限定的基础上，系统阐述了地理位置与农业生产和地租之间的关系（张英，2014），创立了“孤立国”的农业区位理论，又称为“杜能环”或“杜能圈”。在杜能农业区位论中，只有交通运输费用会对农业地租产生影响，所有土地上生产同一种作物的投入和产出都是一样的，且所有产品需要到城市中进行交易，所以形成了以城市为中心，界线明显的圈层式农业生产格局，各个圈层则分别对应一定作物和农业生产制度（叶长卫 等，2002）。具体表现为，当种植作物一致的情况下，靠近城市中心的土地，需要支付的运输成本很低，远离城市中心的土地，运输费用相对越高，近距离运费的节约会转化为地租，进而表现为越靠近城市的土地地租越高，简单地说，距离远近通过运输成本差异决定了地租的高低。当种植作物不一致的情况下，对运输时间最为敏感的且易腐烂、不耐储存的作物会优先选择分布于靠近城市的圈层范围内，如各种新鲜果蔬、花卉、鲜奶等；紧接着的是可接受短时间储存，对运输时间较为敏感的作物选择再次一级圈层范围内；以此类推，到最外一层就是那些对运输时间不敏感，相对粗放的农业生产方式，如自给谷物和畜牧业等。因此，“杜能圈”的重要理论贡献在于系统阐述了自然条件均质情况下，区位差异导致地租、农地利用方式和强度空间分布格局特征（董晓霞 等，2006）。

（3）马克思的地租理论

马克思在《资本论》一书中，运用劳动价值论、剩余价值论和生产价格理论，对资本主义社会条件下地租的来源、类别进行了系统解释。马克思地租理论重点是以分析农业地租为典型，在产权私有的前提下展开分析的。马克思认为，地租是土地所有者凭借着对土地所有权而占有农业资本家所获超额利润的一部分，按照地租来源和性质，可分为级差地租、垄断地租和绝对地租，并认为级差地租和绝对地租是资本主义地租的普遍形式。马克思认为，绝对地租是在资本主义所有权制度下，无论种植优等地还是劣等地都需要支付的地租，这是因为当资本主义社会经济发展到一定阶段，农业资本有机构成低于社会资本有机构成，农业具备形成超额利润的条件，形成的超额利润就是绝对地租的实体（毕宝德，2011）。马克思认为，土地数量的有限，由质量和生产效率差异而导致的超额利润不同是级差地租的源泉，按照地租形成条件不同，将级差地租分为级差地租Ⅰ和级差地租Ⅱ，前者是由于土地肥沃度和位置的差异，后者是由于对同一地块连续增加投入引致的产出增加。两种级差地租虽然形成条件存在差异，但本质都是投资在土地一定资本所具有的不同生产率带来级差超额利润转化而来的，级差地租Ⅱ大都是以级差地租Ⅰ为基础和前提。

（4）竞租理论

竞租是在完全市场竞争的条件下，某个土地使用者（个体或者企业法人）为竞得某块土地所愿支付的最高租金,就是土地使用者愿意支付的实际租金。竞租原理可较好解释不同区位土地具有不同租金支付能力和土地分配过程,并解释土地空间布局和演变的驱动机制(董祚继,2018)。针对某一特定地块来说,不同利用方式或者产业方式可获得的经营利润之间存在较大差异,某一利用方式或者产业都有其最优区位,每个地块也都有其最适宜的用途,因而土地区位是影响地租的关键变量。反之,土地租金的高低是引导土地用途转变的指示器,如土地使用者在选择土地时,会比较特定产业在不同区位地块上支付的地租和经营该地块可获得的潜在利润,然后选择最优地块。当然,当所有利用方式或者产业方式都经历过这种不断比较的过程和用地决策,会形成土地租金和利润趋向于最高的合理空间结构(邱道持,2015;徐羽,2021)。

20 世纪 60 年代美国经济学家阿隆索在《区位与土地利用:关于地租的一般理论》一书中,将区位边际均衡和边际收益纳入地租计算中,提出竞标地租理论,并以多个地租三角形的形式展示了城市租金梯度和同心圆土地利用模式,如图 2-1 所示。图中,M_1 表示商业和住宅转换边际,M_2 表示住宅和工业的转换边际,M_3 表示工业和农业的转换边际。当距离在 M_1 点之前时,商业更有利可图;当超过 M_1 而未达到 M_2 时,住宅更有利可图;以此类推,当超过 M_3 时,农业是最合适的土地利用方式。

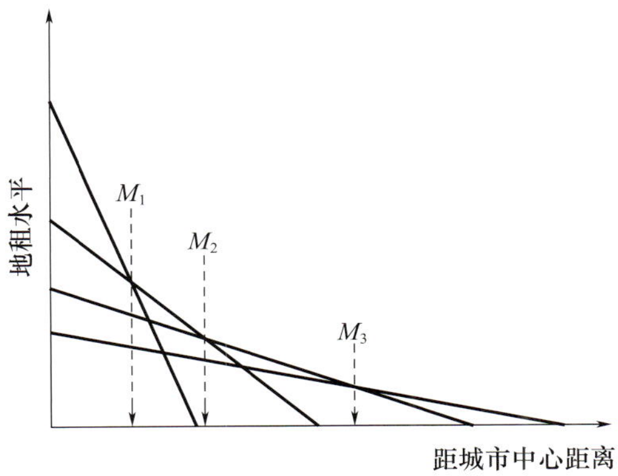

图 2-1　地租梯度曲线图

2.2　家庭劳动力配置理论

2.2.1　劳动力迁移理论

根据国内外已有的研究,耕地撂荒与城乡劳动力迁移密切相关。耕地撂荒行为可以视为家庭劳动力优化配置的结果。总结劳动力迁移和配置理论有助于更深入了解耕地撂荒的发生过程。

(1)古典和新古典主义劳动力迁移理论

早在古典经济学阶段,威廉·配第就对人口流动的原因做出了解释,他认为工业部门和农业部门比较收益差异是导致人口发生流动的直接原因。唐纳德·博格发展了前人的理论,提出了“推力-拉力”理论，认为从运动学的角度来看，人口流动是受到两种不同方向的力作用的结果，在人口流入地和人口流出地都分别存在推力和拉力。流入地的拉力包括较多的就业机会、较高的工资、较好的公共服务等；推力包括家庭分离、激烈的竞争、生态环境质量下降等。流出地的推力包括自然资源枯竭、农业生产成本增加、较少的就业机会等；拉力因素包括家庭团聚的欢乐、熟悉的人际网络等。之后 E. S. 李在“推力-拉力”理论中增加了中间阻碍因素。舒尔茨认为迁移是一种人力投资的行为，因而是否迁移取决于迁移过程的成本和收益，当迁移者迁移之后得到的收益大于迁移前的收入和迁移费用之和时，迁移就会发生（西奥多·舒尔茨，1990）。

第一个正式提出劳动力流动模式的是美国经济学家刘易斯。1954 年，他在《劳动力无限供给条件下的经济发展》中提出了二元经济结构部门之间人口流动的模型。之后，美国经济学家拉尼斯和费景汉弥补了刘易斯对农业在促进工业增长中的作用及人口增长临界、农业技术进步等方面的忽视（陈恩 等，2013），形成了“刘易斯-拉-费”模式。按照“刘易斯-拉-费”模式，二元经济发展过程可分为三个阶段。第一个阶段，农业部门中存在着大量的剩余劳动力，农业劳动边际生产率为零的阶段。尽管农业劳动力由 L_3 减为 L_2，但不会对农业总产出造成影响（图 2-2，AB 段）。第二个阶段，由于农业劳动力持续不断地减少，农业劳动边际生产率开始提高，但仍小于不变制度工资（图 2-2，BC 段）。第三阶段，农业部门的剩余劳动力已经全部转移到工业部门，达到平衡状态，农业工资将与非农工资 W 相等（图 2-2，C 点）。农业劳动力的大量转移虽然提高了其劳动生产率，使农业工资增加，但劳动力减少超过 C 点时，将会影响农业总产出。B 点和 C 点分别称为刘易斯第一转折点和第二转折点。“刘易斯-拉-费”模式成功地揭示了城镇化和工业化过程中农业劳动力工资和农业劳动生产率提升的过程。当然，“刘易斯-拉-费”模式关于隐性失业、零值劳动力的假说受到广泛质疑（张五常，2002）。

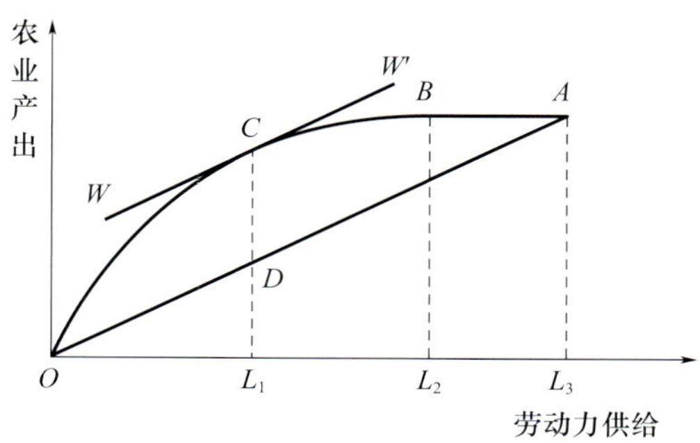

图 2-2 简化的“刘易斯-拉-费”模式

20 世纪 60 年代，多数发展中国家农村劳动力向城市的大规模迁移与严重的城市失业问题并存的现象打破了传统劳动力迁移理论假设条件（陈恩 等，2013）。美国经济学家托达罗在 1969 年《欠发达国家劳动力迁移模型和城市失业模型》中提出了自己的人口流动模型。该模型不再将农村剩余劳动力和城市完全就业率作为假设，认为劳动力流动的主要机制是劳动力对区域之间预期收入差距的估计而不仅是实际收入差距。因此，影响劳动力从农村向城市迁移的因素包括了人们对城市和乡村“预期收入”的期望、城市就业的概率及城市人口自身的自然增长的状况。同时，他建立了农村劳动力迁移规模与城乡预期收入差距净贴现值的增函数模型：$M = f[V(0)], f' > 0$（Todaro，1969）。

(2)新劳动力迁移理论

与新古典经济学认为劳动力迁移是基于成本-收益的个人决策过程不同，Stark 和 Taylor 等学者在“推力-拉力”理论的基础上，融合了舒尔茨将迁移作为人力资本投资活动的观点，提出了“新劳动力迁移经济学”（陈恩 等，2013）。新劳动力迁移经济学的核心观点认为，迁移不是由迁移者个人所决定，而是由整个家庭所决定，而在迁移过程中，迁移往往是农户实现生计多样化的一个重要选项，迁移者和留守的家庭成员需要共同承担迁移成本和收益，因此，迁移决策目标不仅仅是预期收入最大，还有家庭收入风险最小化。新劳动力迁移理论主要包括“投资组合理论”和“契约安排理论”两部分。前者认为，农村家庭通过劳动力优化配置，安排部分劳动力外出工作以减少家庭农业生产收入的风险并促进家庭收益最大化。后者认为，家庭与迁移者之间存在一种“自愿契约”，即迁移者在前期需要家庭提供资金来帮助他维持生活，待迁移者稳定和提高收入之后向家庭汇款（陈恩 等，2013）。新劳动力迁移理论不仅丰富了迁移决策的影响因素，而且对外出收入对迁出地农业发展的影响也进行了实证研究（Stark et al.，1989；Taylor et al.，2003）。

2.2.2 农户劳动力配置决策模型

基于劳动力迁移经济学理论，McCarthy(2009)设立了农户效用最大化模型对农户劳动力配置决策进行分析。模型将农户经营行为分为农业经营和非农业经营两部分，农户追求家庭效用最大化来决定其劳动力配置。模型的基本框架为

$$\max \mathrm{EU}(yi) = \mathrm{EU}\left(\sum_k p_k f(l_{ik}^A, h_k, x_k; Z_i^{hh}, Z^C - w_x x - w_l l_i^A + r l_i^M)\right) \tag{2-1}$$

约束条件为

(A) $\sum_k p_k f(l_{ik}^A, h_k, x_k; Z_i^{hh}, Z^C - w_x x - w_l l_i^A + r l_i^M) \geqslant 0$

(B)劳动力数量约束 $\overline{L}_l - l_i^A - l_i^M \geqslant 0$

(C)土地面积约束 $\overline{H}_i - \sum_k h_k \geqslant 0$

式中：p_k 是第 k 种不同农产品的市场价格；f 是农业生产函数；l_{ik}^A 是第 i 个农户从事第 k 种农业生产活动的劳动力；h_k 是投入到第 k 种农业生产活动的土地数量；x_k 是第 k 种农业生产活动中的要素投入量；Z_i^{hh} 是影响农业生产的外生的农户变量；Z^C 是影响农业生产的外生的社区或地理变量；w_x 是物质要素投入的价格；w_l 是农业劳动力价格；r 是外出劳动力工资；l_i^M 是家庭外出劳动力数量；$\overline{L}_l$ 是农户拥有的劳动力数量；$\overline{H}_i$ 是农户拥有的土地总量。

利用该模型，McCarthy(2009)针对阿尔巴尼亚的国际移民对家庭层面农业生产决策的影响进行了分析，结果表明，国际移民会导致分配给农业活动和作物多样性的家庭劳动力减少，并且会增加风险高和资本集约的农业生产活动（畜牧养殖），从而促进了家庭总收入的增加，但对农业收入没有显著影响。

辛良杰(2009)推导出以追求收益最大化为目标的农户，其农业劳动投入的边际产出应与非农工资相当。因此，随着非农工资上涨，农户的响应行为包括减少农业劳动投入，增加非农就业活动，或者改变农地利用集约度、土地用途或经营规模的方式，提高农业劳动生产率，使之

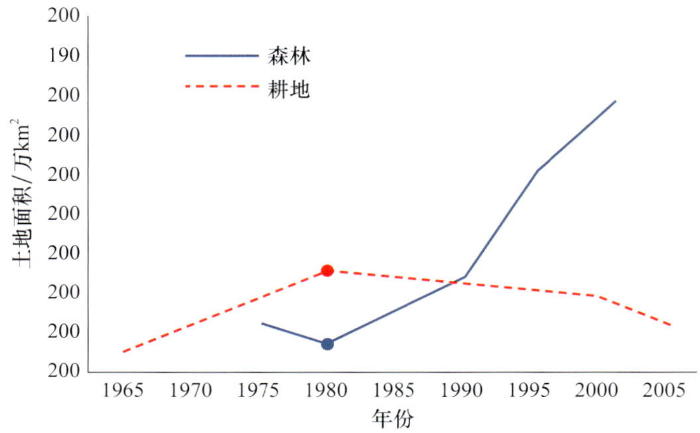

图 2-3 中国的森林转型(李秀彬 等,2011)

2.3.3 森林转型的影响因素

自“森林转型”理论提出以来，大量研究人员从宏观到微观层面等不同尺度，探讨可能导致森林面积大量增减的原因。森林转型的影响因素具有区域性特征。印度“森林转型”的影响因素涉及经济增长、森林政策、全球贸易、农业集约化等方面；不丹的生计导向、农业市场导向、农业转变是森林转型的主要原因；法国、匈牙利和日本的森林转型原因为人口变化、森林产品与服务需求、资源价值及对资源的感知。归纳相关的研究成果，影响“森林转型”的因素主要有以下几个方面：政府和公益组织的推动、人口和能源转型、经济贸易全球化、危机刺激及自然环境变化。

面对大量不同类型且处于不同分析层次上的导致森林转型的驱动力因素，研究者们试图将其纳入统一的解释框架之中，较为主流的框架有两种：“破坏-恢复”理论与“竞争性土地利用模型”理论。

“破坏-恢复”理论的解释框架与“森林转型”理论几乎同时被提出。其基本假设是，人类首先为满足自身需求而破坏森林资源，但当过度开采达到一定程度后，人类会受到威胁，因此开始有意识地保护森林并努力实现转型。这种思想的核心是探索森林转型背后的两种基本动力：一是资源-生态的反馈机制，资源的破坏影响居民的生计，胁迫其推动对资源的保护；二是社会-经济动态机制，为了高质量可持续发展，社会关切和资源利用有所倾斜，最终引致森林转型。两种机制的区别在于，前者发生在当地，具有内生性，后者发生在更高的组织和制度层级，具有外生性(Lambin et al.,2010)。“破坏-恢复”理论解释框架的优点在于从系统的角度把握潜在的机理，但局限性在于很难将思想模块化，从而影响了应用的广泛性。

“竞争性土地利用模型”理论是从土地利用角度对森林转型进行研究的典型框架。这一视角将全球土地利用的变化视为土地资源在不同且具有竞争性的生产活动之间的优化配置现象。优化配置的主体是土地所有者或者经营者，土地利用方式的变化是根据成本-收益而权衡的结果(Barbier et al.,1997)。森林面积由减少到增加的转折过程，既可以解释为农业和林业外生的产出突变，也可以解释为内生的农业和林业产出水平的变化。为实现效用的最大化，初期人们将林地转换为农地，到一定时期后，林业的比较优势强于农业时，农地又转换为林地。

2.4 耕地边际化理论

2.4.1 理论概述

“耕地边际化”的概念借鉴了经济学上的边际化规律，强调由于耕地种植传统作物经济收益下降，导致耕地种植作物或用途改变。人们对耕地边际化的认识是一个动态的完善过程。欧洲共同体在 1980 年首次提出耕地边际化的概念，定义为耕地经济生产能力处于边际化状态。后来，学者们对相关理论不断完善，强调环境、经济、社会和政治等因素综合作用对耕地边际化过程和特性的影响，对耕地边际化的理解越来越清晰。刘成武等(2005)认为，“耕地边际化”的内涵可以从狭义和广义两个角度来理解：狭义上，指的是耕地在当前用途的无租化现象，严格来说，是在当前用途下收益已低于成本，由边际内土地沦为边际外土地；由于这一过程本质是耕地利用的纯收益下降，因此从广义上讲，耕地边际化也可以理解为耕地纯收益下降的“过程”。

耕地边际化受社会、经济、政策和自然环境等因素的综合影响，农户在追求更高社会、自然和经济价值的过程中，逐渐降低对耕地的利用强度或改变利用方式。从类型上看，耕地边际化可以分为显性边际化和隐性边际化两种。前者更为直观，表现为耕地向林地、草地的转换，或者闲置后发生自然演替。后者更加隐蔽，通常表现为要素投入与利用强度的变化，如降低复种指数、减少施肥、灌溉等投入。

2.4.2 耕地边际化与森林转型

耕地边际化可以用地租理论进行解释：土地资源总是倾向于分配给地租产出能力最高的用途。在森林转型的研究中，可以用竞争性土地利用模型解释，将各种土地利用类型间相对价值的变化作为转型背后的动力。结合两者的观点，可以理解森林耕地之间的演变关系：在转型之前，森林面积的下降就是耕地地租不断上升的过程；不论以何种途径实现转型，都是林地地租上升的过程。

关于地租 R 变化的原因，可以借助公式(2-2)(Angelsen，2007)来理解：

$$R = py - wl - qk - c - vd \tag{2-2}$$

式中，y 为土地的产品数量，p 为价格，w 为工资，l 和 k 分别为劳动力和资本投入，q 为利润，c 为维护土地的成本，而 d 与 v 分别为距离中心市场的距离及运费。

林产品价格的上涨，促使林地地租上升。在农林交错带，当地租 $R_{农} \leqslant R_{林}$ 时，就有动力促使耕地向林地转变。当经济快速发展，特别是“刘易斯拐点”出现之后，劳动力工资成本的上升会不断压低耕地地租，当 $R_{农} \leqslant 0$ 时，土地不再具有农业利用的价值，被撂荒或者向其他类型转变。与森林转型一样，耕地边际化是欧美发达国家和新兴发展中国家普遍存在的土地利用变化现象。

2.4.3 耕地边际化与撂荒

影响耕地边际化的因素主要可以分为两大类：自然地理因素和社会经济因素。自然地理因素包括自然适宜性和耕作条件：自然适宜性包括土壤厚度、地形坡度、土壤肥力、气候条件等；耕作条件包括道路通达性、耕作距离、集中连片度、灌排条件、通勤距离、田块面积等。社会经济因素包括劳动力成本、人均耕地规模、农业劳动力结构、农产品市场状况等。有学者从微观和宏观两个角度分析社会经济的驱动因素：微观因素包括城乡收入比、劳动力成本、人均收入、人均耕地规模等；宏观因素包括市场需求、农资价格、农业技术、农业补贴等（王可超 等，2023）。

耕地边际化的结果，可能是耕地撂荒、耕地非粮化和生态退耕（图 2-4）。耕地撂荒实质上是耕地边际化的极端表现形式。在宏观形势不利的背景下，自然适宜性差和耕作条件不佳的耕地更容易被撂荒。例如，坡度较陡、灌排条件越差的耕地，一般越容易发生撂荒；地块平均面积越大、道路通达性越好，发生撂荒的风险越小（关小克 等，2020；周丁扬 等，2021）。随着城镇化和工业化的快速发展，劳动力成本上升成为撂荒发生的重要宏观因素。此外，农业技术、土地流转、市场需求和农业补贴也对撂荒有相应的影响。

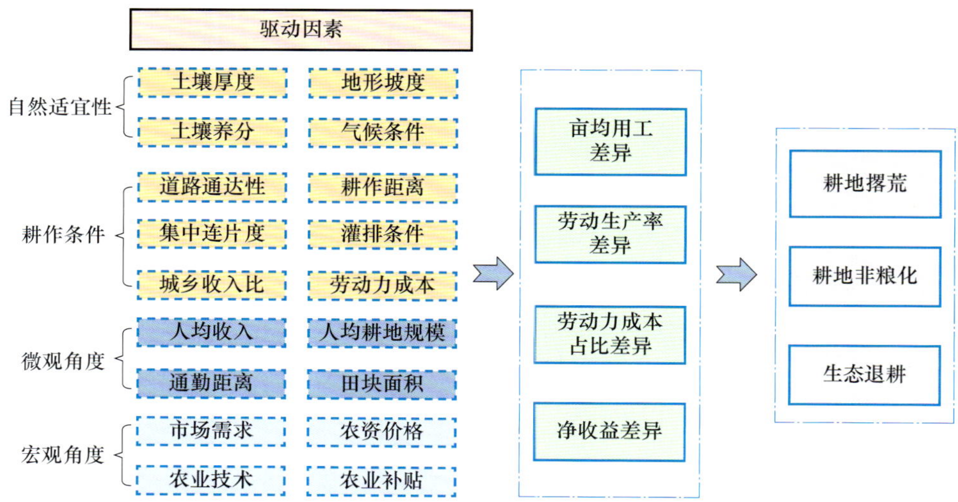

图 2-4 耕地边际化的驱动机理与撂荒

第 3 章

中国梯田分布的遥感调查

中国梯田分布图是探究中国梯田自然价值、生态价值、农业价值、文化价值的重要基础，但梯田空间详尽信息的缺失制约了许多梯田相关的研究，如梯田撂荒研究等，并且难以满足在国家层面上梯田各项生态系统服务功能的评估需求。本章在总结前人研究的基础上，根据梯田独特的纹理特征，以 U-net＋＋深度学习网络为框架，构建了基于深度学习的梯田提取模型。该模型以高清遥感影像为数据源，采用监督像素分类的方式，绘制出中国米级梯田现状分布图，生产精度和用户精度分别为 90.92％和 94.35％。结果显示，中国梯田的规模较大，为 20.88 万 km^2，约合 3.13 亿亩，占中国总耕地面积的 13.99％。空间上主要分布在长城以南，包括西南山区（39.84％）、黄土高原区（27.29％）、南方丘陵山区（17.92％）、北方土石山区（12.85％）及青藏高原的部分区域（2.10％）。

3.1 耕地和梯田遥感解译研究进展

3.1.1 耕地和梯田提取研究进展

随着遥感技术的飞速发展，在过去的几十年里，众多科研学者陆续开发了基于单时相或多时相的单一地类识别产品，耕地作为重要的土地利用类型之一也广受关注。目前关于耕地提取研究主要有以下几个方面内容。

（1）数据源方面，数据源是所有土地利用/覆被类型提取的基础，数据源的空间分辨率、时间分辨率直接决定了地类产品的精度上限。因此，良好的数据源对耕地的提取至关重要。目前的数据源主要分为两大类：一类是光学数据源，另一类是雷达卫星数据源。其中较为成熟的光学数据源有美国的 NOAA 卫星、日本的 GMS 卫星（Hou et al.，2019）、Landsat（MSS，TM，ETM）（Graesser et al.，2017）、Sentinel 系列（Nguyen et al.，2017）、我国的风云气象卫星和高分卫星（Xia et al.，2018）等数据，另一类主要是雷达数据，如美国地质调查局提供的航空传感器采集的雷达数据等。

（2）植被指数方面，植被指数是不同遥感光谱波段间的线性或非线性组合，作为反映绿色植被的相对丰度和活性的辐射量值(无量纲)的标志,是进行耕地特征提取的基础。目前主要用到的植被指数有归一化植被指数(Normalized Difference Vegetation Index,NDVI)、增强植被指数(Enhanced Vegetation Index,EVI)、归一化水指数(Normalized Difference Water Index,NDWI)、陆表水指数(Land Surface Water Index,LSWI)等(Gu et al.,2013),以及利用合成孔径雷达作为信息补充。

(3)预处理方面,目前提取耕地大多采用光学数据源,而光学影像的波段较难穿过云雾,因此目前对于耕地提取的主要误差来源就是云雾对影像质量的干扰,如何减少这种干扰成为提高耕地提取精度的关键。目前解决这个问题的方案主要包含两个部分,一是多数据源融合,二是滤波处理。因为影像的云雾干扰及影像自身的问题,目前遥感影像往往会出现一些数据的缺失或者异常的现象。针对数据缺失,可采用多数据融合的方法,比如当 Landsat 数据源缺失时,可以将其与 MODIS 数据进行融合以此来提高数据的可用性;其次是滤波算法,植物在生长的时候有明显的波峰波谷存在,但是由于太阳高度角、云雾等影响因素,植被生长指数的年际变化周期性并不明显,因此,可以通过滤波降低其影响程度。目前,滤波的方法主要有 Hants 滤波(Solano-Correa et al.,2018)、S-G 滤波(Wang et al.,2018)、Whittaker smooth(Mardian et al.,2021)等。

(4)分类方法方面,季节性是植被最突出的特征之一。多时相遥感是监测植被分类、生长动态的有效时间序列观测数据来源(Rogan et al.,2002)。因此如何从时间序列中提取特征并检索有关植被生长阶段的关键信息成为重中之重。按照分类特征提取的方式可以分为两类,一类是人为提取关键的特征,如面向对象的提取,如人为构建决策树等方法,一类是让机器自动寻找关键的分类特征,如支持向量机、随机森林、神经网络等。其中,以人为主导的关键物候信息提取方式主要分为两种,第一种是直接观察出耕地与其他地类的最大差异的物候点,通过构建二分决策树的方法进行分类;第二种是通过对某一种或几种植被指数的长时间序列进行观测,在关键物候期构建判读规则,如水稻的裸土期、移植期、生长期、成熟期等。机器判读是直接将特征波段输入分类器当中,通过监督或者非监督等方式,让机器自动寻找最大特征进行分类。目前这两种方式都得到了广泛的应用,并已生产出多套耕地数据产品。

(5)精度提升方面,尽管目前已公开了较多的耕地产品,但因其提取时使用的数据源、构建的决策规则、训练样本不尽相同,最终的产品结果具有一定差异。因此,如何更好地整合这些数据源,最大化提高精度,成为提高耕地提取精度的主要内容。目前多源数据融合的研究思路主要是打分法。通过将年份相同的数据源进行叠加,然后将同一区域的耕地分类结果进行统计,如果较多产品认为该区域是耕地,那么就判定该区域为耕地,如果存在争议,则会对该区域重新解译。

梯田作为山区重要的耕地资源,其分布制图一直以来都受到大家的关注。虽然目前关于梯田分布提取的研究较少,但也有部分研究做了较早的尝试。主要方法包括以下四种:①使用长时间序列的光谱特征,结合先进的分类算法,如随机森林;②使用传统的计算机视觉方法,如图像阈值处理(Zhao et al.,2017);③直接进行人工目视解译;④利用最先进的无人机搭载激光雷达对区域进行高精度的梯田提取(Tarolli,2014)。然而,梯田是根据其形态特征进行定义的,其光谱特征并不明显。因此,基于光谱特征进行的梯田提取,难以将梯田与坡耕地、平地进行区分。同时,梯田分布在山地丘陵地区,受到地形的限制,梯田斑块往往较为细碎,且田块面积较小。在中高分辨率的遥感数据中,混合图像元素(Rogan et al.,2002)和椒盐现象(单个地物内部要素被识别为其他地物）(Ghamisi et al.，2013)较为明显，这将带来较大的分类误差，进而难以服务于梯田的详细深入研究，包括对梯田撂荒的研究(Deng et al.，2021)。虽然传统的计算机视觉方法可以利用丰富的纹理细节来提取梯田，但在全国尺度上，由于梯田的多模态性和复杂性，这种方法只适用于特定区域，在全国层面准确性不高。尽管人工目视解译被认定为目前最准确的方法，但由于其经济和时间成本较高，难以在全国尺度上进行利用。无人机搭载激光雷达虽然可以提取高精度的梯田范围，但是由于其本身经济成本较大，且运输无人机较为烦琐，也难以针对大面积的梯田进行制图。

3.1.2　深度学习在遥感中应用研究进展

近年来，深度学习(Deep Learning，DL)的遥感应用引起了越来越广泛的关注，这主要是由于 DL 模型可以准确地逼近环境参数之间复杂的非线性关系(Zbontar et al.，2015)。DL 在从遥感图像中提取多尺度和多层次特征并将这些特征从低层次到高层次结合起来方面，具有很大的优势(Zhang et al.，2016b)，可以用于图像处理和土地利用/覆被分类。因此，DL 模型的表现优于传统模型。深度学习在遥感图像中的应用不仅限于自然图像，而且可以结合更复杂多样的模式，以及丰富的时空光谱信息进行应用。这得益于深度学习在纹理变化细节特征表示方面的强大能力，其在土地利用/覆被制图、环境参数检索、数据融合与降尺度、信息构建与预测等多个方面得到应用(Zhu et al.，2017)。

图像分类是一种常见的 DL 应用。与使用传统的光谱和空间特征信息进行土地利用/覆被分类的传统方法不同，DL 方法的优点在于它能够通过监督学习从图像中自适应地学习判别特征，并且这种特征不仅包含了人为观察得到的特征，还包含了人为观察不到的特征(Zeiler et al.，2014)。而这种人为观察不到的特征主要是由人为数据处理的局限性导致，比如在地物提取方面，一般分辨率越高的影像细节信息越多，但是过高的清晰度反而会产生噪声，分辨率越低的影像目标地物的细节信息往往不足。因此对于同一地物，不同空间和时间尺度特征往往不同，而人为观察仅能局限在一定尺度上的特征提取，并且这种人为观察特征制定的判读规则往往在地物提取的可迁移性方面存在很大问题。而深度学习则可以综合这些信息来进行全面的特征提取，这种提取可以有效地解决地物提取的普遍性和可迁移性的难点。并且利用深度学习进行土地利用/覆被分类与自然图像中的语义分割较为类似，但是后者主要基于空间信息对自然图像进行分割，而前者进一步利用了遥感图像中丰富的光谱和时间信息以获得更好的分类结果。另外，在将深度学习用于土地利用/覆被分类时，输入图层可以是单源图像数据或多源数据的组合，包括光学影像、雷达数据和数字高程模型(DEM)数据，输出是输入地物的类别标签或像素级地物类。

目前，DL 已成功应用在土地利用/覆被分类中，并取得了令人瞩目的成果(Zhao et al.，2016)。在这类方法中，其分类的原理主要是输入图像通过模型中的池化层逐步下采样，以支持卷积层提取多尺度、多层次的特征，然后利用全连接层进行最终的类别概率预测(Zhao et al.，2017)，并且这种学习方式是端到端深度模型对图像中的每个像素进行分类(Kussul et al.，2017)。通常根据中心像素/对象的局部窗口标记输入图像的每个像素/对象，然后通过全卷积网络执行像素到像素的分类，并且在生成的土地利用/覆被分类图中必须保持地类的结构和模式的完整性，在这个过程中需采用对目标地物的图像分析 (OBIA)(Zhang et al.，2018)、基于图像特征的分解（Huang et al.，2018）和层次分割（Tong et al.，2020）相结合的方式，分别将输入图像划分为更合理的处理单元或根据分割单元对 DL 的分类结果进行细化。此外，也有学者对 DL 在土地利用/覆被分类中应用做了新的尝试并取得了不错的成果。有学者建议辅助地理标记照片有利于土地覆被和使用表征及验证（Tracewski et al.，2017）。同时，也有人研究发现，一个两分支的 CNN（Convolutional Neural Network）架构可以通过分别处理图像中的全色和多光谱信息源及可见光通道的多光谱信息，更好地处理遥感图像（Mahdianpari et al.，2018）。最近，有学者也研究了将多个 CNN 分类器融合成一个聚合分类器进行土地利用/覆被分类，进一步提升了分类器的分类能力（Ienco et al.，2019）。一些研究者发现利用捕获数据不同方面的卷积神经网络和循环神经网络的互补性，并将 CNN 和 RNN 组合成一个端到端架构，以学习不同的光谱-空间-时间特征表示，可以实现准确的土地利用/覆被分类（Interdonato et al.，2019）。

3.1.3 研究进展总结

虽然已有研究采用了多种方法对样点区域的梯田进行了提取，而应用这些方法在大尺度上获取高精度的梯田信息时存在诸多挑战。梯田是根据其形态特征来定义的，其具有明显的形态纹理信息，但这种信息尚未得到充分的利用。目前，越来越丰富的高分辨率卫星图像可供使用。虽然高分辨率卫星图像数据缺乏光谱信息，但它们包含了不同地貌的颜色、形态、纹理和结构的丰富信息，并且覆盖了中国全境，目前还未有人将其应用到大范围梯田的提取上。

深度学习是一种强大的机器学习算法，其在挖掘高清影像中的纹理细节信息特征并应用到地类提取中具有极大的优势。梯田作为纹理结构信息最为突出的地类之一，非常适合利用深度学习进行大范围的提取，但至今鲜有人尝试。

3.2 中国梯田分布的遥感解译

3.2.1 梯田提取原理

梯田的定义：在坡地上沿等高线修建成的台阶式或坡式断面的田地，因为这种田地顺坡按等高线方向排列，外形看起来呈阶梯状而得名。因此，梯田与其他土地利用类型最为突出的区别就是其形态纹理特征。

图 3-1 显示了中国不同区域的高清卫星图像中梯田的形态。本研究发现梯田的颜色、形态、纹理结构与其他地物具有明显的区别，可以根据其颜色、形态、纹理和结构与其他地物区分开。首先，颜色上可以将梯田与建筑用地、水体、冰川和沙漠区分开。图 3-1a～c 显示，梯田主要为绿色和黄色。其次，形态上梯田的总体分布是沿着等高线方向，因此可以根据其形态来识别梯田。梯田沿山脊向下弯曲，在图 3-1a、c 中主要呈条状，或在图 3-1b 中呈圆形或椭圆形，而

不是呈整齐的网格状分布，梯田的形态与平坦土地不同(图 3-1g)。最后，基于纹理和结构，可以根据梯田明显的边缘特征来识别梯田的田面，如图 3-1a～c 所示。梯田的田埂高度往往会拦截部分阳光，太阳的斜照造成梯田的边缘有深色条纹。如图 3-1f 所示，坡耕地没有明显的田坎。高分辨率图像中坡耕地的轮廓是弯曲的，没有任何突出的边缘特征。这些特征是区分高分辨率图像中的梯田、坡耕地和平地的关键。

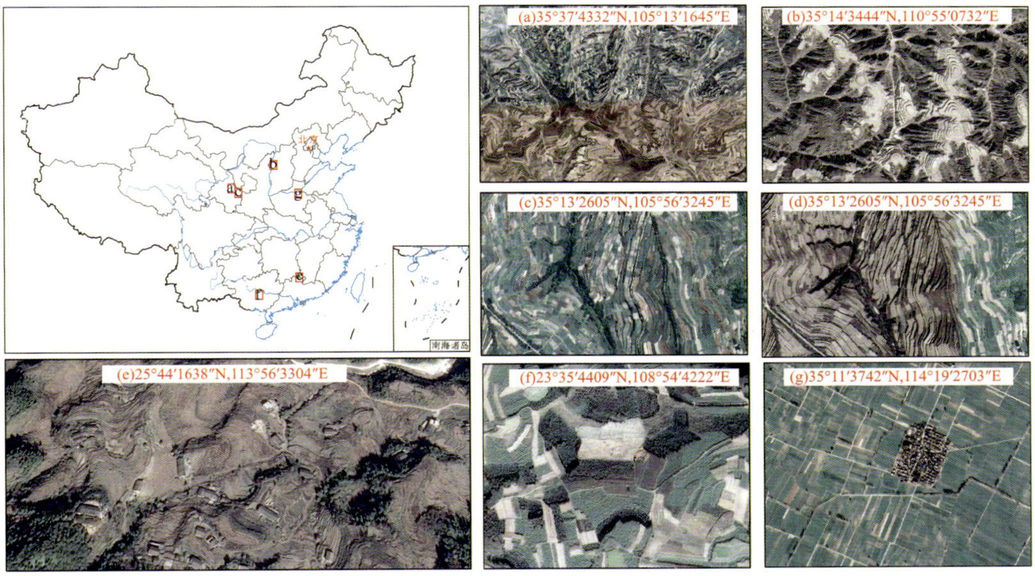

图 3-1　高分辨率卫星影像中的梯田、平地、坡耕地

(a～e)为梯田；(f)为坡耕地；(g)为平地；(c)与(d)为同一位置

3.2.2　中国梯田提取类型界定

利用高清遥感影像提取的梯田主要为历史时期修建的，仍保存着明显阶梯状结构且田面宽度大于 1 m 的耕地类型，其在高清遥感影像上呈现出以下特征：①颜色特征：主要以绿色、黄色、褐色和红色为主，这个是由于高清影像拍摄的时间可能是植被的生长季和非生长季，在生长季时植被的颜色特征为绿色，在非生长季时为裸地特征即黄色、褐色或者红色；②形态特征：主要是沿等高线方向，呈现条状、圆形或椭圆形；③纹理结构特征：具有明显的边缘特征。

3.2.3　梯田提取方法

3.2.3.1　基于深度学习的梯田提取模型

梯田提取模型以深度学习算法为主要框架，以辅助数据为校正数据源。如图 3-2 所示，该模型首先使用深度学习算法获得一个初步的梯田分布图，然后将其与光谱和数字高程模型的高程信息相结合，根据相应的判读规则，对初步提取的结果进行校正，最后再结合人工目视解译，对部分明显错误的地区进行人工校正。传统的土地分类模型或方法通常将遥感图像的光谱、高程和形态纹理信息叠加在一起进行训练，如随机森林。由于形态纹理信息占比小，在训练中容易被忽略。这导致在识别具有纹理特征的土地类别时易出现错误。相比之下，基于深度学习的梯田提取模型更侧重于遥感图像的形态纹理信息。首先利用地类的形态纹理特征对其进行地类识别，然后为了减少“同谱异物”的影响，模型又通过附加信息进行辅助校正。因此，这种方法更适合于提取富含纹理结构信息的梯田。

U-net＋＋网络是深度学习中的经典算法之一，从图像中提取颜色、形态、纹理、结构等特征并应用于分类方面有独特的优势。相比其他的深度学习算法，如全连接神经网络（Fully Convolutional Neural Network，FCNN），它的分类精度高、计算速度快、鲁棒性强，并提供可变的重要性指标。因此，本研究采用 U-net＋＋网络作为深度学习的网络框架。主要数据来源是 2019—2020 年的高清卫星图像。利用 SRTM v4.1 的 DEM 数据来获得高程信息，GlobeLand30 数据来获得光谱校正信息。通过对结果进行多次修正，最终获得中国梯田分布图。

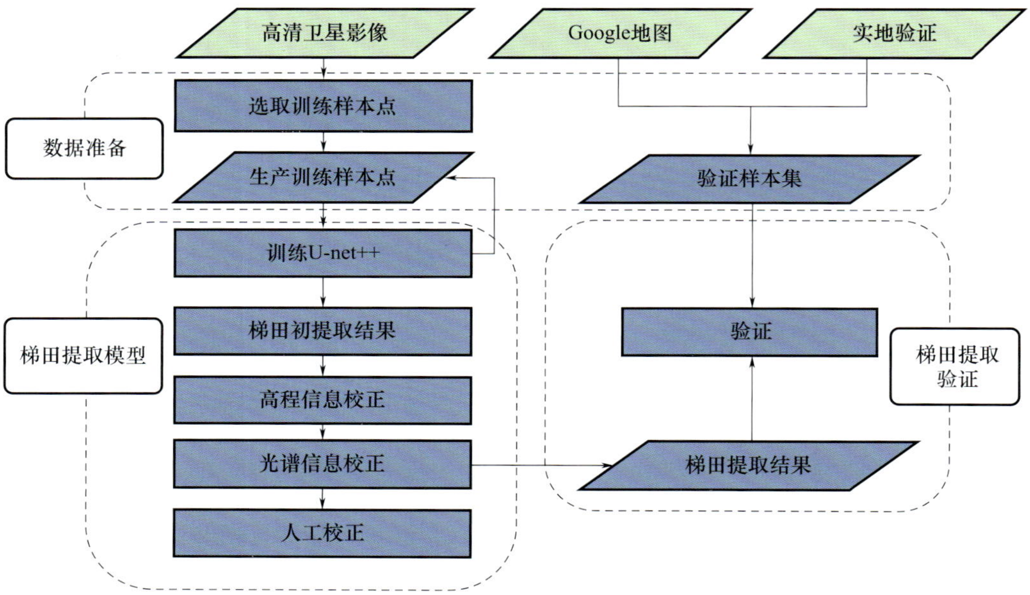

图 3-2　基于深度学习的梯田提取模型

3.2.3.2　深度学习网络选择

地类识别是利用图像分割技术对遥感影像进行地类信息提取的过程。作为图像分割核心技术的全卷积网络（FCN）是对图像进行像素级分类。FCN 遵循编码解码的网络结构模式，首先将 AlexNet 作为网络的编码器，然后采用转置卷积对编码器最后一个卷积层输出的特征图进行上采样到输入图像的分辨率，从而实现像素级别的图像分割。但由于其本身在图像像素边界定位存在较大的误差，因此，Ronneberger 等（2015）通过扩大网络解码器的容量改进了全卷积网络结构，并通过给编码和解码模块添加收缩路径（contracting path）来实现更精准的像素边界定位。因网络结构酷似 U 形，其也被称为 U-net 网络。U-net 网络仅需要少量的训练样本，且对本身结构固定、语义信息不是特别丰富、多模态的对象进行分类具有良好的效果，目前被广泛应用于医学影像处理。相比于 Deeplab v3+等自然图像语义分割，U-net 网络模型参数量大幅减少，且效果近似。

U-net 网络结构可以用于梯田的提取。梯田影像本身语义信息简单，这样图像的高级语义信息和低级特征都显得极为重要。但是由于高清影像比医学影像模式更为复杂多变，使用 U-net 网络在梯田提取和范围边缘确定方面依然存在不足。为了充分利用网络的语义信息，本研究使用了嵌套的 U-Net 架构，即 U-net++网络(图 3-3)。该网络综合了长连接和短连接的架构，可以抓取不同层次的特征，将它们通过特征叠加的方式整合，加入更浅的 U-net 结构，使得融合时的特征图尺度差异更小，进而提高影像分割边缘的精度。但因 U-net++网络极大提高了模型参数量，所以本研究采用稀疏矩阵的方式来加快模型训练的速度，减少参数量。

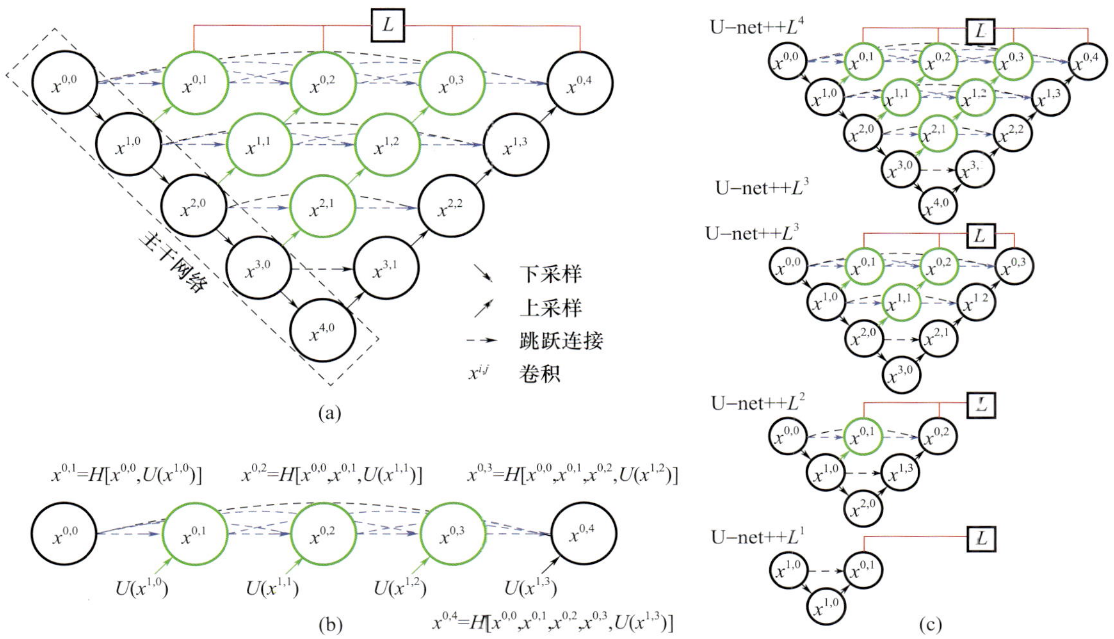

图 3-3　U-net++网络结构图

3.2.3.3　校正数据的选择

本研究主要以谷歌地球(Google Earth)高清影像为数据源对中国梯田分布进行提取。由于该影像仅包含大量的纹理结构信息，缺乏植被信息，故在部分纹理相同类型不同的地物中可能出现错分和漏分，如将冰川、河流、沙漠、建设用地等错分成梯田。传统的植被信息数据一般是基于多光谱影像的波段数据加工而成，需要地形校正、大气校正、辐射定标、去云等操作过程，非常复杂。GlobeLand 30 是中国研制的 30 m 空间分辨率全球地表覆被数据，其中 v2020 数据是用 2017 年以来的数据进行更新，其更新时间与本研究所涉及的高清影像时间更为相近，且数据源广泛，可有效地减少云层的影响。此外，v2020 数据的总体精度达到 85.72%，其中冰川、河流、沙漠的分类精度分别高达 75.79%、84.70%、81.76%，可以用于植被信息的校正。

由于参与训练的影像数据是二维平面数据，缺乏高程和坡度信息(图 3-1g)，因此很容易将部分田坎明显的平地错分为梯田。航天飞机雷达地形（SRTM v4.1）DEM 空间分辨率为 30 m，已完全覆盖中国大陆整个区域。因此，本研究将（SRTM v4.1）DEM 数据作为地形校正数据。此外，参照中国自然资源部耕地坡度分类标准，将坡度为 2°以下的区域修正为非梯田区。

3.2.4 梯田提取策略及其步骤

3.2.4.1 中国梯田提取策略

在梯田的提取中，影像分辨率高低与梯田提取精度并非完全成正比。分辨率高的影像会占用更多存储空间，也会降低工作效率，延长解译时间，增大特征信息的噪点。中国幅员辽阔，北方梯田与南方梯田在田面特征上具有明显的差异：①在田面宽度上，北方的梯田相对较宽，一般在 2 m 以上，而南方由于山地坡度较陡，一般田面相对较窄，为 1 m 左右；②在利用特征上，南方多以水作梯田为主，北方则以旱作梯田为主。本研究结合我国实际情况，沿秦岭淮河将我国分为南北方进行梯田分区提取。北方主要采用空间分辨率优于 2 m 的影像，南方采用优于 1 m 的影像。不同时间点的梯田在影像上的颜色、形态、纹理特征不尽相同，秋冬季天气干燥，植被遮挡较少，梯田缘特征更加明显，易于识别，因此，本研究尽量选择 2019 年 10 月至 2020 年 2 月的高清影像。

3.2.4.2 提取步骤-构建训练样本点

对于监督分类，样本区域和样本特征的选择至关重要。如何更有效地选择训练样本是每一个土地分类工作的重点和核心。为了更好地选择样本区，本研究从三个角度考虑样本区的选择，即训练样本的颜色纹理特征、地形地貌特征、空间距离。①在颜色纹理特征方面，本章提取的梯田是广义梯田，不仅包含农业梯田，而且包含造林梯田、果树梯田、茶园梯田、桑园梯田和橡胶梯田等。目前获取的高清影像本身为拼接影像，其拍摄时间并不能全部保证在秋冬季，即使是同一区域也会因其拍摄时间、地类不同而出现明显的色彩差异及拼接痕迹，且该现象在中国区域较为普遍。因此，要尽可能在训练样本选择中兼顾这些因素，提高模型的泛化能力，从而提高其提取的精度。②在地形特征方面，梯田在不同地形的区域中，呈现的形态也不尽相同。根据坡度特征，本研究将梯田分为缓坡梯田、一般梯田、陡坡梯田；根据坡向、海拔和气候特征，本研究将梯田分为易于识别梯田和难识别梯田。因此，训练样本的选择应该尽可能包含这些特征。③空间距离方面，一般而言，相近的梯田具有相近的形态。相距较远的梯田其空间特征相似程度低。因此，样本的空间位置要保持一定距离。

综上所述，本研究根据中国的地貌分区特征，综合梯田的颜色纹理特征、地形特征、空间位置及影像本身的成像质量等方面，选择了全国 8 个县（市、区）的全域、88 个梯田镇全域、20 个非梯田镇全域及 3346 个自然村全域作为样本学习区。为了保证目视解译的统一性和正确性，本研究招募了 20 名大学生，在进行统一的专业培训后进行解译，共获取 176 个镇和 3346 个自然村的解译结果，其中合格的为 108 个镇和 3346 个自然村。由于不同解译者对梯田的判读不尽相同和影像质量的问题，部分区域难以判读。因此，重新对部分影像解译结果进行了目视校正。对于争议点和不确定点，经广泛征集意见、讨论后确定判读标准，最终绘制了 165321 个梯田图斑，结果如图 3-4 所示。

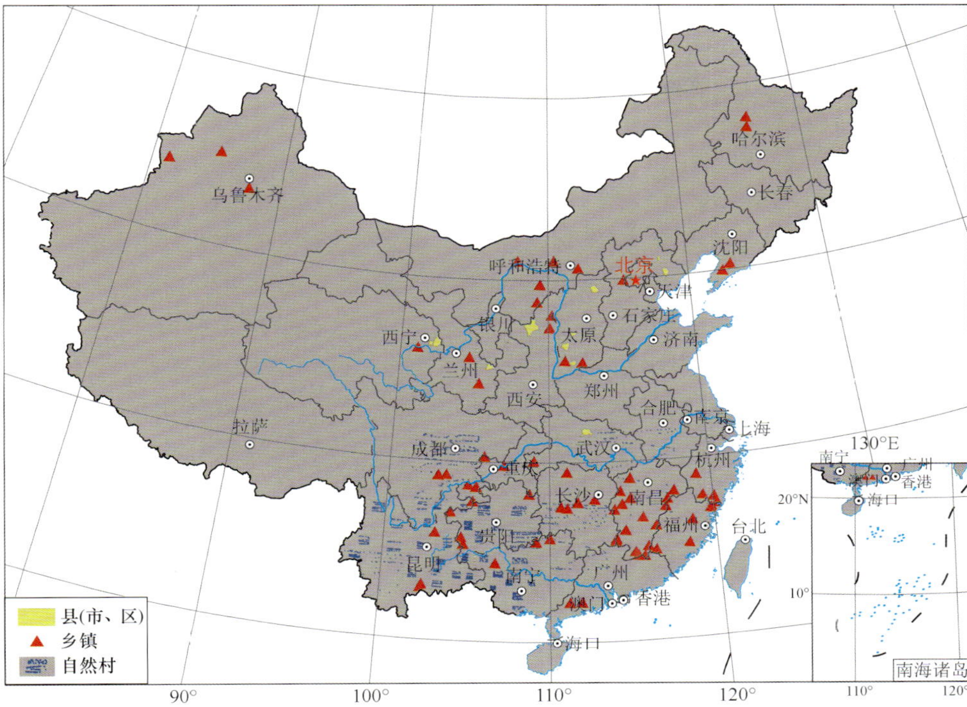

图 3-4　梯田提取训练样本点的空间分布

3.2.4.3　提取步骤-数据预处理

数据的预处理是进行 U-net＋＋网络训练的前提，即按照标准的格式标注进行有效的输入才可进行训练。U-net＋＋网络主要服务于医学影像，由于医学影像存在图像结构固定、图像无空间坐标信息和模式变化较少等特征，在对医学影像进行标注的方法也较为简单。而高清遥感影像具有栅格数量大、模式变化多、图像结构不固定和有空间坐标信息等特征。因此，如何更好地对高清遥感影像进行标注，降低标注的工作量成为关键。本研究在数据预处理方面主要分为三步：①以高清遥感影像为底图，通过 ArcGIS 操作平台对样本区进行矢量化，生成梯田矢量数据集；②将梯田矢量数据集转为栅格，且栅格的信息必须与底图的信息相同，包括栅格的大小、栅格处理范围和栅格的坐标系，并将其输出成 tiff 格式，到此完成影像标注；③为了有效地输入原始影像及其标注信息，本研究在 U-net＋＋网络中增添了影像导入模块。由于 U-net＋＋网络输入的栅格大小是固定的，本研究通过设置一个固定像素大小的滑动窗口和相应的判断条件对其进行滑动输入，最终实现自动地将大幅高清影像输入网络中进行训练。

数据增强是让 U-net＋＋网络训练结果具有更强的普适性、稳健性。由于 Google Earth 高清影像采用多源数据融合拼接而成，不同数据源的拍摄时间和成像质量即影像的亮度、灰度、色彩对比度等方面均有所不同，容易形成明显的拼接差异(图 3-1c、d)。而仅用原始影像数据训练出来的模型具有较强的局限性，在很多场景下会受影像差异出现明显的矩阵型，可能造成漏分错分，这为提取工作带来了很强的挑战。本研究在训练数据输入后主要采取了两个策略进行数据增强。首先，通过亮度、灰度、对比度等进行调整变换，增强其在颜色特征中的识别能力；其次，改变影像的缩放比例并对训练的影像进行 0°～360°旋转改变，以此增强其在形态特征中的识别能力，进而提高训练网络的梯田提取精度。

3.2.4.4 提取步骤-参数设定

网络参数是 U-net＋＋网络训练时最为关键的超参数。主要分为以下几种：输入的图片大小、批次大小、学习率、迭代次数、目标函数、梯度下降策略、动量、衰减速率、激活函数等。U-net＋＋网络一共有 4 次缩放，影像大小必须为 16 的倍数，本研究根据中国梯田区域的实际情况将影像设置为 400×400 像素。批次大小主要影响模型的收敛性，如果批次为 1，模型很容易出现随机扰动现象。如果批次无限大，对设备的显存容量要求较高，根据目前设备的限制，本研究选择批次为 6。学习率、梯度下降策略、目标函数是关系到网络是否能更好更快速地找到最佳分类模型的关键。因此，在学习率的参数选择上，本研究采用了两步策略。首先，在前 500 代选用学习率 0.001，目标是快速收敛到目标区域；然后，在 500～1000 代时将学习率设置为 0.0001，通过选用更小的学习率对模型进行精调；最后，筛选出分类精度最高的模型。在梯度下降策略上选用 Adam，使用动量和自适应学习率来加快收敛速度。目标函数上，选用交叉熵分类损失函数来提高不同类别间的区分程度。由于样本中非梯田面积远大于梯田面积，为降低非梯田和梯田样本不均衡所带来的影响，训练过程中更关注梯田的分类正确率。本研究将目标函数中的梯田和非梯田的损失值分别乘以 5 和 1。其他动量、衰减速率、激活函数均采用之前 U-net＋＋网络的默认设置。

3.2.4.5 提取步骤-结果校正

目前参与训练的数据集为二维平面数据，缺乏坡度信息；波段仅为 RGB 三个波段缺少其他光谱信息，因此，容易出现“同谱异物”和“异谱同物”的错分现象。本研究利用 DEM 高程数据计算得到的研究区坡度作为坡度校正数据。选择全球土地覆被产品 GlobeLand30 v2020 作为光谱校正数据，对初次解译出的高空间分辨率梯田分布范围进行修正。校正规则如下：①针对研究区的坡度，如果该像素为梯田，则查看该空间位置的坡度值，如果坡度值大于或等于 2° 则判定为梯田区域；如果小于 2° 则将该区域的数值修正为非梯田区域。②将 GlobeLand30 v2020 中的冰川和永久积雪、水体、裸地和人造地表等赋值为 1，其他区域赋值为 0。针对研究区的光谱，如果该像素为梯田，则查看该空间位置的土地覆被类别值是否为 1，如果土地覆被类别值为 1，则修正为非梯田区域；如果土地覆被类别值为 0，则将该区域判定为梯田区域。

3.3 中国梯田分布图的精度评价

为了更好地定量评估中国梯田分布数据集的准确性，本研究的验证数据集一共分为三部分，包括基于单像素的验证集、基于空间随机面上验证的图斑数据集和梯田典型区的实地验证数据集。从像素尺度、梯田图斑和实地验证三个方面对已提取的数据集进行评价。其中，基于单像素验证集是对已绘制的中国梯田分布图的全域进行精度验证；由于时间及经济的限制，基于梯田图斑数据集和实地验证数据集，以梯田较为集中的黄土高原区域为例进行验证。

评估土地覆被产品的准确性是描述产品在相关领域应用可靠性的关键步骤。目前在分类精度评价方面虽然没有标准方法，但混淆矩阵被广泛认为是最好的衡量标准，本研究选择混淆矩阵作为评价方法。混淆矩阵不仅描述了各种土地覆被类型之间的混淆，而且还提供了定量度量，包括用户精度(U_a)、生产精度(P_a)、总精度(O_a)和 Kappa 系数，可以很好地衡量产品的性能。由于本研究区分的南北方梯田的空间分辨率不同，为了更好地生成最终的中国梯田分布图，我们将南方的梯田 1 m 空间分辨率的提取结果降尺度为与北方梯田的空间分辨率即 2 m，最终将南方和北方梯田图合并成分辨率统一为 2 m 的全国梯田分布图。

3.3.1　基于单像素的验证点评价

基于单像素的验证点评价，本研究使用 ArcGIS 创建的六边形网格，将中国划分为 1702 个区域。为了更好地验证梯田和非梯田的分类，本研究需要足够的样本进行精度评估，且由于梯田占中国总陆地面积的比例比较小，本研究在精度验证时分为两步。第一步：首先，在本研究每个六边形格网内部随机选择 20 个验证点，全域共有 18831 个验证点，其中梯田验证点有 425 个；其次，用梯田个数占全部验证点的数量比例估算出梯田的面积。研究发现，基于随机验证点估算的梯田分布面积为 3.21 亿亩，与基于像素统计的梯田面积结果基本一致，即误差在 2%以内，说明本次随机散点有效，可以用于梯田分布图的验证工作。第二步：本研究又按照上述方式在每个六边形格网内部随机选择 100 个验证点，选择其中的 2167 个梯田验证点进行补充验证。最终生成了 2592 个梯田验证点和 18406 个非梯田验证点，空间分布如图 3-5 所示。

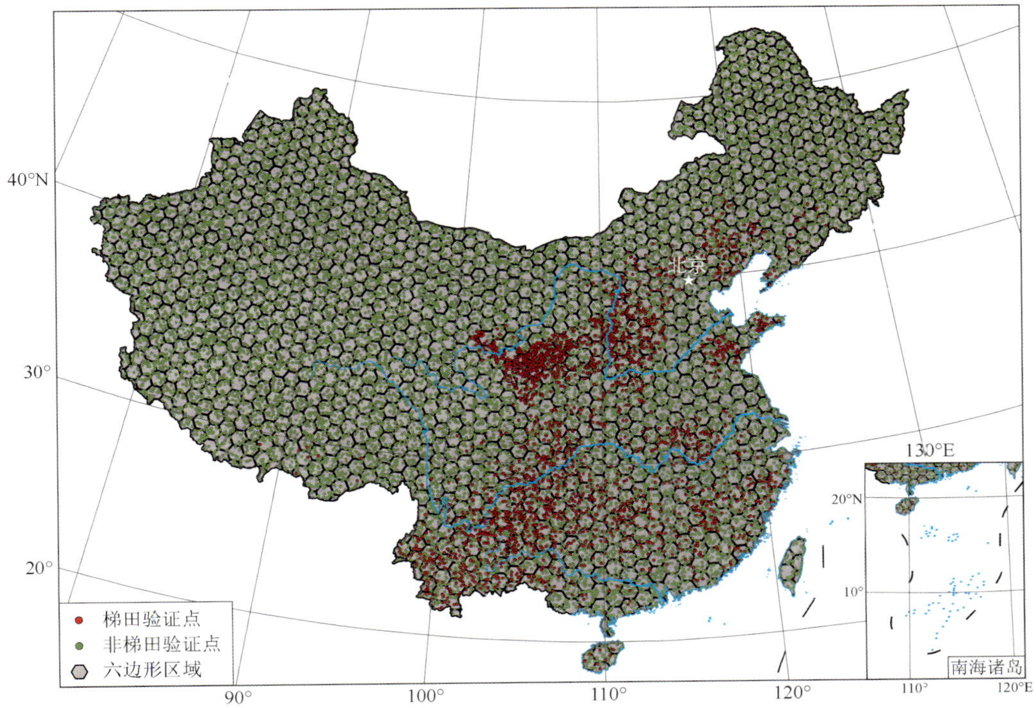

图 3-5　全国梯田验证点的空间分布图

验证结果显示，本研究绘制的中国梯田分布图（High-resolution terrace distribution of China，HRTDC）的总精度为 99.66%，其中目标地物即梯田分类的用户精度和生产精度分别为 94.35%和 90.92%。Kappa 系数为 0.9243，说明分类具有较高的一致性。同时，本研究根据第二步提供的补充梯田样本点进行精度验证，发现在 2167 个梯田验证样本中，分类正确的有 2107 个，分类错误的为 60 个。非梯田的用户精度为 99.78%（表 3-1）。梯田分布结果如图 3-6 所示。

表 3-1　基于深度学习绘制的中国梯田空间分布图的精度验证

类别	梯田	非梯田	用户精度(U_a)	生产精度(P_a)	总精度(O_a)	Kappa 系数
梯田	401	24	94.35%	90.92%	99.66%	0.9243
非梯田	40	18390	99.78%	99.86%		

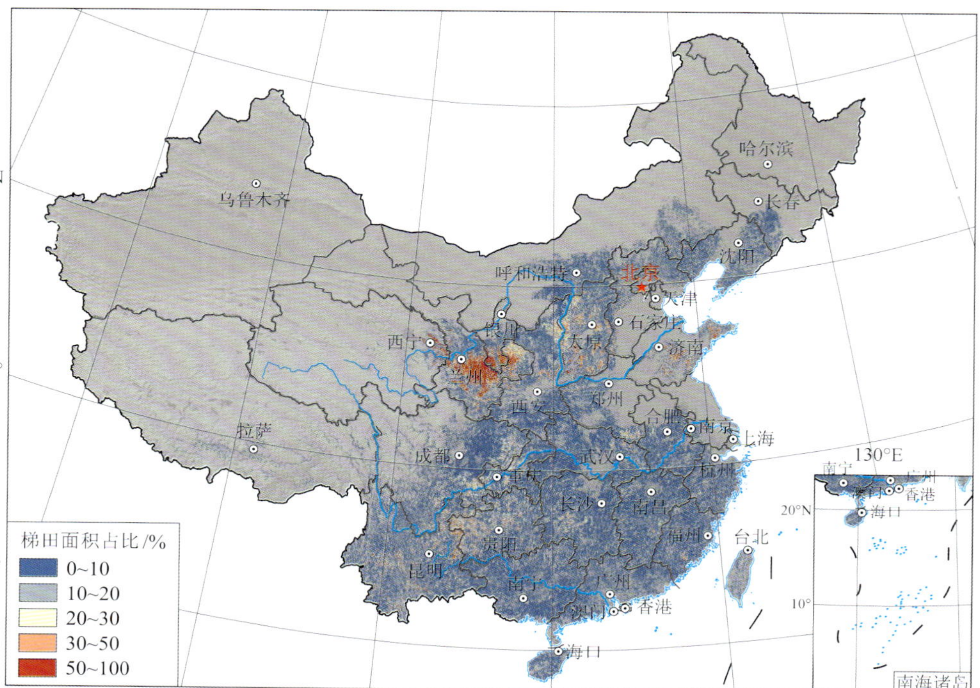

图 3-6　中国梯田空间分布图（1 km 面积占比）

3.3.2　实地验证

全域的实地验证是土地利用/覆被分类最理想的验证方法，但是由于中国区域面积较大，难以进行全域的实地验证。因此，本研究通过汇总带有空间位置信息的照片来构建梯田照片验证数据集，对典型的梯田区以随机抽样的方式对梯田提取情况进行评估。根据本研究的解译结果可知，黄土高原区是全国梯田最集中、密度最高的区域。项目组在 2020 年 4 月 14 日至

2020 年 5 月 1 日对黄土高原梯田分布图进行实地核查。为更全面地核查黄土高原区域，本次核查路线分为两段，先从北向南，再从东向西。基本路线为：从黄土高原东北部呼和浩特出发，经大同盆地，沿黄河南下，经六盘山到黄土高原最西面。全程共途经黄土高原区的 6 省 16 市 54 县(市、区)，共计行程为 3680 km，基本覆盖到黄土高原 15.8%的县(市、区)，平均每 5 km 取一个样点，并拍摄照片、记录地理位置。在实地调研后，本研究将汇总拍摄的照片与实际提取的结果进行对比。

实地核查路线如图 3-7 所示的红色小三角区域。本研究共采集了有效验证点 839 个，其中 723 个样本点为梯田，116 个点为非梯田。所有验证点中，提取正确的验证点为 796 个，错误的为 43 个，这表明黄土高原梯田分布图产品的总体精度高达 94.87%，略低于基于单像素样点评价的 99.66%的总体精度，接近于该评价方法的梯田用户精度 94.35%。总体来看，准确率都在 94%以上，这说明绘制的中国梯田分布图具有良好的可信度。

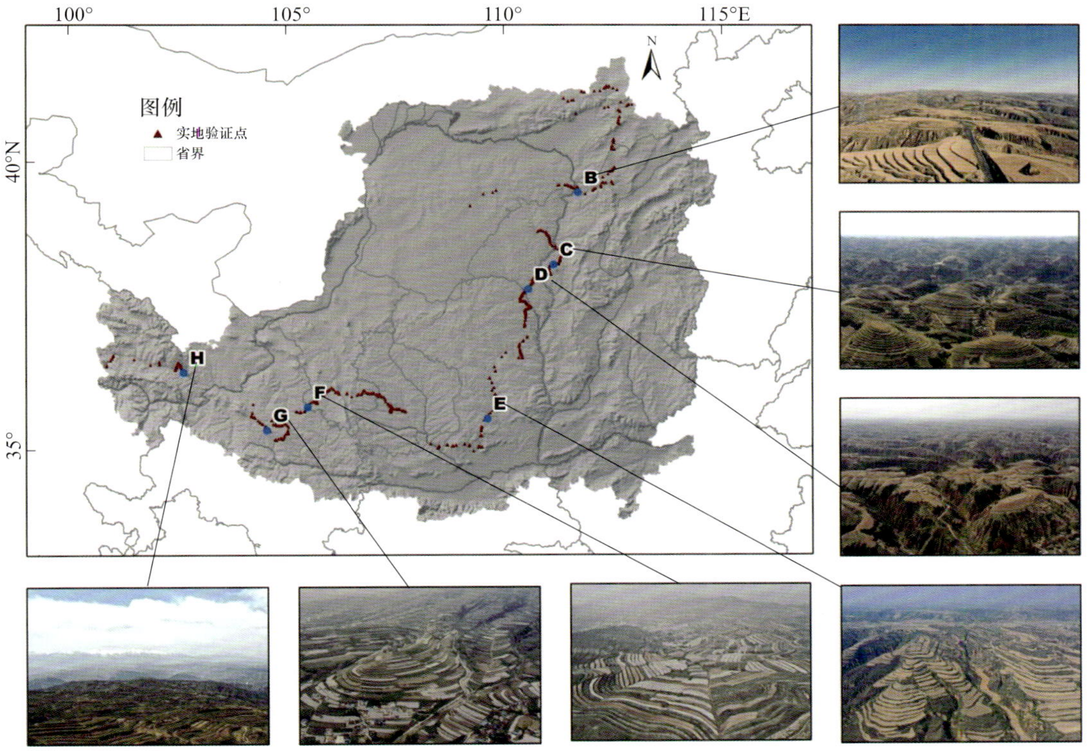

图 3-7 黄土高原的实地验证点的空间分布

关于野外验证点的误差分析，本研究发现误差点主要集中在黄土高原北部地区(黄土丘陵和沟壑)，即中国陕西省榆林市和延安市的北部地区。提取的误差点数量为 23 个。在对图像进行比较后发现其误差主要是高清影像获取的时间不同造成的。这导致了图像辐射校正的结果与其他图像之间有巨大差异，本研究对该地区进行了人工校订。其他地区的分布比较分散，分布模式的总体精度与基于单像素的样点评价方法相同。梯田密度较高的区域准确率较高，梯田密度低的区域容易出现误差。

3.4 中国梯田分布特征及其差异性分析

梯田作为山区重要的土地利用类型之一，其规模及分布对中国山区的粮食安全和水土保持政策的制定至关重要，对维护区域可持续发展尤为关键。基于上述提取结果，本小节整体上叙述中国梯田的规模、空间位置及不同区域分布特征。

3.4.1 中国梯田分布总体特征

本研究通过基于像素点估计的方法测算出，中国梯田(含田坎)总规模为 20.88 万 km^2，约合 3.13 亿亩，占中国斜坡耕地面积的 25.91%、总耕地面积的 13.99%、国土总面积的 2.17%。空间上，梯田主要集中在长城以南的区域，其中，西南山区占 39.94%、黄土高原区占 27.16%、南方丘陵山区占 17.89%、北方土石山区占 12.78%、青藏高原的部分区域占 2.23%。

从海拔上来看，中国梯田主要集中在海拔高度为 40～2900 m 的区域(占比 97.81%)，呈现出多峰特征，从起始海拔开始，梯田面积随海拔呈现急剧的上升态势，第一个峰值为 76 m。从第一个峰值后到 240 m 呈现显著下降趋势，在 240～350 m 又呈现上升趋势，之后除在 1000 m 左右出现另一个波峰，整体呈现随海拔升高梯田面积逐渐下降的趋势。从空间分布上看，中国梯田主要分布在第一阶梯和第二阶梯上，呈现出西部高东部低态势。高海拔区域主要分布在山区内部，低海拔区域主要分布在平原或盆地与山区交界的缓坡丘陵区。这也是梯田最为集中的区域，如黄土高原区和四川盆地东部。从坡度上看，梯田分布主要集中在 2°～20°(占比 95%)，峰值为 17°，平均坡度为 11.27°。以缓坡梯田为主，陡坡梯田主要分布在起伏度较大的区域，占比较少。本研究发现，在大于 2°的耕地中梯田占比为 24.23%。同时，在坡度上呈现倒 U 形分布，即随着坡度的增加梯田占斜坡耕地的比例先持续性增加后下降。在 6°以上耕地中梯田的占比已经达到 20%以上；在 12°～24°耕地中梯田的占比超过 40%。

从降水量上来看，中国山区的梯田主要分布在降水量为 400～1400 mm 区域(面积占比 96.81%)，且年平均降水量分别在 500 mm、1100 mm 前后达到峰值，平均降水量为 552 mm。根据中国气候区的划分，本研究发现，中国的梯田基本都分布在半湿润区和湿润区(年均降水量>400 mm)，占比高达 99.99%。从气温上来看，梯田主要分布在年平均气温 3～22 ℃的区域(面积占比 97.96%)，且年平均温度在 7 ℃、17 ℃前后达到峰值，平均温度为 12.99 ℃。梯田面积随气温变化分布相对均匀。因此，气温并不直接限制该地区梯田的分布，降水是影响梯田分布的主要因素。

3.4.2 中国梯田分布分区特征

中国梯田主要分布在黄土高原区、北方土石山区、南方丘陵山区、西南山区这四个区域，占全国梯田总面积的 97.9%。因此，本研究重点对这四个区域的梯田进行分区特征描述(表 3-2)。

表 3-2　四大梯田分区主要特征对比

特征	指标	黄土高原区	北方土石山区	南方丘陵山区	西南山区
总规模	总面积/亿亩	0.85	0.40	0.56	1.25
海拔	集中区域/m	400～3200	30～1500	30～1400	200～2600
坡度	坡度集中区/°	2～20	2～15	2～20	2～18
	平均坡度/°	11.97	8.40	8.29	13.08
	6°以上梯田占斜坡耕地比例/%	76.2	35	30	30
图斑	个数/万	217.21	126.69	355.16	584.38
	平均图斑面积/亩	39.30	31.05	13.95	28.65
降水量	降水量集中区/mm	350～650	380～850	1000～1900	800～1600
	平均降水量/mm	502.91	596.47	1551.96	1129.52
气温	温度集中区/℃	2～14	2～15	13～25	10～21
	平均气温/℃	8.28	9.66	17.85	15.71

3.4.2.1　黄土高原区

梯田在黄土高原区域分布广泛。黄土高原的梯田(含田坎)总规模为 5.7 万 km^2,约合 0.85 亿亩,占黄土高原斜坡耕地面积的 52.73%、区域总耕地面积的 41.87%、区域总面积的 9.35%。

从海拔分布上来看,黄土高原山区的梯田主要集中在海拔高度为 400～3200 m 的区域(占比 99.83%),峰值为 1136 m。从空间分布上看,高海拔区域梯田主要分布在山区内部,低海拔区域梯田主要分布在平原或盆地与山区的交界的缓坡丘陵区。这也是梯田最为集中的区域,如黄土沟壑区和黄土丘陵沟壑区。从坡度上看,梯田分布主要集中在 2°～20°(占比 90.8%),峰值为 11°,平均坡度为 11.97°。以缓坡梯田为主,陡坡梯田主要分布在中国山区起伏度较大的区域,占比较少。本研究统计了各个坡度下梯田占耕地的比例发现,在大于 2°的斜坡耕地中梯田占比为 41.87%,在坡度上呈现 C 形关系,即随着坡度的增加梯田占斜坡耕地的比例先持续性增加但增长的速度逐步放缓。6°以上梯田的占比均在 40%,且坡度 6°以上总梯田面积占总斜坡耕地面积的 76.2%以上;坡度在 10°以上时,梯田的占比均超过 70%。

从降水量上来看,可以发现黄土高原区的梯田主要分布在降水量 350～650 mm 区域(面积占比 96.37%),且面积占比在年平均降水量为 500 mm 前后达到峰值,平均降水量为 502.91 mm。根据中国气候区的划分,发现黄土高原的梯田基本都在半湿润区(年均降水量 400～800 mm),占比高达 92.24%,且呈现出从西南向东北依次递减态势。黄土高原的西北部沙地与沙漠区梯田年均降水较少(低于 400 mm)。从气温上来看,梯田主要分布在年平均气温 2～14 ℃区域(面积占比:99.88%),且面积占比在年平均气温为 7 ℃前后达到峰值,平均气温为 8.28 ℃。其气温分布相对均匀,因此气温并不直接限制该地区梯田的空间分布,降水是影响黄土高原区梯田分布的主要原因。

3.4.2.2　北方土石山区

北方土石山区的梯田(含田坎)总规模为 2.69 万 km^2,约合 0.40 亿亩,占北方土石山区斜坡耕地面积的13.9%、区域总耕地面积的7.52%、区域总面积的3.13%。

从海拔分布上来看，北方土石山区的梯田主要集中在海拔高度为30～1500 m的区域(占比94.13%)，峰值为192 m。从空间分布上看，北方土石山区梯田主要分布在第一阶梯和第二阶梯的交界区域上，呈现从西南向东北降低态势，且高海拔区域主要分布在山区内部，低海拔区域主要分布在平原或盆地与山区的交界的缓坡丘陵区，这也是梯田最为集中的区域，如太行山两侧。从坡度上看，梯田主要集中分布在2°～15°的区域(占比89.86%)，峰值为5°，平均坡度为8.4°。以缓坡梯田为主，陡坡梯田主要分布在北方土石山区起伏度较大的区域，占比较少。研究统计了各个坡度下梯田占耕地的比例发现，在大于2°的斜坡耕地中梯田占比为12.99%。同时，在坡度上呈现U形分布，即随着坡度的增加梯田占斜坡耕地的比例先持续性增加，但增长的速度逐步放缓，最后有所下降。6°以上梯田的占比已经达到35%，12°以上梯田的占比均超过50%。

从降水量上来看，本研究发现北方土石山区的梯田主要分布在降水量380～850 mm区域(面积占比97.16%)，且面积占比在年平均降水量为480 mm和550 mm前后达到峰值，平均降水量为596.47 mm。根据中国气候区的划分，北方土石山区的梯田基本都在半湿润区(年均降水量400～800 mm)，占比高达89.26%，且呈现出从东南向西北依次递减态势。北方土石山区的西北部年均降水较少(不足400 mm)。从气温上来看，梯田主要分布在年平均气温2～15 ℃区域(面积占比99.86%)，且面积占比在年平均气温12 ℃前后达到峰值，平均气温为9.66 ℃。其气温分布相对均匀。因此气温并不直接限制该地区梯田的空间分布，降水是影响梯田分布的主要原因。

由于北方土石山区多平原、山区纵横交错、河流众多且土地肥沃，因此，梯田在该区占总耕地比例显著低于其他地区，仅为7.52%，且主要分布于西部的太行山区。同时，太行山区土层较薄，坡改梯难度较大，因此该区梯田占整个斜坡耕地的比例较低。其中，6°～25°的梯田面积占北方土石山区斜坡耕地面积的三分之一以上(35.65%)，这说明北方土石山区坡改梯工程仍有较大的提升空间。

3.4.2.3 南方丘陵山区

南方丘陵山区的梯田(含田坎)总规模为3.42万km^2，约合0.56亿亩，占南方丘陵山区斜坡耕地面积的17.92%、区域总耕地面积的11.46%、区域总面积的3.56%。

从海拔分布上来看，南方丘陵山区的梯田主要集中在海拔高度为30～1400 m的区域(占比94.13%)，峰值为192 m。从空间分布上看，南方丘陵山区梯田主要分布在第一阶梯和第二阶梯的交界区域上，呈现出从东南向西北增多态势。高海拔区域主要分布在山区内部，低海拔区域主要分布在平原或盆地与山区交界的缓坡丘陵区。从坡度上看，梯田主要集中分布在2°～20°(占比95.32%)，峰值为2°，平均坡度为8.29°。以缓坡梯田为主，陡坡梯田主要分布在南方丘陵山区起伏度较大的区域，占比较少。研究统计了各个坡度下梯田占耕地的比例，发现在大于2°的斜坡耕地中梯田占比为10.71%，同时在坡度上呈现U形关系，即随着坡度的增加梯田占斜坡耕地的比例先持续性增加，但增长的速度逐步放缓，最后有所下降。在6°以上总梯田面积占总斜坡耕地面积的30%，其中9°～25°梯田的占比均超过30%。

从降水量上来看，我们发现南方丘陵山区的梯田主要分布在降水量为1000～1900 mm区域(面积占比92.44%)，且面积占比在年平均降水量为1350 mm、1450 mm和1650 mm前后达到峰值，平均降水量为 1551.96 mm。根据中国气候区的划分，我们发现南方丘陵山区的梯田全部在湿润区和潮湿区（年均降水量>800 mm），且呈现出从东南向西北递减态势，南方丘陵山区的西北部年均降水量相对较少。从年均气温上来看，我们发现梯田主要分布在年平均气温为 13～25 ℃区域（面积占比 99.66%），且面积占比在年平均气温 17 ℃前后达到峰值，平均气温为 17.85 ℃。

3.4.2.4 西南山区

西南山区的梯田（含田坎）总规模为 8.48 万 km^2，约合 1.25 亿亩，占西南山区斜坡耕地面积的 30.43%、区域总耕地面积的 28.01%、区域总面积的 9.85%。

从海拔分布上来看，西南山区的梯田主要集中在海拔高度为 200～2600 m 的区域（占比 96.22%），峰值为 360 m。从空间分布上看，西南山区梯田主要分布在第二阶梯上，呈现出从东南向西北降低态势，且主要分布在山区的河谷地带，如云贵高原的南部和东部。从坡度上看，梯田主要集中分布在 2°～18°的区域（占比 76.65%），峰值为 11°，平均坡度为 13.08°。以缓坡梯田为主，缓坡梯田主要沿河流分布，陡坡梯田主要分布在西南山区起伏度较大的区域，占比较少。研究统计各个坡度下梯田占耕地的比例发现，坡度大于 2°的斜坡耕地中梯田占比为 30.43%。同时，在坡度上呈现 U 形关系，即随着坡度的增加梯田占斜坡耕地的比例先持续性增加，但增长的速度逐步放缓，最后有所下降。7°以上梯田的占比均超过 30%。

从降水量上来看，我们可以发现西南山区的梯田主要分布在降水量为 800～1600 mm 区域（面积占比 92.23%），面积占比在年平均降水量 1050 mm 前后达到峰值，平均降水量为 1129.52 mm。根据中国气候区的划分，我们发现西南山区的梯田主要集中在湿润区和潮湿区（年均降水量>800 mm），呈现出从南向北递减态势。西南山区的东北部年均降水量相对较少。在年均气温上来看，我们发现梯田主要分布在年平均气温为 10～21 ℃区域（面积占比 94.43%），且面积占比在年平均气温 16 ℃前后达到峰值，平均气温为 15.71 ℃。西南山区气温和降水充沛，因此气温和降水都不是限制梯田分布的主要因素。

第 4 章

中国梯田的撂荒特征

在城镇化和工业化快速发展的驱动下，中国丘陵山区土地利用逐渐被边际化，耕地撂荒范围也迅速由劣质的坡耕地延展至优质的梯田，大规模梯田撂荒会引发一系列社会经济与生态效应，科学评估山区梯田的撂荒程度及空间分布有助于更有效地应对耕地撂荒问题。本研究利用全国抽样调查的方式调查了 329 个梯田县(市、区)，对中国梯田的撂荒程度进行了研究，并进一步探索了梯田撂荒空间分异特征及原因。结果显示：①中国梯田撂荒普遍，区域分布广泛，发生梯田撂荒现象的村庄占总调查村庄的比例达到 54%，撂荒面积占梯田总面积的比例达到 9.79%；②梯田撂荒程度在区域分布上呈现“南多北少”的特征，南方丘陵山区较为严重，尤以长江中下游地区为最；③影响梯田撂荒的主要因素可归结为农业劳动力外出务工、梯田耕作机械化程度、灌溉条件、耕作交通条件等。针对梯田撂荒，应精准施策，提高梯田区机械化水平具有普适性，针对质量较差的梯田，可有序“退耕”；对于质量较好的梯田，可采用调整种植结构、加强农业基础设施建设、鼓励流转与规模经营等方式避免撂荒。

4.1 研究方法

4.1.1 梯田撂荒调查方法

耕地撂荒数据获取主要有遥感影像解译和农户调查两种途径。总体而言，遥感技术在获取大范围的耕地撂荒方面有较大的优势，与农户调查方法相比，能较好地反映耕地撂荒的整体状况，而且具有空间分布信息。然而，由于耕地撂荒是一系列相互影响的因子共同作用的结果，驱动和影响因子的多样性令耕地撂荒现象具有渐变性、复杂性、不稳定性及空间分布的零散性等特征，使得“实际撂荒耕地”变得难以识别和预测，所以采用遥感方法提取撂荒地块信息比其他土地利用变化信息的获取更为困难，并且由于混合像元的存在，大范围的撂荒地解译精度不高(用户精度 40%～75%)，山地丘陵地区的解译精度更低(Estel et al.，2015)。

农户调查数据能够对农地利用变化进行合理的经济解释，并且能够在短时间内较快捷地获取到小范围地区的信息，因此在我国耕地撂荒研究中应用非常广泛。但基于农户调查所得的撂荒率数值很大程度受到调查户数、空间抽样调查方法和调查技术影响，而且农户调查数据在反映全局情况方面存在不足，容易出现偏差。同时，由于撂荒话题的敏感性，在农户调查过程中，农民为了自身利益可能会少报或不报撂荒情况。因此，基于农户调查获取的撂荒率可能低于实际撂荒率，这是需要在调查过程中重点解决的问题。

本研究主要采用全国范围的实地调查法获取我国梯田撂荒信息。

4.1.1.1　耕地撂荒的概念界定

耕地撂荒，亦称为耕地抛荒，或耕地弃耕，是指曾经被耕种而现在不再被继续耕种以致荒芜的土地。当某个农户放弃耕作某块土地后，通过土地流转或委托他人代为耕种未导致耕地荒芜都不属于撂荒。另外，因为国家的退耕还林政策和休耕政策导致的耕地荒芜或闲置状态不属于撂荒。对于持续停止耕种几年的耕地才可被认为是撂荒地，在学术界有不同的观点。联合国粮农组织对于撂荒耕地的定义是至少 5 年没有进行农业生产的可耕地。在我国，2 年或 2 年以上没有耕种的农地则被认为是撂荒地。本研究参考国内大多数人定义，将闲置 2 年以上未利用的耕地定义为撂荒耕地。

4.1.1.2　研究区范围

本研究的研究范围为全国丘陵山区有明显梯田分布的区域。根据第二次全国土地调查数据，全国梯田面积约 2.8 亿亩，南方梯田规模大于北方。全国有明显梯田分布的有 27 个省份，从各省份梯田面积看，四川、广西、湖南、云南、江西、湖北、贵州等南方省份是梯田面积较多的省份，吉林、北京、新疆、内蒙古、辽宁等北方省份梯田规模较小；黑龙江、天津、上海、江苏等 4 个省份无明显的梯田分布；另外，香港、澳门、台湾不在本研究范围内（图 4-1）。

为揭示梯田撂荒程度的空间分异特征，根据第二次全国土地调查反映的梯田分布状况，参考全国水土保持区划、九大农业分区及六大行政分区等，本研究以县级行政区为基础单元将中国大陆划分为六个梯田分布区，其中北方土石山区、黄土高原区、南方丘陵山区和西南山区是梯田集中分布的区域，梯田总面积占比为 98.70%；北方地区和青藏高原区梯田面积较少，实地收集的样本数量也较少，因此该两区未纳入分析范畴（图 4-1）。

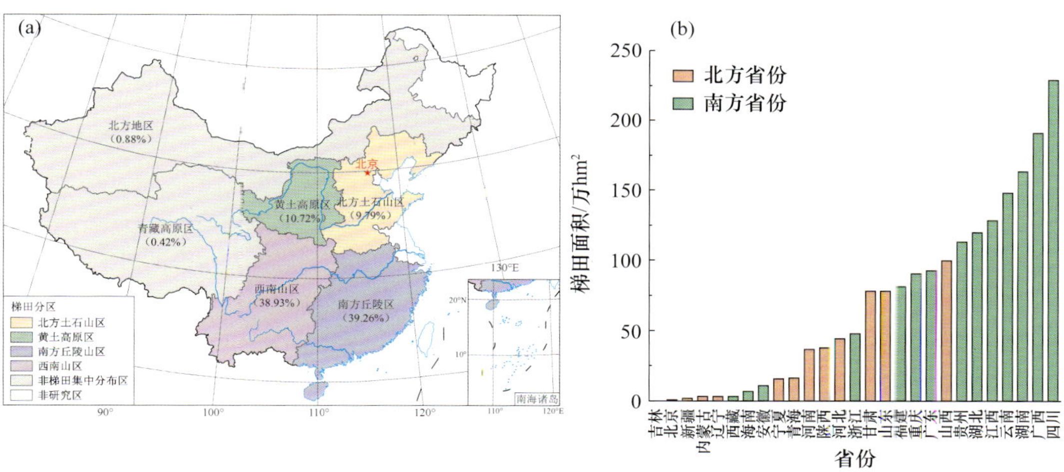

图 4-1　中国梯田分区和面积占比(a)及各省份梯田面积(b)

4.1.1.3 农村与农户梯田撂荒的实地调查

(1)调查样本量的确定

本研究采用问卷调查的方式对梯田撂荒程度进行实地调查。问卷调查所需样本量的大小受调查目的、调查精度、调查方法、研究对象变异程度及总体规模大小等因素的影响。在其他条件一定的情况下,样本容量随总体规模的增加而增加,但二者并非线性关系,在总体规模不断增加的过程中,样本容量的增加量越来越小并最终趋向于稳定(风笑天,2018)。问卷容量的确定方法很多,在同等的调查条件下,不同的计算方法得到的样本量十分接近,本研究采用的计算公式如下:

$$S = \frac{X^2 NP(1-P)}{d^2(N-1)} + X^2 P(1-P) \tag{4-1}$$

式中,S 表示调查所需的样本量,X^2 表示所需置信度水平下 1 个自由度的卡方值(取值 3.841),N 表示总体规模,P 表示总体的百分比(取其样本变异程度最大时的值 0.5),d 表示准确度(取值 0.05)。

全国有梯田分布的县(市、区)数量(N)为 1708,根据公式(4-1)确定样本量(S)为 314,抽取比例为 18%。本研究调查范围广,区域异质性程度高,故采用分层抽样和随机抽样相结合的方式进行问卷调查,以保证样本分布的均衡性,提高抽样效率及抽样调查结果的可靠性。根据分层抽样的要求,在省级层面将每个省级行政单元梯田面积占比和梯田县(市、区)数量占比的平均数作为每个省份要抽取的梯田县(市、区)的比例,各个省份拟调查的梯田县(市、区)数量见表 4-1。在每个选定的县(市、区)中随机抽取 1~2 个行政村,每个行政村随机调查 4~6 个农户。

表 4-1 拟调研梯田县(市、区)的数量和分布

省份	梯田县(市、区)数量	抽样数量	省份	梯田县(市、区)数量	抽样数量
北京	7	1	广东	94	17
河北	48	8	广西	107	26
山西	104	18	海南	20	2
内蒙古	5	1	重庆	37	11
辽宁	27	3	四川	164	34
吉林	3	1	贵州	87	18
浙江	78	11	云南	129	24
安徽	42	5	西藏	45	4
福建	82	15	陕西	98	12
江西	92	19	甘肃	63	12
山东	67	13	青海	16	3
河南	52	8	宁夏	9	2
湖北	90	18	新疆	25	3
湖南	117	25	合计	1708	314

(2)实地调查

实地调查采取大学生寒暑假返乡调查和课题组实地调查相结合的方式进行。由于中国梯田分布范围广,每个地区要调查的样本又不宜过多,通过招募大学生寒暑假返乡进行调查,可以提高调查效率、节省调查成本。同时,大学生熟悉自己所在行政村的基本情况,沟通顺畅,更易获得准确的调查结果;为提高调查的可靠性,调查大学生所学专业规定在地理学、农学、社会学等学科内,并进行了问卷调查培训与实时指导。

大学生返乡调查共进行了 3 轮,时间分别为 2020 年 1—3 月、2020 年 6—9 月和 2021 年

1—3 月。由于梯田均分布在交通不便的山区，而且问卷调查工作受到新冠疫情的影响，返乡调查不足以完成设计方案中的样本数量。因此，课题组针对一些样本不足的区域，在湖北、湖南、四川、贵州、云南、广西、广东、甘肃、陕西、安徽等省份进行了补充调查，实地补充调查一共进行了 3 次，调查时间分别为 2020 年 11—12 月、2021 年 3 月和 2021 年 4 月。

调查员在每个行政村收集 1 份村问卷和 4～6 份农户问卷，并撰写一份调查报告。行政村问卷的调查对象为知情村干部，主要为村主任、文书等，调查内容主要为村庄的劳动力情况、耕地面积与质量、土地流转和撂荒情况、作物种植情况等；农户问卷的调查对象是行政村内部经营耕地的农户，调查内容主要为家庭耕地面积、耕地利用情况、家庭成员基本信息及家庭收入情况等。行政村问卷和农户问卷调查的均是上一年的情况，即问卷调查时点为 2019 年和 2020 年。

(3)问卷收集情况

大学生返乡调查和课题组实地调查共覆盖了全国 346 个县(市、区)，占全国梯田县(市、区)总数的 20%，共收集到行政村问卷 598 份和农户问卷 2960 份。未收集到西藏和新疆的调查问卷。

问卷修正和清理的流程如下：①依据调查报告中提供的信息、基本的常识和逻辑、数据的一致性等检查和判读问卷中可能出现的错误值和异常值；②与调查员进行沟通，对有错误或者遗漏的问题通过电话回访的方式进行修正；③针对问题不清的部分问卷，课题组进行了电话回访；④对不符合调查要求、有明显错误且无法修正的问卷进行剔除；⑤个别省份样本过多，根据抽样调查的要求，随机删除了部分样本。最终获取有效行政村问卷 560 份，行政村问卷覆盖了 329 个县(市、区)(图 4-2)，占全国梯田县(市、区)总量的 19%，超过 314 个县(市、区)的样本容量阈值。大学生完成行政村问卷 399 份，占比 71%，课题组补充调查 161 份，占比 29%。时间上，2020 年完成行政村问卷 490 份，占比 88%，2021 年完成 70 份，占比为 12%。农户问卷的构成情况与行政村问卷大致相同。

图 4-2　调查样本所在县(市、区)分布情况

4.1.2 梯田撂荒率测算方法

考虑农户外迁可能会造成农户调查样本有偏，本研究的梯田撂荒率主要基于行政村问卷结果进行测算。由于各个县（市、区）行政村问卷数量不一致，根据分层抽样的要求（李升发 等，2017），首先对各个县（市、区）的调研数据进行处理，再计算不同尺度的撂荒率。具体计算公式如下：

$$\mathrm{CBA}_i = \sum_{j=1}^{n} \mathrm{VBA}_{ij} / n \tag{4-2}$$

$$\mathrm{CA}_i = \sum_{j=1}^{n} \mathrm{VA}_{ij} / n \tag{4-3}$$

$$R = \sum_{i=1}^{m} \mathrm{CBA}_i / \sum_{i=1}^{m} \mathrm{CA}_i \tag{4-4}$$

式中：VBA_{ij} 为调研县（市、区）i 中行政村 j 的梯田撂荒面积，CBA_i 为调研县（市、区）i 的平均梯田撂荒面积，即县（市、区）内 n 个行政村梯田撂荒面积平均值；VA_{ij} 为调研县（市、区）i 中行政村 j 的梯田总面积，CA_i 为调研县（市、区）i 的平均梯田面积，即县（市、区）内 n 个行政村梯田面积平均值；R 为梯田撂荒率，即 m 个调研县（市、区）的平均梯田撂荒面积的总和与 m 个调研县（市、区）平均梯田面积的总和的比值。

4.2 基于抽样调查的梯田撂荒规模测算

4.2.1 梯田撂荒时间演变特征

根据 244 份有撂荒时间记录的行政村调查问卷，中国梯田撂荒现象从 20 世纪 80 年代发展至今，2000 年以后梯田撂荒村庄呈现明显增多的趋势（图 4-3）。从四个梯田分区看，2000 年之前发生梯田撂荒的村庄主要分布在南方丘陵山区。2000 年以后黄土高原区、南方丘陵山区和西南山区发生梯田撂荒现象的村庄数量均呈明显增加的趋势，尤其是 2010—2015 年梯田撂荒村庄数明显增多。北方土石山区发生梯田撂荒的村庄数量较少，且时间趋势不明显。

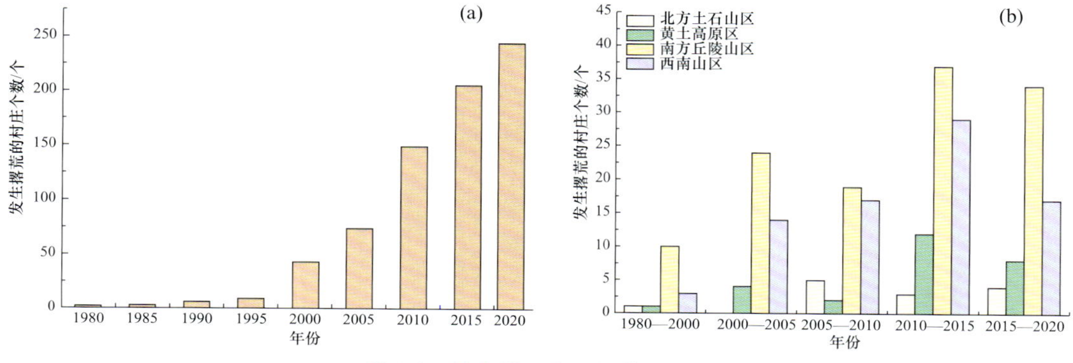

图 4-3 村庄梯田出现撂荒的时间

（a）全国梯田撂荒；（b）四大梯田分区梯田撂荒

4.2.2　梯田撂荒村数量

从数量上看，全国发生梯田撂荒的村庄占调查村庄总数的 54%，南方省份比例偏高，为 65%，北方省份比例为 28%。从四个梯田分区看，南方丘陵山区是村庄发生梯田撂荒现象最严重的区域，梯田撂荒村庄数量占比为 72%，西南山区为 55%，黄土高原区为 38%，北方土石山区为 20%。调查省份中，吉林、辽宁、内蒙古、青海和海南所调查的村庄未发现梯田撂荒，其他省份均有不同程度的梯田撂荒现象，其中广东、福建、贵州、浙江、湖南、安徽、重庆、湖北等省份发生梯田撂荒村庄数量占比超过了 60%；江西、宁夏、四川、广西、云南、陕西、山西、甘肃、河北等省份占比在 20%～60%；河南、山东等省份占比在 20%以下（图 4-4）。

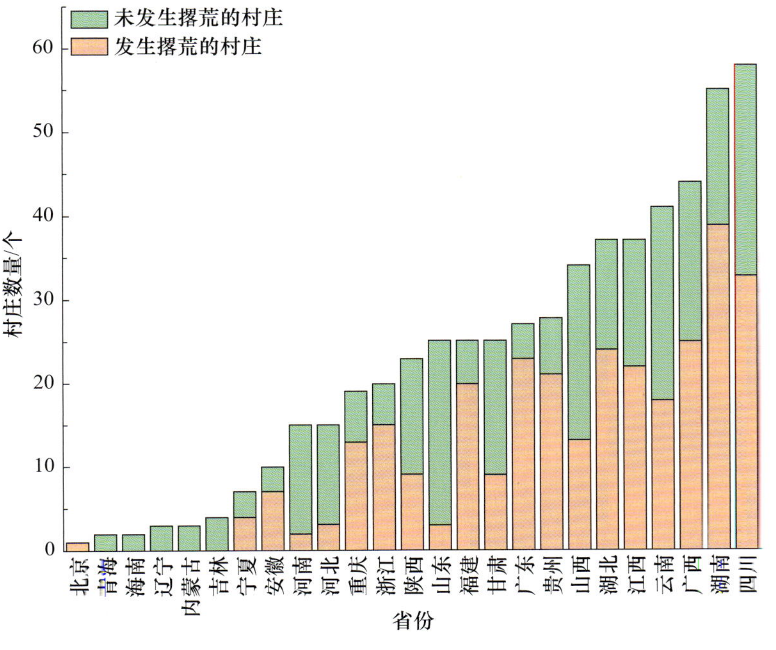

图 4-4　各省份调查村庄发生撂荒的数量

4.2.3　梯田撂荒率

从面积上看，全国梯田撂荒率为 9.79%。从四大梯田分区来看，四个梯田分区之间撂荒程度差异明显。撂荒最严重的是南方丘陵山区，梯田撂荒率为 20.96%，其后依次是西南山区为 7.16%、黄土高原区为 4.36%、北方土石山区为 3.04%。单因素方差分析结果表明，南北方及四个梯田分区撂荒程度在统计学上存在显著差异（"韦尔奇"检验，$p<0.05$）。"塔姆黑尼"多重比较结果显示，北方土石山区撂荒程度和南方丘陵山区、西南山区之间存在显著差异（$p<0.05$）；黄土高原区撂荒程度和南方丘陵山区之间存在显著差异（$p<0.05$）；南方丘陵山区的撂荒程度与北方土石山区、黄土高原区、西南山区之间均通过了显著性检验（$p<0.05$）；黄土高原区撂荒程度和北方土石山区、西南山区之间没有通过显著性检验。

各省份撂荒程度存在明显差异，南方省份撂荒程度明显高于北方，其中长江中下游区各省份撂荒较为严重、集中。具体来看，梯田撂荒最严重的是广东和北京，撂荒率分别为 44.67% 和 30%；福建、江西、浙江、重庆、安徽、湖北、湖南等长江中下游的省份撂荒率在 10%～25%；贵州和陕西的撂荒率在 6%～10%；广西、山西、宁夏、四川、云南、河北、甘肃、河南的梯田撂荒率在 2%～6%；山东、海南、青海、吉林、辽宁、内蒙古的梯田撂荒率在 2%以下（图 4-5）。

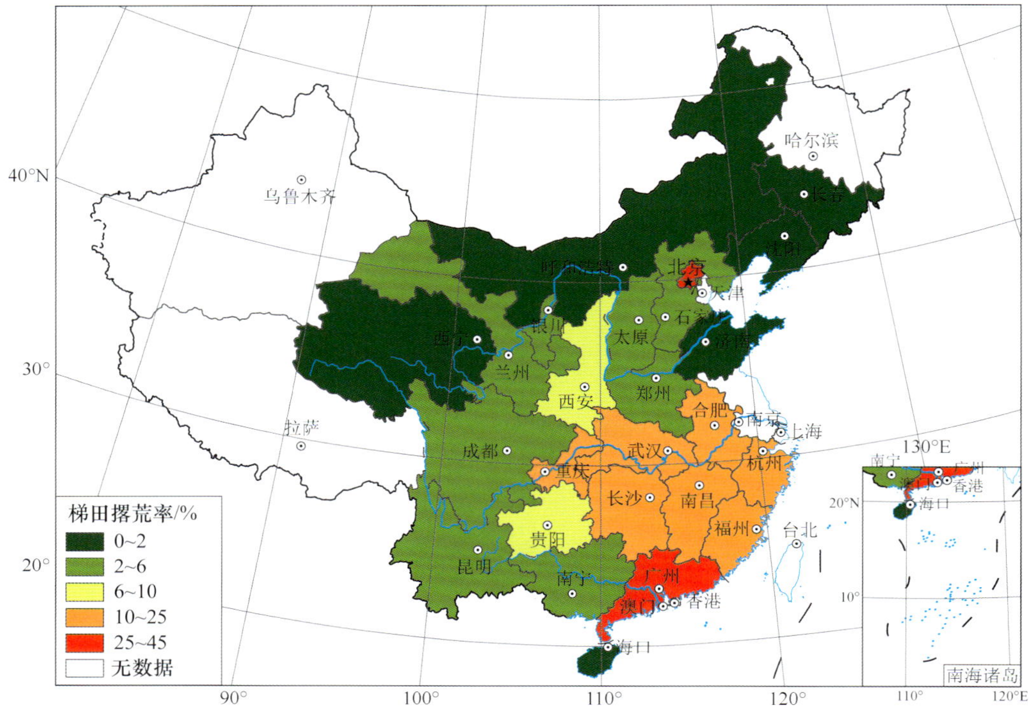

图 4-5　梯田撂荒率省域差异

4.3 调查结果的评估

由于前人研究多聚焦于耕地撂荒率，为了增强与其他调研数据的可比性，本研究也计算了调查区的耕地撂荒率，计算方法与梯田撂荒率计算方法相同。从结果来看，中国梯田区耕地撂荒率为 9.01%，相比金芳芳等（2018）利用中国家庭收入调查数据测算的 2013 年全国耕地撂荒率 5.72%偏高，可能是由于金芳芳所选研究范围包含了撂荒率较低的平原地区及耕地撂荒程度随着时间的推移有加重趋势的原因；相比李升发等（2017）采取抽样调查的方式测算的 2014—2015 年全国山区县的耕地撂荒率 14.32%偏低，可能是由于此次调查的地域范围更加广泛，不仅限于山区县，也包含了地势相对平缓的丘陵地区。从撂荒发展的时间上看，已有研究表明中国耕地撂荒在 2000 年以后开始增多（李升发 等，2017；张学珍 等，2019），2005 年可能是耕地撂荒的时间突增点（李升发 等，2017）。本研究中梯田撂荒现象同样从

2000 年左右开始凸显，2010 年左右明显增多，梯田与坡耕地相比撂荒发展时间相对滞后，符合耕地边际化发展特点。在耕地撂荒程度的区域差异上，已有研究表明南方和西部撂荒较为严重（金芳芳 等，2018），其中长江流域、云贵高原等是耕地撂荒较为严重的区域（李升发 等，2017；张学珍 等，2019；Li et al.，2022）；不同的是，本研究中梯田撂荒较为严重的区域更为集中，主要分布在长江中下游区域，除了个别省份，西南和北方区域撂荒程度都较小。

目前梯田撂荒率为 9.79%，撂荒规模已经不容忽视。根据第二次全国土地调查，中国现有梯田总量 2.8 亿亩，按此推算全国梯田撂荒面积已达到 2800 万亩左右，接近浙江全省的耕地面积，或“十三五”期间（2016—2020 年）全国坡改梯规划规模（491 万亩）的 6 倍。大范围的梯田撂荒无疑是对过去人力与资本投入的浪费，会造成粮食产量损失及生态风险增加。另外，本次调查过程中，新疆和西藏没有找到合适的调查地点和调查员，未收集到这两个省份的问卷。但是从第二次全国土地调查数据来看，新疆与西藏梯田面积在全国梯田总面积中的比重分别为 0.12%与 0.21%，相对较小，忽略两者对全国梯田撂荒率的计算结果影响不大。

4.4 梯田撂荒的原因

4.4.1 村干部认知

村干部不仅是村庄的实际管理者，往往也是耕地经营者，对梯田撂荒的原因有较好的认知能力。根据村干部认知性的回答，本研究对梯田的撂荒原因进行了归纳总结（图 4-6a）。按照认可程度依次为：①外出务工劳动力人数较多；②梯田耕作机械化程度低；③梯田灌溉条件差；④耕作交通条件差；⑤野生动物破坏；⑥梯田肥力较差。从各个梯田分区来看，劳动力的缺乏是各个区域的首要因素，其次是机械化程度低，差别是野生动物破坏对南方丘陵山区的影响较为明显，其他因素在各个区域之间的差异性相对较小。

详细来看（图 4-6b～d），四大梯田分区中南方丘陵山区外出务工比重最高，其次是西南山区，然后是黄土高原区和北方土石山区。梯田机械化程度最高的是黄土高原区，其次是北方土石山区，南方丘陵山区和西南山区梯田机械化率较为接近。梯田质量整体水平相差不大，以一般水平居多，其中西南山区梯田质量略微偏低。机耕条件中，有机耕路的村庄占比最高的是黄土高原区，西南山区和北方土石山区相差不大，占比最低的是南方丘陵山区。野生动物破坏方面，黄土高原区和南方丘陵山区有野生动物破坏庄稼的村庄比例较高，其次是西南山区，北方土石山区比例较低。可以看出，外出务工比重较高及机械化程度较低的地区，梯田撂荒相对越严重；灌溉条件较差的区域，撂荒相对较为严重；耕作交通条件较好的区域撂荒相对较少；野生动物破坏方面，除了黄土高原区以外，其他区域均符合野生动物破坏越严重梯田撂荒越严重的规律。由此可见，梯田撂荒的原因与山区耕地边际化机理是相吻合的，即由于务农机会成本上涨，农业劳动力成本上升，导致无法机械化替代的梯田耕作成本增加，利润不断下降，从而引发撂荒，耕作条件较差的区域易发生梯田撂荒也是此原理。

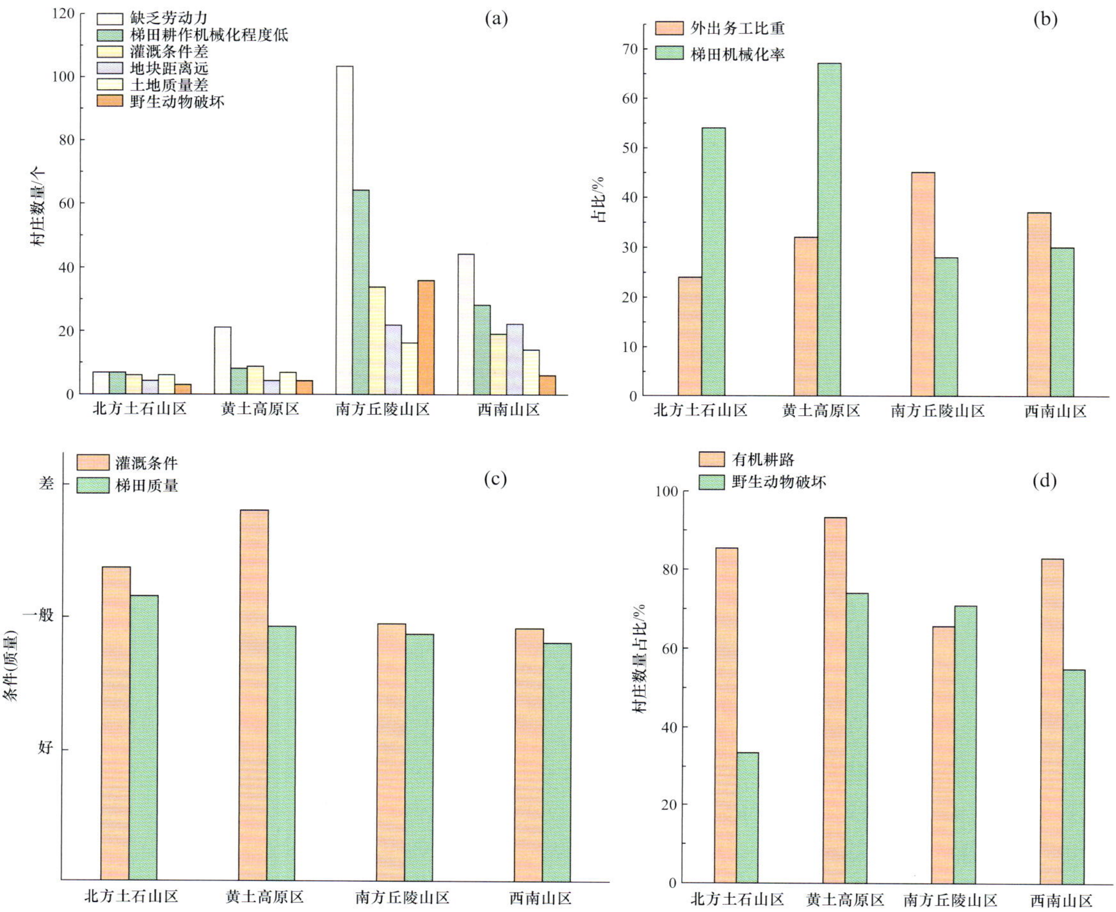

图 4-6 村干部眼中的梯田撂荒原因

(a)不同原因梯田撂荒的村庄数量;(b)外出务工比重和梯田机械化率;(c)梯田质量和灌溉条件;(d)有机耕路和野生动物破坏村庄占比

4.4.2 撂荒梯田的地块属性

(1)地块面积大小

地块面积大小可能会对耕地生产成本产生显著影响。地块较小时农业产出有限,造成了相对较高的通勤和运输成本。地块大小也影响农业机械的使用,可能增加机械损失,增加生产成本。根据地块的面积特征,将地块分为0~0.2亩、0.2~0.4亩、0.4~0.6亩、0.6~1.0亩、1.0~1.5亩、1.5~2.5亩、2.5亩及以上几个区间,以此分析地块大小和梯田撂荒的关系。

总的来看,3444个地块中发生撂荒的地块数量为494块,发生撂荒的比重为14%。在0~0.2亩这个区间,梯田地块发生撂荒的比重为35%,0.2~0.4亩的区间梯田地块发生撂荒的比重为27%,0.4~0.6亩的区间撂荒比重为17%,0.6~1.0亩区间的撂荒比重为14%,1亩以上地块发生撂荒的比例已经降低到10%以下。整体上来看,随着地块面积的增大,地块撂荒的比例在降低;地块面积越小,发生撂荒的比例越大(图4-7)。

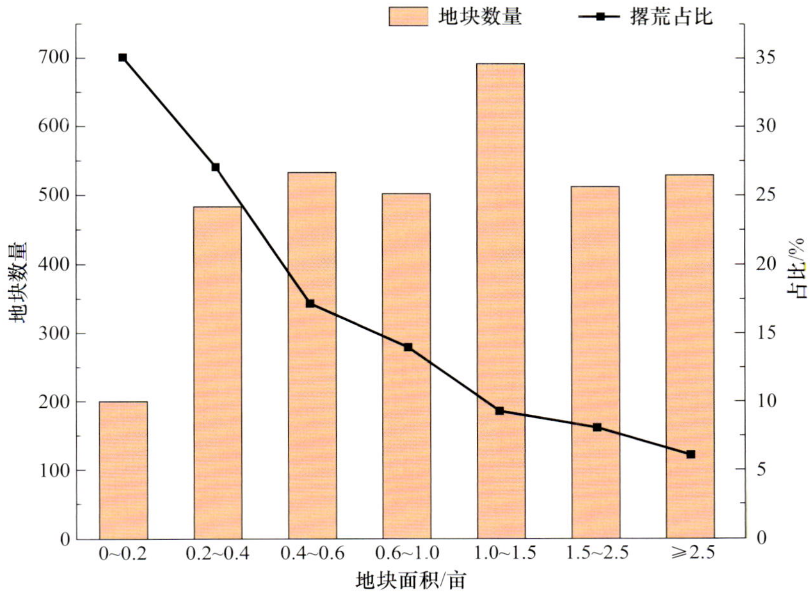

图 4-7　地块面积大小和撂荒的关系

（2）地块质量

地块质量决定了地块的基本产出能力，质量越好的地块盈利能力越强，被边际化的风险越低。从图 4-8 可以看出，土壤肥力、灌溉条件越差梯田地块撂荒的比重越大。土壤肥力较好的撂荒比重为 7%，土壤肥力一般的撂荒比重为 11%，土壤肥力较差的撂荒比重为 31%；灌溉条件较好的撂荒比重为 8%，灌溉条件一般的撂荒比重为 11%，灌溉条件较差的撂荒比重为 21%。

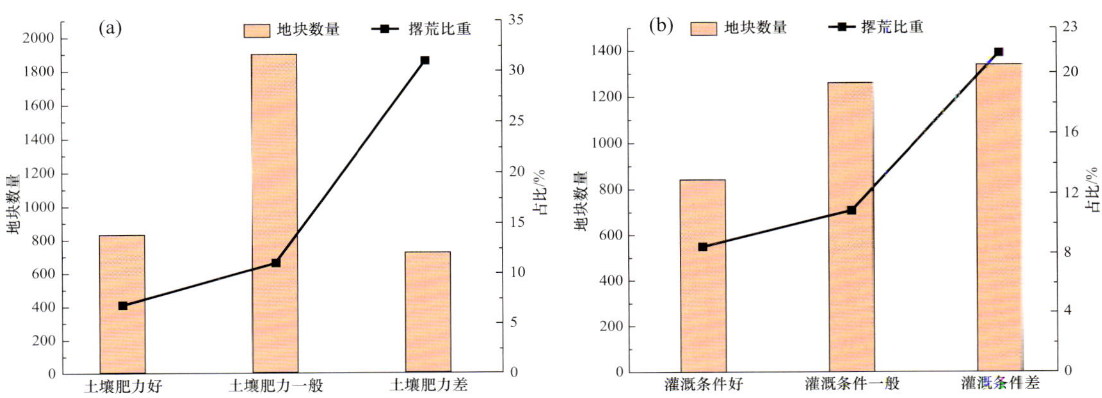

图 4-8　地块质量和撂荒的关系

（a）土壤肥力；（b）灌溉条件

（3）地块可达性

地块可达性对耕地生产成本的产生有重要影响。山区地形的阻隔作用，增加了农户到达地块的难度和时间，从而增加了地块的生产成本。相同的距离，落差越大所要付出的劳动力成本就越高；通勤距离越远，所用时间越长，劳动力成本就越高。将地块和农户家庭住址之间的

业生产决策和劳动力配置决策也与平原地区存在差异。山区地形破碎，资源禀赋受到地形条件制约，也让山区农业结构调整呈现出与平原地区不同的状况。农户虽然可以通过改变农业生产要素配置方式和农业种植结构对该部分劳动力转移进行有效劳动替代，但是这种替代效果在地形复杂和各类地理要素相互叠加的丘陵山区可能大打折扣。因此，单纯地将已有耕地撂荒机理套用在丘陵山区梯田，难以解释为什么在农业不断发展的情况下，丘陵山区农业结构调整仍然受限制，宝贵的梯田资源不断撂荒的内在原因。

在劳动力转移方面，农户家庭个别劳动力非农转移并非直接指向整个家庭农业退出，已有研究鲜有关注劳动力转移差异对农户撂荒决策的影响。主要体现在以下两点。其一，我国农村劳动力转移大部分不是永久的迁移，劳动力非农转移呈现出兼业化和阶段性的转移特征（蔡昉，2017）。众所周知，在农户家庭内部劳动力配置调节下，往往男性劳动力、青壮年劳动力首先选择非农转移，而妇女、老人和小孩则留在家中承担起小规模农业生产活动（朱文珏 等，2020）。这使得我国农业劳动力涌入非农市场时更多呈现出一种“候鸟型”流动模式，农业劳动力转移既存在“离农离土”，也存在“离农不离土”的不同情形。部分农户家庭会选择同时从事农业与非农业，这也使农户劳动力转移呈现出不同的转移数量、转移距离和务工形势。不同劳动力转移程度的差异所蕴含的非农转移成本不同，对农户撂荒决策的影响并不具有一致性。其二，劳动力并非同质的，不同劳动力所蕴含的人力资本能够承受的劳动强度不同，农户非农就业的质量和稳定程度存在差异，所做出的撂荒决策也会不同。尤其是我国大多数农民受自身条件的限制，非农转移的农业劳动力集中在劳动密集型、低技术含量和容易被替代的行业和岗位，非农转移面临着更高的不确定风险。这些农业劳动力虽然发生了转移，但在没有稳定、长期的非农工作时，并不会完全放弃农业生产，这样的劳动力转移并不一定引起梯田撂荒。

总体而言，从单一的角度来探讨农户梯田撂荒的行为，难以厘清丘陵山区农户梯田撂荒决策和撂荒规模的内在机理。基于此，本节在农村劳动力大量析出的宏观背景下，从农户家庭这一微观视角，从理论上探寻资源禀赋约束、劳动力转移差异对梯田撂荒的影响机制和路径，厘清梯田撂荒的内在机理。在此基础上，揭示资源禀赋约束和劳动力转移差异对梯田撂荒决策和撂荒规模的影响，并进一步探究不同资源类型和不同劳动转移类型农户梯田撂荒的决策差异。综合分析我国梯田撂荒内因、外因，厘清梯田撂荒内在机理与主要驱动因素，从而有针对性地提出梯田利用和保护的相关措施与建议，为我国未来进一步制定梯田保护政策提供有价值的参考。

5.1.1 资源禀赋约束对农户梯田撂荒的影响机理

在级差地租理论中，耕地质量和区位条件是影响地租的关键因素。在务农机会成本快速增加的背景下，面对不同资源禀赋条件的耕地，农户撂荒行为机理是不同的。

当务农机会成本较低时，农业劳动力流出的情况普遍较少，农户大多倾向于保留离家近、耕地质量较好的宜耕地，而耕地质量差、农业基础设施差的耕地容易被撂荒。但随着务农机会成本的持续上升，农业生产经营边际收益日益减少甚至为0，此时资源条件较好的耕地，也会因为边际效益低而面临撂荒。因此，有必要从梯田资源禀赋约束角度对农户撂荒决策进行分析。

假设农户家庭种植的农业产品为粮食作物，在不考虑农药化肥、粮食价格、土地流转（此处主要讨论农户撂荒行为，故暂不考虑土地流转）的情况下，主要生产要素投入为土地和劳动力。

用 L_{land} 表示农户总梯田面积，$Land_i$ 表示种植规模，L_I 为劳动投入，用 D_{land} 表示梯田的禀赋特征，包括地块面积、土壤质量、灌溉条件、坡度、海拔等，生产函数可以写为

$$f(Land_i, L_I, D_{land}) \tag{5-1}$$

此时，农户农业生产成本为 $C_Y(Land_i, L_I, D_{land})$，假设地块特征会影响农业产出，即当地块禀赋条件好的时候，地块带来的额外成本 $C_I<0$，当地块条件差时，$C_I>0$。同时，假设存在非农劳动市场，且劳动力市场完善，农户非农转移不受自身人力资本限制，非农工资率为 W_{LII}。如前文提到的，以农户为理性经济人，追求家庭收入最大化为目的（Yan，2016），其目标函数可以写为

$$\max_{Land_i L_I} P\sum_{i=1}^{N} f(Land_i, L_I, D_{land}) - \sum_{i=1}^{N} C_Y(Land_i, L_I, D_{land}) + W_{LII}\left(L - \sum_{I=1}^{N} L_I\right) \tag{5-2}$$

且满足 $L_I \geqslant 0$；$Land_i \leqslant L_{land}$ 条件。式中，P 为农产品价格，L 为农户家庭总劳动力。则拉格朗日函数为

$$\begin{aligned} &P\sum_{i=1}^{N} f(Land_i, L_I, D_{land}) - \sum_{i=1}^{N} C_Y(Land_i, L_I, D_{land}) + W_{LII}\left(L - \sum_{I=1}^{N} L_I\right) + \\ &k\left(\sum_{i=1}^{N} f(Land_i, L_I, D_{land}) - F\right) - \sum_{i=1}^{N} \mu_i(Land_i - L_{land}) + \sum_{I=1}^{N} \lambda_i L_I \end{aligned} \tag{5-3}$$

F 为农户家庭生产约束条件，即 $f(Land_i, L_I, D_{land}) \geqslant F$。其一阶条件可以写为

$$Pf\ Land_i - C_Y\ Land_i + kf\ Land_i - \mu_i = 0 \tag{5-4}$$

$$PfL_I - C_Y L_I - W_{LII} + kfL_I + \lambda_i = 0 \tag{5-5}$$

由此，假设农户 $Land_i = L_{land}$ 时，且农户劳动力投入的边际效益大于边际成本，此时的一阶条件可以写为

$$Pf\ Land_i - C_Y\ Land_i + kf\ Land_i = 0 \tag{5-6}$$

$$PfL_I - C_Y L_I - W_{LII} + kfL_I = 0 \tag{5-7}$$

可以看出，在这种情况下，农户农业生产的边际效益等于边际成本，农户则不会选择撂荒该地块，且此时劳动力的配置也处于最优状态，农户劳动力也不会转移。而当 $Land_i \ll L_{land}$ 时，劳动力投入的边际效益小于边际成本时，一阶条件可以写为

$$Pf\ Land_i - C_Y\ Land_i + kf\ Land_i = 0 \tag{5-8}$$

$$PfL_I - C_Y L_I - W_{LII} + kfL_I + \lambda_i = 0 \tag{5-9}$$

当农户在地块上的边际收益小于边际成本时，那么农户就会放弃种植该地块，且在这块土地上继续投入劳动是不经济的。因此，可以得出当 $\frac{dLand_i}{dD_{land}} > 0$、$\frac{dL_I}{dD_{land}} > 0$，说明当农户家庭地块 i 的耕地资源禀赋条件较好时，农户不会选择撂荒该地块。相反，当 $\frac{dLand_i}{dD_{land}} < 0$、$\frac{dL_I}{dD_{land}} < 0$，农户到地块的耕作距离较远、地块的灌溉条件较差时，地块特征对农业生产则会产生负面影响，从而使得农户撂荒这些资源禀赋受约束的地块。

如图 5-1 所示，由于我国土地制度的均分特性，山区农户家庭耕地分布不集中，梯田地块分散，地块与地块之间也存在较大差异，即使是相邻的两块耕地也有各种不同，如石块的多少、坡度的大小、土壤的侵蚀程度、土质的好坏等（史铁丑 等，2017）。这些地块资源禀赋方面的约束，使得利用这些地块的难易程度也不同，耕作成本也不同，因此面对不同资源禀赋条件的地块，农户撂荒行为机理也是不同的。

农户家庭资源禀赋的约束不仅仅表现在某一地块上，还体现在家庭整体梯田资源丰寡上。与平原地区不同，梯田不仅有海拔较高、坡度较陡的高山梯田，也有坡度较缓的缓坡梯田，在部分地势较为平缓地区，农户家庭存在既有梯田，也有平坦好田的情况。不同农户家庭梯田资源差异较大，这些资源禀赋差异的客观存在将直接影响农户农业生产和劳动力转移决策（吴郁玲等，2018），影响农户的梯田撂荒行为。

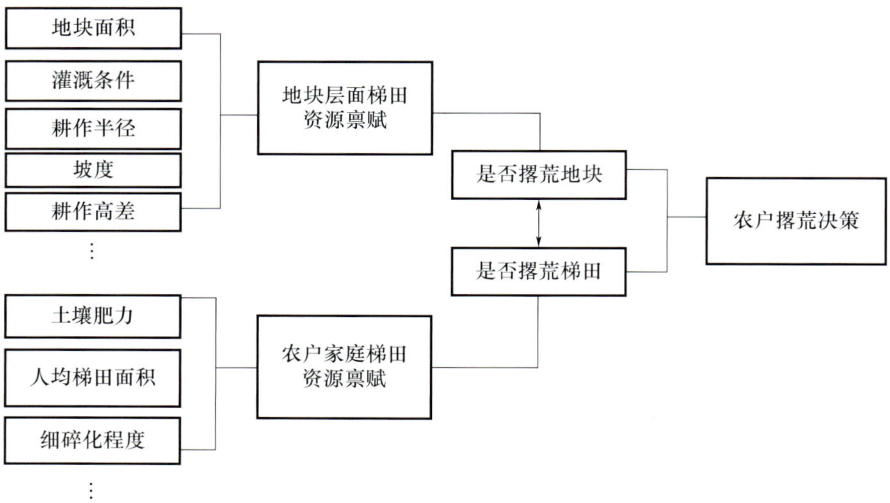

图 5-1　资源禀赋约束对农户梯田撂荒的影响机理分析

综上所述，在农户追求利益最大化的前提下，农户家庭耕地资源禀赋影响着农户撂荒决策。受地形因素限制，丘陵山区梯田往往分布在海拔高、坡度陡的山坡地上，无形之中增加了农户农业生产成本。在梯田耕作区，狭小的梯田田块面积也限制农业机械生产效率发挥，农业机械替代劳动的速度远低于农业劳动成本上涨的速度，农业机械化、农业服务外包的劳动替代效应受到耕地资源的限制，使得农业劳动生产低效，难以实现规模化种植，农户种植收益难以提高。

5.1.2　劳动力转移差异对农户梯田撂荒影响机理分析

（1）劳动力转移数量、质量与距离差异

农业生产是多要素配置而不是土地、肥料等单一要素作用的结果，劳动力是农业生产经营不可或缺的一种生产要素。随着工业化与城镇化的快速推进，农业生产成本不断增加，农民非农劳动就业机会增多，务农不再是农户家庭配置劳动力的唯一方式。每一个农户在家庭劳动力资源配置方面，都面临着农业部门和非农业部门的选择。

农村劳动力向城市流动是一种理性行为。美国经济学家托达罗（Michael P. Todaro）认为，农村劳动力向城市迁移是人们对于城乡预期收入差距做出的反应。只有当农户认为非农工作的预期收益高于农业收入时，劳动力非农迁移才会发生，否则，农户则会选择继续留在农村。托达罗理论中的劳动力迁移的微观基础是指单个劳动力的理性行为，然而，农户家庭和劳动者并非有相同的迁移动机，单个农业劳动力迁移的微观基础是农户家庭理性经济决策行为。

因此，从农户家庭劳动力配置的角度来分析和理解农户非农迁移决策就显得尤为重要。

需要关注的是，农户家庭劳动力非农转移也有着区别。农户家庭个别劳动力非农转移并不是直接指向整个家庭的农业退出，多数研究往往将个别劳动力的转移视为农户家庭的完全离农（蒋波 等，2008），但实际上，劳动力转移既存在“离农离土”，也存在“离农不离土”的不同情形，农户劳动力在转移数量、转移距离和转移质量上都存在结构差异。

因此，从农户劳动力非农转移角度分析农户撂荒决策，不能仅从农户家庭劳动力是否转移的角度粗略地看待，还需要考虑到农户家庭劳动力转移数量、距离和质量的特征差异。

从劳动力转移数量角度看，农户家庭劳动力数量有限，随着劳动力非农转移数量的增加，从事农业生产劳动力数量就相应减少，农业劳动力转移数量越多，对农业劳动力数量约束则越大，大量农村劳动力参与非农生产经营活动，使得农户家庭劳动力不能满足农业种植需要，农业生产存在一系列劳动投入不足问题，此时，农户农业生产决策则会因为农业劳动力数量不足而发生较大改变，如降低复种指数、减少耕种面积。

如图 5-2 所示，当农户的非农就业机会增多时，尤其是非农就业的收益持续增加时，农户的务农机会成本线向上平移，由 C_1 变为 C_2，且 $C_1 < C_2$，在要素总量不变的条件下，投入农业的劳动将逐渐减少，即农业劳动数量由 L_1 减少到 L_2，当其他要素不变时，此时农户土地利用程度减轻，但随着农业劳动数量持续减少，农户家庭农业劳动低于农业生产所需的最低劳动限度，最终发生撂荒。

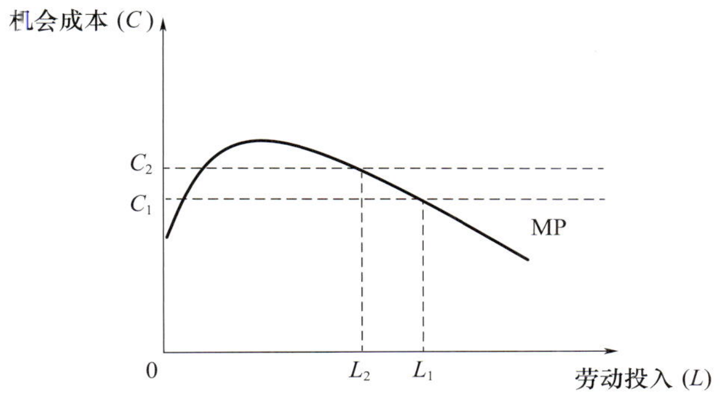

图 5-2　农业劳动数量变动对梯田利用的影响（韦鸿，2008）

劳动力非农转移具有显著的空间距离特征，关注劳动力转移数量对农业生产造成约束的同时，还需要综合考虑劳动力转移的距离。我国“半耕半工”的兼业形势仍在不断发展，农户农业劳动力非农转移并不必然表示农业劳动力的流失，农户家庭劳动力非农转移存在明显的空间距离特征（檀竹平，2019）。不仅如此，由于劳动力迁移还受到迁移成本的限制，一些人力资本存量相对较低的农户家庭，难以跨越劳动力非农迁移所要求的最低迁移门槛（檀竹平，2019），这类农户更多是在本地从事些“临时工”性质的兼业活动，既不“离土”也不“离农”。农户的非农转移距离较近，只需相应地减少对农业生产的劳动投入，就能同时兼顾非农就业与农业生产，撂荒耕地的可能性更小。当农户满足远距离迁移条件时，非农转移的距离越远，农户个体兼业务农的可能性越小，农户家庭面临的劳动力的刚性约束更大，从而不得不缩小生产规模或降低土地利用程度（图 5-3）。

因此，农业劳动力转移距离越远，农户撂荒的可能性越大。但无论哪种劳动力转移情况，都需要考虑农户个体的人力资本差异（侯长蓬，1999），这就需要考虑劳动力转移过程中，因农户个体差异造成的农户兼业稳定程度差异。

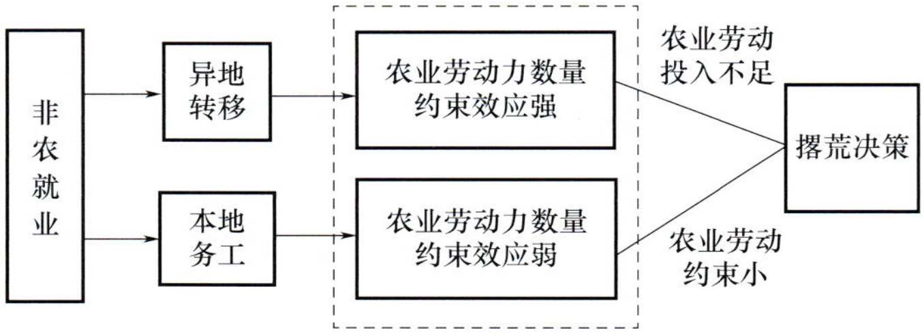

图 5-3　非农转移距离对梯田撂荒决策的影响

在考虑劳动力转移距离远近的同时，还需要进一步分析农户非农就业的稳定程度。一方面，由于农村劳动力迁移多以受教育程度较高的青壮年为主，妇女、老人和小孩则留在家中承担起小规模农业生产活动，劳动力转移具有“选择性迁移”的特征(李志俊 等，2011)。随着农村劳动力逐步迁移，农户家庭劳动和资本(包括人力资本)资源流失，参与农业生产的劳动力老龄化和女性化现象日趋明显，老年和女性人口参与农业生产的比重和劳动时间大幅增加。

从全国人口普查数据来看，2010—2020 年，55 岁及以上人口占农业劳动力人口的比例从 24.8%增长至 44.9%，这也导致我国从事农业生产的劳动力质量受约束，农户家庭劳动力配置呈现出“弱质化”和“老龄化”现象(朱文珏 等，2020)。

另一方面，虽然诸多文献指出我国劳动力非农转移受到了农户自身人力资本等因素的制约，农户非农转移呈现出“候鸟型”的流动方式，随着近年来城镇化进程加快和农村教育的发展，农户自身人力资本得到提升，部分人力资本较高的青壮年劳动力已经从“候鸟型”流入城市逐渐转变成“融入”城市(高一兰，2016)，农户非农就业稳定程度极大提升，许多农户逐渐从兼业走向专业，使从事农业生产的劳动力质量进一步出现下降(周来友，2017)，造成农业生产活动中实际投入的有效劳动不足，进一步农户耕地撂荒。

因此，在考虑农户劳动力转移数量、转移距离同时，还应该考虑农户非农就业的质量和稳定程度对农户家庭梯田撂荒的影响。

综上所述，本节从农户家庭劳动力非农转移的就业数量、就业距离和就业质量三方面切入，系统分析劳动力转移差异对农户梯田撂荒的影响机制，图 5-4 为劳动力转移差异对梯田撂荒影响的理论分析框架。

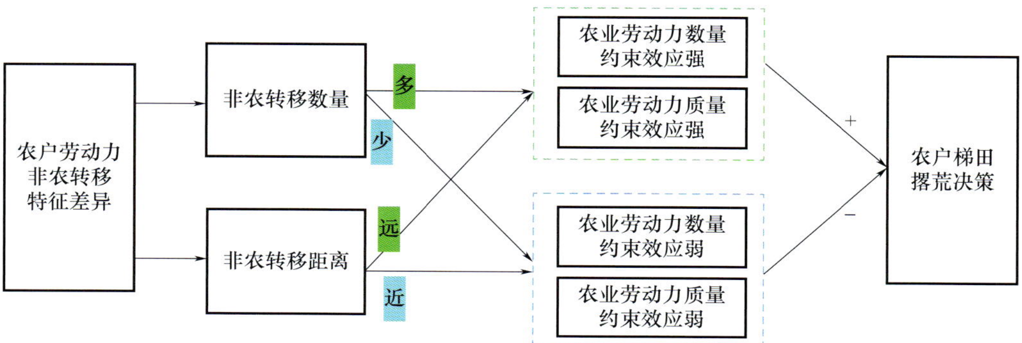

图 5-4　劳动力转移差异对农户梯田撂荒的影响机理分析

(2)劳动力转移类型差异

农户分化是农村社会经济和城乡协调发展的必然结果(冯中朝,1995),而不同非农转移差异也会导致农户分化成为不同规模特征的群体。近年来对农户分化各方面的研究取得了很大的进展,农户分化也逐步成为农户行为分析的基本背景。

目前关注劳动力转移的农户类型划分主要以非农收入占家庭总收入的比例为依据(陈晓红 等,2007;Xie et al.,2020),将农户划分为纯农户、一类兼业户、二类兼业户和非农户(李赞红 等,2014)。然而,随着农业比较收入的不断降低,非农收入与农业收入间差距拉大,用这种传统的农户分类方式来考虑农户分化已经不符合当前实际情况。

因此,综合前文理论分析,结合现有的传统分类基础,本研究将从农户家庭劳动力非农转移数量、转移距离、就业质量三方面对农户进行分类,分析不同类型农户梯田撂荒行为差异。

如图 5-5 所示,首先从农业劳动力是否转移出发,若农户家庭未发生劳动力转移则划分为"留农守土"型农户。

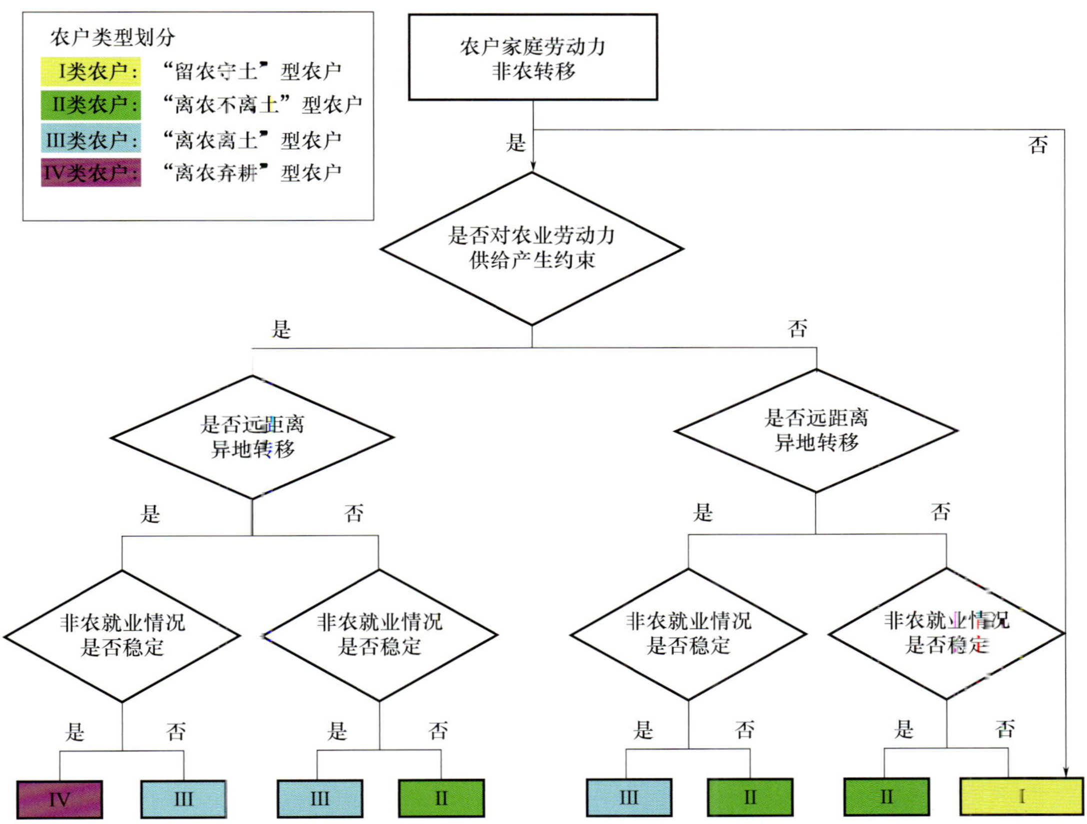

图 5-5　劳动力转移差异视角的农户分类流程图

若发生劳动转移,则继续判断农户家庭是否主要务农劳动力发生转移,是否对农业劳动力供给产生约束。

首先,考虑劳动力转移数量较少的情况。若主要劳动力未发生转移或未造成农业劳动力供给约束,则继续对劳动力转移的距离和稳定程度进行分析,若转移距离较近且非农就业程度不稳定,则这类农户也划分为"留农守土"型农户。"留农守土"型农户由于非农转移受限,转移数量少、距离近且质量低，非农就业不稳定，农户家庭仍以农业生产为主，受到劳动力转移影响而产生撂荒的可能性较低。

若转移距离近，非农转移质量稳定，则可以判断为“离农不离土”型农户。这类农户非农转移数量少、距离近，虽然就业质量高，但家庭留守农业劳动数量充足，非农转移的劳动力就业距离近，亦可以满足家庭农业生产的劳动力需求；同样，在农户劳动力转移数量未对农业生产产生约束时，若转移距离远，但农户就业质量不高，这类农户家庭成员的劳动力转移多以外出打零工为主，务工时间灵活，在农忙季节能够返乡参与农业生产，故分为“离农不离土”型农户。

而当农户家庭转移数量少，转移距离远且转移质量高，则会在一定程度上造成农业劳动力供给约束，此类农户则划分为“离农离土”型农户。

其次，考虑农户家庭的劳动力转移数量较多的情况。当农户家庭劳动力转移数量较多，对农业劳动力供给产生约束效应，则继续判断是否是远距离迁移，并同时考虑不同迁移距离的农户的非农就业质量。

当农户家庭劳动力转移数量多，迁移距离远且非农就业质量高，这类农户则划分为“离农弃耕”型农户，此类农户非农转移劳动力数量较多，对农业生产的劳动力数量约束大，使得家庭劳动向非农倾斜。

当农户家庭劳动力转移数量多，农户迁移距离近且非农就业质量低，这类农户划分为“离农不离土”型农户。虽然农户家庭参与非农劳动力的人数较多，但非农就业距离近、就业程度不稳定，劳动力转移质量低，农户仍然需要保证一定程度的农业生产维持生计需要。

当农户家庭劳动力转移数量多，农户迁移距离远但就业质量低或迁移距离近但就业质量高时，这类农户则划分为“离农离土型”农户。

综上所述，基于农户家庭劳动力转移数量、距离和质量差异，将农户划分为不同的四种类型，不同迁移类型农户的撂荒决策是不同的。具体表现在，劳动力非农转移不是影响“留农守土”型农户梯田撂荒的主要因素，而“离农不离土”型农户撂荒决策不仅会受到劳动转移的影响，还会受到农业生产条件的影响，如耕地资源禀赋特征。而“离农离土”型农户和“离农弃耕”型农户撂荒决策受劳动力转移影响更大。

综上所述，将梯田资源禀赋约束、农户家庭劳动力配置和梯田撂荒三大主题联系起来，构建一个逻辑自洽的分析框架(图 5-6)。

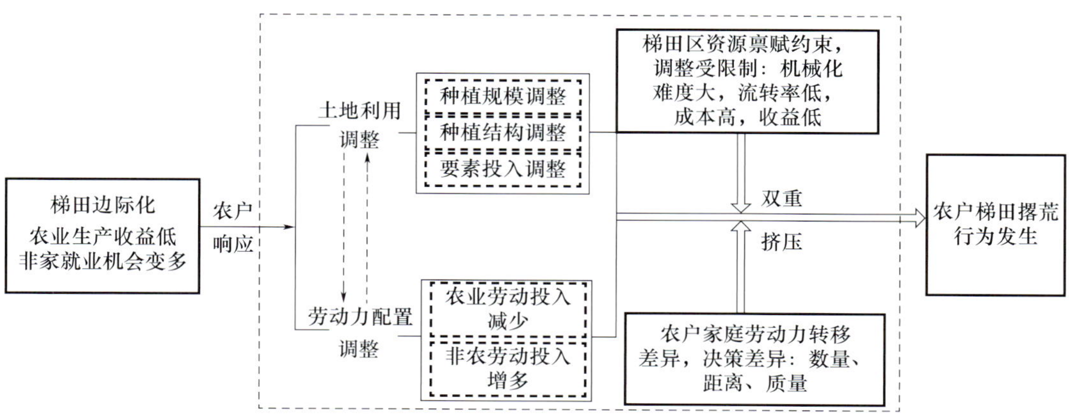

图 5-6　农户梯田撂荒理论分析框架图

5.2 中国梯田撂荒驱动机制的实证研究

梯田撂荒行为背后的驱动机制较为复杂，涉及地块特征、农户特征、村庄特征、区域特征等诸多方面，本节利用 2020—2021 年课题组执行的中国梯田撂荒专题调查，开展多层次因素的中国梯田撂荒驱动机制的实证研究，其中，梯田地块特征来自专题调查中的农户问卷，共包含梯田地块 3444 个。

5.2.1 模型构建和指标选取

村庄梯田撂荒程度的差异，由村庄的梯田资源禀赋和劳动力禀赋两个方面差异造成。如前所述，梯田分布广泛，不同的区域社会经济条件、地形和土壤等差异较大，造成了村庄梯田的质量、耕作条件和劳动力就业特征等方面存在显著差异。

(1)梯田资源禀赋

不同村庄最明显的差异是在地形方面的差异，地形对梯田质量和耕作条件产生了显著影响。村庄坡度的大小，可能影响梯田田面的宽度、地块大小和土壤厚度，进而影响了梯田的质量、机械化程度和交通的便捷性。坡度较大和地形阻隔明显的村庄，不仅梯田的产出能力较低，耕作成本也较高。反之，坡度较缓及地形阻隔较小的村庄，梯田有较高的产出能力，耕作成本也相对较低，有较强的盈利能力。但是在地形相似的情况下，梯田的利用情况依然存在显著差异，这种差异主要由种植结构不同引起。高价值经济作物的种植，提高了梯田的产出能力，削弱了地形对梯田盈利造成的不利影响。但是，经济作物的种植又受到市场容量和储运问题的限制，那些位置偏远的村庄远离市场、运输成本较高，在种植结构调整方面受到的约束条件较大。

(2)劳动力禀赋

相似的梯田资源禀赋条件，村庄劳动力禀赋的差异性同样对梯田的利用造成影响。劳动力资源较为丰富的村庄，梯田可能会被充分利用，在劳动力较为缺乏的村庄，部分梯田可能就会被放弃耕作。在劳动力就业方面，不同地理位置的村庄，在信息的获得性和非农就业机会方面可能存在差异，劳动力非农就业越充分的村庄，撂荒的可能性就越高。另外，同一村庄的农户在务农和非农就业的选择方面会相互影响。处在同一地理位置的梯田，周边地块的撂荒会增加梯田撂荒的可能性，例如，由于周边地块的撂荒加剧了野生动物对梯田利用的破坏，促使农户做出撂荒的决策。在非农就业方面，非农就业较多村庄的农户拥有较多的非农就业信息，更有利于劳动力的非农转移。

基于以上分析，主要从村庄梯田资源禀赋和劳动力禀赋两个方面选取影响村庄梯田撂荒的变量，并增加了梯田流转率、村庄平均坡度和区域虚拟变量，具体指标见表 5-1。被解释变量为村庄梯田撂荒率(梯田撂荒率＝梯田撂荒面积/梯田总面积)。在梯田资源禀赋方面，将变量分为主要影响梯田产出和影响梯田成本两个方面的变量。影响梯田产出的变量，选取了梯田质量、灌溉条件、野生动物、经济作物比重等变量。影响梯田成本的变量，选取了地块数量和梯田机械化率。劳动力禀赋中,选取了劳均梯田面积、务农劳动力平均年龄和务工比重。村庄特征中,包含了梯田流转率和村庄平均坡度。最后是区域虚拟变量,包含北方土石山区、黄土高原区和西南山区(以南方丘陵山区为对照组)。

表 5-1　村庄撂荒差异影响因素变量描述

分类	变量	变量描述	均值	标准差
梯田产出(梯田禀赋)	梯田质量	土壤肥力:1.好;2.一般;3.差	1.93	0.50
	灌溉条件	本村耕地总体灌溉条件:1.好;2.一般;3.差	2.09	0.74
	野生动物	有野生动物破坏=1;无=0	0.54	0.50
	经济作物比重	经济作物播种面积/总播种面积	0.31	0.36
梯田成本(梯田禀赋)	地块数量	平均每户梯田地块数	8.65	10.33
	梯田机械化率	整地、播种、收割三个环节可以使用机械的面积均值/梯田总面积	0.38	0.36
劳动力禀赋	劳均梯田面积	梯田总面积/劳动总数	1.80	2.60
	务农劳动力平均年龄	务农劳动力平均年龄	52.79	7.85
	务工比重	主要务工劳动力/总的劳动力数量	0.57	0.20
村庄特征	梯田流转率	梯田发生流转的面积/梯田总面积	0.16	0.23
	村庄平均坡度	以半径 2500 m 村点生成缓冲区内的平均坡度	12.74	5.56
区域虚拟变量(以南方丘陵山区为对照组)	北方土石山区	北方土石山区=1;否=0	0.13	0.34
	黄土高原区	黄土高原区=1;否=0	0.14	0.34
	西南山区	西南山区=1;否=0	0.35	0.48

本研究以村庄撂荒率为被解释变量,解释变量主要包括耕地质量、灌溉条件、就业情况、村庄特征等指标,回归模型表达如下:

$$y_i = x_0 \sum \beta_i x_i + \varepsilon \tag{5-10}$$

式中,y_i 为村庄梯田撂荒率,x_0 为常数项,β_i 为待估参数,ε 为误差项。

5.2.2　回归结果

从回归结果可以看出(表 5-2),在影响耕地产出变量中,梯田质量是最重要的因素,但是梯田质量未通过显著性检验,说明在村庄尺度上梯田质量可能不是造成村庄梯田撂荒差异的主要因素。灌溉条件在 10%的水平上显著,系数为正,说明灌溉条件越差,梯田撂荒率越高。野生动物在 1%的水平上显著且系数为正,表明野生动物破坏较严重的村庄梯田撂荒率较高。在实地调查中发现随着退耕还林和野生动物保护政策的实施,梯田耕作区野猪等野生动物活动频繁,而且当同一区域地块发生撂荒后,增加了邻近地块被野生动物破坏的风险,进一步促进了撂荒的发生。另外,经济作物的种植比重也未通过显著性检验,表明经济作物种植比重不是影响村庄撂荒差异的主要因素。

在影响梯田生产成本的因素中,地块数量未通过显著性检验。梯田机械化率在 1%的水平上显著且系数为负,表明机械化程度越低梯田撂荒越严重。受地形的影响,机械化程度较低，增加了耕作成本，降低了梯田的盈利能力，因此机械化程度是影响梯田耕作区撂荒程度的重要因素。

在劳动力禀赋方面，劳均梯田面积和务农劳动力年龄均未通过显著性检验，但是务工比重在 1% 的水平上显著，表明劳动力非农就业是村庄梯田撂荒差异的主要影响因素。

在区域控制变量上，北方土石山区、黄土高原区、西南山区在 1% 的水平上显著且系数为负，表明北方土石山区、黄土高原区、西南山区和南方丘陵山区相比，在村庄梯田撂荒上有显著差异，南方丘陵山区村庄梯田撂荒率较高。

表 5-2　村庄梯田撂荒差异影响因素回归结果

变量	系数	标准化系数	标准误	t 值	显著性
梯田质量	0.014	0.032	0.017	0.808	0.419
灌溉条件	0.022	0.074	0.012	1.762	0.079
野生动物	0.054	0.125	0.017	3.157	0.002
经济作物比重	−0.015	−0.025	0.023	−0.665	0.507
地块数量	0.000	−0.008	0.001	−0.206	0.837
梯田机械化率	−0.104	−0.172	0.025	−4.107	0.000
劳均梯田面积	0.000	0.005	0.003	0.113	0.910
务农劳动力年龄	0.001	0.029	0.001	0.716	0.474
务工比重	0.225	0.205	0.044	5.078	0.000
梯田流转率	−0.036	−0.039	0.035	−1.017	0.310
村庄平均坡度	0.002	0.049	0.002	1.154	0.249
北方土石山区	−0.139	−0.220	0.029	−4.828	0.000
黄土高原区	−0.110	−0.176	0.030	−3.600	0.000
西南山区	−0.113	−0.251	0.020	−5.765	0.000
截距项	−0.043		0.079	−0.549	0.583

从标准化系数看，通过显著性检验的变量中，在不考虑区域虚拟变量的情况下，标准化系数最大的是村庄劳动力务工比重，其次是梯田机械化率，接着是野生动物和灌溉条件，即影响村庄撂荒程度的各因素重要性排序为劳动力务工比重>梯田机械化率>野生动物>灌溉条件。劳动力务工比重和机械化率是影响村庄梯田撂荒差异最主要的因素，这与上一小节分析相一致。北方土石山区、黄土高原区、西南山区标准化系数也较大，说明村庄梯田撂荒率在区域间差异明显。

以上分析可见，在村庄尺度上非农就业比重和机械化程度是造成梯田撂荒程度差异最主要的影响因素，换句话说，劳动力是造成撂荒差异的核心影响因素。劳动力价格上涨引发了山区耕地的边际化，在此过程中，农业劳动力的非农就业增加，也促使价格相对便宜的机械对劳动力进行替代，但是由于不同的村庄机械化程度和务工机会的不同，造成了撂荒的差异性。

5.2.3　区域异质性分析

从上小节分析，我们得出村庄梯田撂荒率在北方土石山区、黄土高原区、西南山区与南方

在野生动物破坏方面，560个村样本中有305个村庄有野生动物破坏农作物的现象，发生占比为54.46%。北方土石山区发生野生动物破坏农作物的样本数为24个，占本区域样本数的32%；黄土高原区发生野生动物破坏农作物的样本数为51个，占本区域样本数的66.23%；西南山区发生野生动物破坏农作物的样本数为93个，占本区域样本数的47.94%；南方丘陵山区发生野生动物破坏农作物的样本数为137个，占本区域样本数的64.02%。卡方分析结果显示，四个梯田分区在野生动物破坏占比方面存在显著差异（皮尔逊卡方值=30.770，$p<0.05$）（图5-8）。

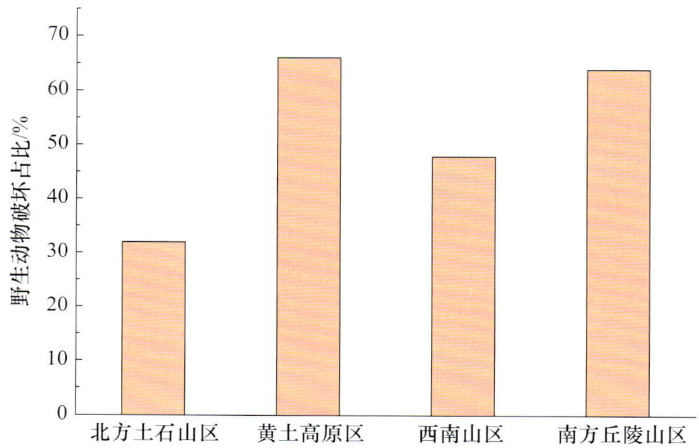

图5-8 不同区域野生动物破坏占比

从梯田机械化程度看，黄土高原区是机械化程度最高的区域，其次是北方土石山区，西南山区和南方丘陵山区的机械化程度较为接近。方差分析结果显示，梯田机械化程度在各个梯田区之间存在差异，多重比较结果显示，黄土高原区与北方土石山区、西南山区、南方丘陵山区之间差异显著（塔姆黑尼检验，$p<0.05$），西南山区和南方丘陵山区之间并无显著差异。从务工比例看，南方丘陵山区是务工比重最高的区域，西南山区和黄土高原区务工比重较为接近，北方土石山区务工比重较低。方差结果显示，梯田四个分区在务工比重方面存在差异，多重比较结果显示，南方丘陵山区与北方土石山区、黄土高原区、西南山区之间存在显著差异（塔姆黑尼检验，$p<0.05$），西南山区和黄土高原区之间不存在显著差异（图5-9）。

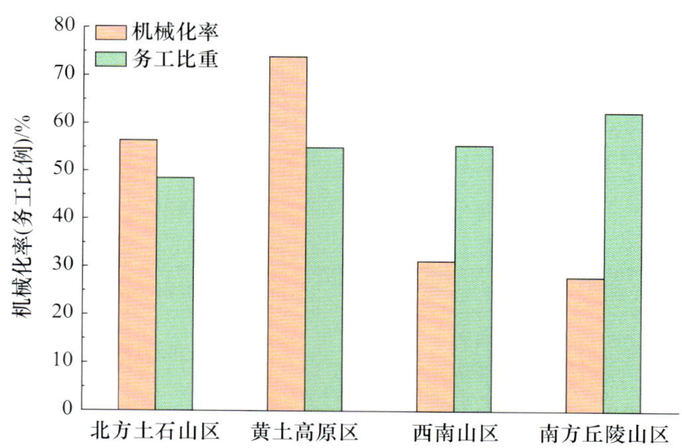

图5-9 不同区域梯田机械化率和务工比重

务农劳动力平均年龄都在 50 岁以上，各个梯田区之间差异并不明显，务农劳动力平均年龄最大的是南方丘陵山区，北方土石山区和黄土高原区务农劳动力平均年龄十分接近，务农劳动力平均年龄最小的是西南山区。方差分析和多重比较结果显示，仅西南山区和南方丘陵山区之间存在显著差异（塔姆黑尼检验，$p<0.05$）（图 5-10）。

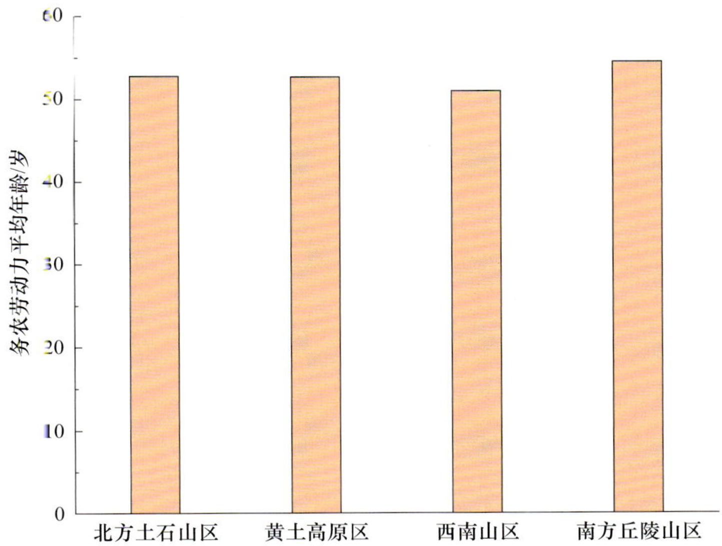

图 5-10　不同区域梯田务农劳动力平均年龄

通过上文的分析，根据实际值和统计检验的结果可知，在梯田质量方面，北方土石山区相比西南山区、南方丘陵山区质量较差，其他区域之间的差异并不显著；灌溉条件方面，由差至好依次为黄土高原区、北方土石山区、南方丘陵山区和西南山区；野生动物破坏占比由高至低依次为黄土高原区、南方丘陵山区和西南山区、北方土石山区；机械化程度方面，黄土高原区明显优于北方土石山区、西南山区、南方丘陵山区，南方丘陵山区明显低于北方土石山区、黄土高原区，其他区域之间的差异并不明显。

在务工比重方面，南方丘陵山区务工比重明显大于北方土石山区、西南山区、黄土高原区，其他区之间的差异并不显著；务农劳动力平均年龄方面，南方丘陵山区务农劳动力平均年龄明显大于西南山区，其他区之间的差异并不显著。

可以看出，南方丘陵山区灌溉条件和梯田质量是较好的区域，但是务工比重最高，务农劳动力平均年龄相对较高，同时也是机械化程度较低的区域。黄土高原区虽然耕地质量和灌溉条件相对较差，却是机械化程度最高的区域。可见，在区域尺度上，劳动力因素可能仍是造成区域撂荒程度差异的主要影响因素。

第 6 章 典型区梯田撂荒机制的实证研究

梯田撂荒是耕地边际化最为明显的表现形式，不同区域的社会经济水平、自然资源禀赋特征差异巨大，农户特征差异也导致农户的生产决策不同，由此造成梯田撂荒也表现出明显的区域特征。本章选择我国三个典型的梯田区——江南丘陵区、粤北山区、黔东南地区，以“解剖麻雀”的方式，详细分析各典型区梯田撂荒的规模、特征与影响因素，以期全面理解区域梯田撂荒的驱动机制，为全国梯田整治和耕地保护提供参考。

6.1 江南丘陵区梯田撂荒驱动因素研究

6.1.1 研究区概况与数据来源

(1)研究区概况

本研究的样本区域为我国南方的湖南、江西和福建三个省份的丘陵山区，样本分布于湖南14个县(市、区)、江西12个县(市、区)、福建8个县(市、区)，且主要分布于雪峰山脉、罗霄山脉及武夷山脉。

在自然地理条件方面，研究区所在的湖南、江西、福建三个省份均位于我国南方丘陵地带，地貌类型多样，地形以起伏、连绵的丘陵为主，山地面积较多。其中，湖南三面环山，呈从东南西三面向东北倾斜开口的不对称马蹄状，基本地貌形态有平原、岗地(台地)、丘陵和山地四个类型，其山地面积占全省总面积的51.2%，丘陵及岗地占29.3%，平原占13.1%，大体上是“七山二水一分田”。江西地势总体南高北低，呈东南西三面环山向北开口的盆地地形，中部丘陵起伏，土地结构大致是“六山一水二分田，一分道路和庄园”。山地面积约占土地总面积的36%，丘陵面积约占总面积的42%。坡地主要集中在江西中南部，其中赣州、吉安、抚州和宜春的坡地面积分别占全省坡地面积的20.90%、20.45%、13.57%和11.60%。福建位于我国东南沿海，西北部与江西接壤，素有“八山一水一分田”之称，省内丘陵连绵，河谷、盆地穿插其间，地势总体上西北高东南低，呈“依山傍海”态势，境内山地、丘陵面积约占全省总面积的90%。湖南、江西和福建三个省份的梯田面积占全国梯田总面积的20.13%，其中湖南梯田面积有24.57万亩,江西有19.31万亩,福建有12.32万亩。

(2)数据来源

本研究主要数据来源于对湖南、江西和福建三省份进行的实地农户调研数据。基于分层抽样的研究思路,首先依据三省人口、耕地面积和梯田面积来确定抽样调查的数量和选择地级市进行调研。其次,在选取的地级市中随机抽取2～3个县(市、区),每个县(市、区)随机抽取1～2个乡镇,每个乡镇随机抽取有梯田的3～4个行政村,最后每个行政村分别调研10户农户。调查时间为2020年7月、8月及11月。调研过程中所有问题均针对2019年的农村和农户家庭数据。此次调查在湖南共发出农户问卷700份、村问卷66份,收回农户问卷692份、村问卷62份。在江西共发出农户问卷550份、村问卷64份,收回农户问卷546份、村问卷48份。在福建共发出农户问卷500份、村问卷48份,收回农户问卷495份、村问卷44份。删除部分质量较差和扎堆样本后,最终确定行政村样本总数为138份、农户样本总数为1438份,其中湖南农户问卷536份,江西农户问卷436份,福建农户问卷466份。

从农户梯田总体情况来看,研究区1438户农户总梯田面积为6801.75亩,其中583户农户梯田有撂荒现象,共计撂荒梯田1464.7亩,研究区梯田撂荒率达21.53%(图6-1)。

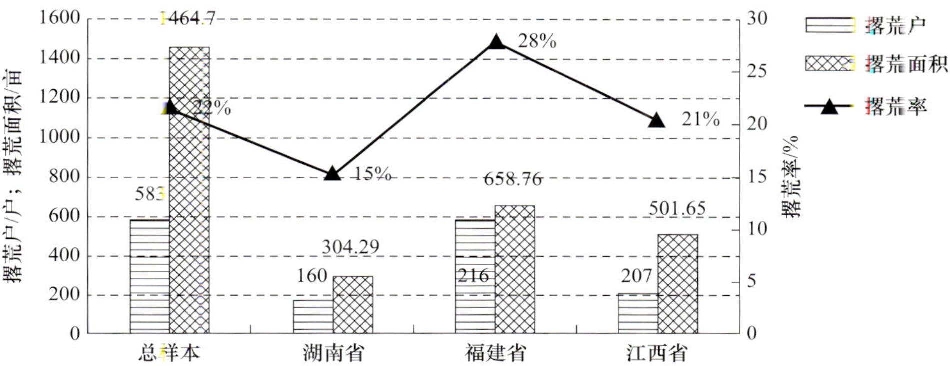

图6-1 研究区梯田撂荒现状

6.1.2 地块层面资源禀赋约束对梯田撂荒的影响

(1)模型构建

结合前文的理论分析,本小节为验证梯田资源禀赋对撂荒的影响,以“该地块是否撂荒”作为因变量,采用Probit模型估计地块层面资源差异对梯田撂荒的影响。具体模型如下:

$$Y_i = \alpha + \delta X_i + \varepsilon \tag{6-1}$$

同时,采用Logit二值选择模型分析作为参照模型,来检验模型的稳健性,模型表达式如下:

$$P(Y_i = 1 \mid X_i) = \frac{\exp(\alpha + X_i\beta)}{1 + \exp(\alpha + X_i\beta)} \tag{6-2}$$

式中:Y_i为因变量,表示撂荒决策,即是否撂荒,$Y=1$表示该地块被撂荒,$Y=0$表示未撂荒;X_i为自变量,体现梯田地块的自然特征,包括田块面积、土壤肥力、灌溉条件等指标;并选择耕地地块是否位于景区、村庄坡度作为控制变量。

梯田地块数据源自农户调查,由于梯田耕作区地块细碎程度高,因此,在分析时选择农户家庭中种植面积最大的梯田地块和撂荒面积最大的梯田地块为典型地块进行分析。本部分包含湘闽赣三省调研的2002块梯田地块数据，其中涵盖湖南731块梯田地块数据、福建662块梯田地块数据及江西的609块梯田地块数据。

(2)变量选取

如表6-1所示，地块出现撂荒则定义为1，未出现撂荒的地块定义为0。

结合实地调研，本部分从梯田田块的禀赋条件和田块的耕作成本两个维度选择解释变量，田块禀赋条件包括田块面积、田坎类型、土壤肥力、灌溉条件，田块耕作成本包括田块可机械化程度、农户耕作高差/落差、耕作距离和单程通勤时间等因素，以田块是否位于景区、村庄的平均坡度作为控制变量。

变量说明详见表6-1。地块层面变量相关性矩阵系数的绝对值均小于0.5，平均VIF为1.55，表明所选取变量间不存在严重的多重共线性问题。

表6-1　地块层面变量选取与描述性统计

变量	变量描述	湖南		福建		江西		总体样本	
		均值	标准差	均值	标准差	均值	标准差	均值	标准差
	被解释变量								
是否撂荒	1=是;0=否	0.19	0.39	0.29	0.46	0.27	0.44	0.25	0.43
	解释变量								
田块面积	该田块面积/亩	0.58	0.55	0.59	0.54	0.63	0.50	0.60	0.53
田坎类型	1=土坎;2=石坎;3=土石混合	1.12	0.42	1.39	0.72	1.16	0.50	1.22	0.57
土壤肥力	1=差;2=一般;3=好	2.02	0.73	1.90	0.76	2.00	0.75	1.97	0.75
灌溉条件	1=差;2=一般;3=好	2.72	0.45	2.72	0.45	2.76	0.43	2.73	0.443
田块机械化程度	从是否能使用机械翻耕、播种和收割三方面赋值	1.16	1.27	0.92	0.92	1.20	1.14	1.09	1.13
耕作高差/落差	地块与农户家的垂直高差/落差的绝对值/m	35.55	68.96	35.54	74.45	30.81	46.90	34.11	65.13
耕作距离	地块与农户家的距离/m	938.85	807.35	1302.96	1049.84	903.27	809.65	1048.43	912.85
单程通勤时间	从农户家到梯田所用的时间/h	0.36	0.33	0.44	0.35	0.28	0.27	0.36	0.32
是否位于梯田景区	1=是;0=否	0.14	0.35	0.09	0.29	0.06	0.23	0.10	0.30
村庄坡度	村庄平均坡度值/°	7.22	4.87	9.18	7.48	9.16	5.75	8.46	6.17
区域虚拟变量	各省虚拟变量	N/A	N/A	N/A	N/A	N/A	N/A	N/A	N/A
N		731		662		609		2002	

(3)模型结果

从模型回归结果可以看出(表6-2)，Probit模型的估计结果在变量的显著性方面与Logit模型没有明显差异。从不同变量的显著性来看，只有田块类型并不具有统计显著性，田块面积、土壤肥力、灌溉条件、机械化程度、耕作高差等变量都具有统计显著性。

表 6-2　Probit 与 Logit 模型回归结果

变量		Probit 模型			Logit 模型		
		系数	稳健标准误	dy/dx	系数	稳健标准误	dy/dx
田块禀赋	田块面积	−0.689***	0.112	−0.158	−1.295***	0.210	−0.169
	田坎类型	0.014	0.060	0.003	0.029	0.104	0.004
	土壤肥力	−0.299***	0.048	−0.068	−0.503***	0.085	−0.066
	灌溉条件	−0.310***	0.084	−0.071	−0.546***	0.147	−0.071
耕作成本	机械化程度	−0.291***	0.045	−0.066	−0.562***	0.085	−0.073
	耕作高差/落差	0.001*	0.001	0.0002	0.001*	0.001	0.0001
	耕作距离	0.000***	0.000	0.0001	0.001***	0.000	0.0001
	单程通勤时间	0.396**	0.174	0.091	0.662**	0.315	0.086
控制变量	是否位于景区	−0.275**	0.120	−0.063	−0.448***	0.206	−0.058
	村庄坡度	0.011*	0.006	0.003	0.019*	0.010	0.002
	区域虚拟变量		已控制			已控制	
N			2002			2002	
Prob>chi2			0.0000			0.0000	
Pseudo R^2			0.2719			0.2739	
Area Under ROC			0.8418			0.8419	

注：***、** 和 * 分别表示变量在 1%、5%和 10%的水平上显著，下同。

从回归结果可以看出，在地块层面，田块面积、耕作距离、灌溉条件和机械化程度都在 1%的水平上显著，即田块面积越小，农户使用机械耕作受到的限制越大，耕作距离越远，土壤肥力和灌溉条件越差的田块越易被撂荒。

梯田田块面积是决定是否撂荒的重要因素，在 1%的水平上显著。田块大小不仅限制农户机械化的使用，在农业生产时往往需要投入更多劳动力，也增加了农业生产的管理成本。在务农机会成本不断提升的背景下，农户家庭内部中更大地块往往更易机械化耕作，能在一定程度上提高农业生产的效率，降低农业生产成本。

梯田的土壤肥力和灌溉条件在 1%的水平上显著，即土壤肥力越好、灌溉条件越好的梯田越不易被撂荒。而从耕作距离、耕作高差/落差、单程通勤时间上看，耕作距离在 1%的水平上显著，耕作高差/落差在 10%的水平上具有统计显著性。这说明耕作距离越远，农户通勤成本和运输成本越高，耕地边际化的概率就越高，撂荒的可能性就越大。农户耕作的海拔越高，农业生产也越容易受到积温影响，高山梯田较缓坡梯田产量低，耕作难度大，农户撂荒行为发生的概率高。从边际效应分析的结果看，通勤距离每增加 1 个单位，地块被撂荒的可能性则提高 0.0001。而地块是否撂荒与单程通勤时间的关系并不显著，这也可能是因为不同农户对通勤时间的感知具有差异，且受到不同村庄交通可达性和坡度等因素的影响，可能削弱了通勤时间与地块撂荒的相关性。

续表

Y_1＝是否撂荒梯田 Y_2＝撂荒面积	梯田撂荒决策模型（H-1）		梯田撂荒程度模型（H-2）	
	系数	标准误	系数	标准误
女性劳动力占比	0.129	0.167	0.887	0.663
非农就业特征				
兼业劳动力占比	0.024	0.157	−1.110*	0.636
非农劳动力占比	0.676***	0.200	1.568	1.015
非农收入占比	−0.144	0.164	1.593**	0.677
农业特征				
是否流转	−0.162**	0.074	−1.011***	0.324
机械化程度	−0.480***	0.089	−1.754***	0.581
排他性变量				
村庄平均海拔	−0.224***	0.071		
区域虚拟变量	YES		YES	
常数项	1.576	0.576	0.169	1.739
IMR	3.839**			
Wald chi2	203.07***			
样本量	第一阶段 N=1438；第二阶段 N=583			

注：***、** 和 * 表示变量在 1%、5%和 10%的水平上显著。

从第一阶段的决策模型（H-1）可以看出，梯田资源禀赋特征显著影响农户撂荒决策，地块密度越大、人均梯田面积越大、土壤质量越差，越会引发农户做出梯田撂荒决策。同时，梯田资源禀赋条件不仅影响着农户是否撂荒的决策，也影响着第二阶段（H-2）的农户梯田撂荒程度。可以看出，人均梯田面积显著正向影响农户撂荒的行为，农户家庭人均梯田面积越大，肥力越差，则农户梯田撂荒的程度越高。

人均梯田面积显著正向影响着农户撂荒决策和撂荒程度。农户家庭劳动力健康状况也是能否诱发农户梯田撂荒的重要原因。而对于撂荒户而言，家庭劳动力平均年龄、受教育程度和健康状况，都会对撂荒程度产生显著影响。

从模型估计结果可以看出，农户家庭的非农劳动力占比在 1%的水平下显著影响着农户家庭撂荒决策，兼业劳动力占比在 10%的水平下影响着农户的撂荒程度。可以看出，在第一阶段，非农劳动力的数量对农户梯田撂荒决策产生较高影响，但在撂荒程度决策时，影响农户梯田撂荒多少的主要因素则是农户家庭非农收入和兼业人数。

从农业特征的角度看，是否流转和机械化程度显著负向影响农户撂荒决策和撂荒程度。耕地流转是缓解耕地撂荒的有效措施，随着耕地流转市场的完善，因家庭劳动力短缺而导致的撂荒耕地可以重新在市场上流转，这能够有效减少农户撂荒行为的发生和减少撂荒面积。

6.1.4 劳动力转移差异对梯田撂荒规模的影响

（1）模型构建

为实现研究目标，使用 Probit 模型对农户是否存在撂荒行为进行分析，其取值有两种情况，即 1＝撂荒，0＝不撂荒。Probit 回归分析适用于因变量为二分类变量的回归分析，是分析

微观个体意愿和决策的理想模型(张佰林 等,2011)。具体公式如下:

$$Y_i = \alpha + \beta \,\mathrm{labor}_i + \delta X_i + \varepsilon \tag{6-6}$$

式中:Y_i 为因变量,即农户是否撂荒,$Y=1$ 表示该地块被撂荒,$Y=0$ 表示未撂荒;labor_i 表示劳动力转移差异特征;X_i 为农户家庭劳动力特征、劳动力替代程度、家庭收入特征、家庭梯田禀赋特征、区域特征;ε 为随机扰动项。

同时,为进一步探讨梯田撂荒规模与劳动力转移差异之间的关系。本研究选择 Tobit 模型进行分析。具体公式如下:

$$Y_i^* = \alpha + \beta \,\mathrm{labor}_i + \delta X_i + \varepsilon_i, \begin{cases} Y_i^* = Y_i & Y_i^* > 0 \\ Y_i = 0 & Y_i^* \leqslant 0 \end{cases} \tag{6-7}$$

式中:Y_i^* 表示第 i 个农户的梯田撂荒率,用梯田撂荒面积占梯田总面积的比重表示;labor_i 表示劳动力转移差异特征;X_i 为控制变量,包括家庭劳动力特征、劳动力替代程度、家庭收入特征、家庭梯田禀赋特征和区域特征;ε_i 为残差项。

(2)变量选取

本部分主要分析在农村劳动力大量非农转移背景下,农村劳动力转移差异对农户梯田撂荒决策的影响。在指标选择上,将农户梯田撂荒影响因素的因变量设置为"是否撂荒梯田"和"农户家庭梯田撂荒率"来研究农村劳动力转移差异分别对农户撂荒行为和撂荒程度的影响。

在解释变量选取上,选择劳动力转移比例、劳动力转移距离和劳动力转移质量作为核心解释变量。在控制变量选取上,选取代表农户家庭劳动力特征、家庭收入、农地禀赋特征、劳动力替代程度和区域特征的变量,具体变量解释及描述性统计如表 6-5 所示。

表 6-5　劳动力转移差异的变量选择与描述性统计

变量		变量定义	平均值	标准差
	因变量			
	梯田撂荒行为	是否撂荒梯田:1=是;0=否	0.405	0.491
	梯田撂荒率	撂荒梯田面积占家庭承包耕地面积比重	0.[illegible]70	0.271
	主要自变量			
劳动力转移差异	劳动力转移比例	劳动力非农转移数量占家庭总劳动力的比重	0.678	0.324
	劳动力转移距离	农户劳动力外出务工距离的加权处理	1.[illegible]97	1.244
	劳动力转移质量	非农劳动力工作时间(月)	18.593	13.114
	控制变量			
家庭劳动力特征	家庭劳动力总数	(人)	2.[illegible]97	1.203
	劳动力平均年龄	家庭劳动力平均年龄	45.164	9.512
	家庭劳动力受教育程度	家庭劳动力初中文化水平人数(人)	1.060	0.969
	劳动力健康状况	家庭劳动力成员中健康状况较差的人数占比	0.[illegible]26	0.233
	老龄劳动力占比	老龄劳动力占家庭总劳动力比重	0.149	0.277
	村干部人数	(人)	0.153	0.368
家庭收入	家庭总收入	取对数	4.304	0.424

续表

变量		变量定义	平均值	标准差
家庭梯田禀赋特征	有无流转	1=有;0=没有	0.516	0.5
	梯田块数	(块)	33.004	46.361
	承包地面积	(亩)	5.307	4.012
	土壤肥力	1=差;2=一般;3=好	2.016	0.654
劳动力可替代程度	农业生产机械化程度	从是否能使用机械翻耕、播种和收割三方面赋值	0.445	0.454
区域特征	区域变量	N/A		
样本量		1438		

(3)模型结果

依据前文的模型设定，首先运用 Stata 16.1 软件对 Probit 模型(1-1)、(1-2)和(1-3)进行回归，并使用 robust 稳健回归来应对可能存在的异方差问题。从模型整体结果来看，Wald 值均在 1%的水平下显著，模型整体拟合度较好，解释力度强。

表 6-6 给出了模型的回归结果。模型(1-1)回归结果表明，农户非农就业比例在 10%的水平下显著正向影响农户撂荒决策，即农户家庭劳动力转移比例越多，农户可投入到农业生产的劳动力就越少，农业生产受约束的情况。从边际效应的分析结果来看，农户劳动力转移比例每增加一个单位，则撂荒可能性就提高 0.934。

模型(1-2)回归结果表明，劳动力转移距离变量通过了 1%显著性统计水平检验且系数为正，这说明随着农户离农程度加大，梯田撂荒可能性会显著提高，即农业劳动力外出务工转移距离越远，农户兼顾农业生产的机会成本越高，农户更倾向于全职非农就业，从而提升了农户撂荒行为发生的概率。

表 6-6　劳动力转移差异对梯田撂荒决策的 probit 模型回归结果

变量	模型(1-1)(Probit)			模型(1-2)(Probit)			模型(1-3)(Probit)		
Y=是否撂荒	系数	稳健标准误	dy/dx	系数	稳健标准误	dy/dx	系数	稳健标准误	dy/dx
核心解释变量									
劳动力转移比例	0.284*	0.139	0.934						
劳动力转移距离				0.111***	0.034				
劳动力转移质量							0.015***	0.005	0.005
控制变量									
家庭劳动力总数	−0.017	0.043	−0.006	−0.042	0.043		−0.134**	0.056	−0.044
劳动力平均年龄	−0.001	0.006	−0.000	0.003	0.006		0.0005	0.006	0.000
家庭劳动力受教育程度	−0.037	0.044	−0.012	−0.034	0.044		−0.022	0.044	−0.007
劳动力健康状况	0.112	0.165	0.037	0.079	0.164		0.085	0.164	0.028
老龄劳动力占比	0.277	0.199	0.091	0.198	0.197		0.208	0.198	0.069
家中是否有村干部	0.068	0.098	0.022	0.126	0.099		0.021	0.101	0.007

续表

变量	模型(1-1)(Probit)			模型(1-2)(Probit)			模型(1-3)(Probit)		
Y=是否撂荒	系数	稳健标准误	dy/dx	系数	稳健标准误	dy/dx	系数	稳健标准误	dy/dx
家庭总收入	−0.124	0.118	−0.041	−0.133	0.117		−0.166	0.121	−0.054
是否流转	−0.115	0.072	−0.038	−0.127*	0.072		−0.118*	0.072	−0.039
梯田块数	0.002	0.001	0.001	0.002	0.001		0.002	0.001	0.001
家庭承包地面积	0.025**	0.012	0.009	0.027**	0.012		0.028**	0.012	0.009
土壤肥力	−0.631***	0.06	−0.208	−0.627***	0.06		−0.631***	0.06	−0.208
劳动力替代程度	−0.469***	0.086	−0.155	−0.469***	0.086		−0.463***	0.086	−0.152
区域控制变量		Yes			Yes			Yes	
Wald chi2		224.045			228.594			225.200	
Prob>chi2		0.000			0.000			0.000	
样本量		1438			1438			1438	

注：***、** 和 * 表示变量在 1%、5%和 10%的水平上显著。

同样，模型(1-3)给出了劳动力转移质量对农户撂荒决策影响的估计结果，在 1%的显著水平通过检验，表示随着劳动力非农工作时间的增加、劳动力非农质量的提升，农户投入到农业生产的劳动力会大为减少，劳动力时间的增多也进一步约束了农业劳动力数量的投入，再加上样本区多是青壮年外出务工，留守劳动力老龄化趋势明显，为了应对这种农业劳动力不足，农户会调整种植规模，以达到最优的土地-劳动力配置结构，这也促使了农户撂荒行为的发生。

在其他控制变量中，对比模型(1-1)、(1-2)和(1-3)来看，农户家庭梯田资源禀赋方面的因素对农户撂荒决策呈现显著影响，具体变量包括农户流转情况、梯田块数、承包地面积、土壤肥力和劳动力替代程度。

梯田块数、土壤肥力和承包地面积等变量则解释了农户家庭的资源禀赋条件对撂荒决策的影响。农户家庭梯田块数能反映梯田的细碎化程度，地块数越多则细碎程度越高，即梯田耕作区细碎狭小的地块不利于山区机械作业的发展，农户难以获得机械化发展带来的劳动替代效应，无形中增加了农业生产成本、压低了收益，也促使农户选择撂荒梯田。农户家庭土地质量越好，为农户带来的收益越高，所以农户撂荒的可能性越低。

从农户流转情况来看，流转程度越高，农户撂荒行为发生的可能性越低，说明了农地流转能有效地抑制农户撂荒行为的发生。劳动力替代程度对农户撂荒有显著的负向影响，说明农业机械的使用能够降低农业生产的劳动强度，从而代替部分非农转移劳动，缓解农业劳动的供给约束，从而减少撂荒。

总体来看，体现劳动力转移差异的核心解释变量均正向显著影响着农户撂荒决策，农户劳动力非农转移比例、转移距离及转移质量对农户梯田撂荒决策和撂荒规模有正向影响。同时，农户家庭资源禀赋条件也显著影响农户的撂荒决策，可以看出，影响丘陵山区农户梯田撂荒决策的因素主要来自劳动力转移和梯田资源禀赋两方面。

但从劳动力转移比例、距离和质量单因素层面来看，劳动力转移比例的显著性程度最低，那是不是可以解释为劳动力转移比例会造成农业劳动力受到约束，然而这种约束效应会受到转移距离和转移质量的影响。为进一步验证前文的理论分析，本研究在回归模型中引入劳动力转移比例和劳动力转移质量的交叉项，劳动力转移比例和劳动力转移距离的交叉项，来判断农户劳动力转移比例对农户撂荒决策的影响。

从表 6-7 的回归结果可以看出，模型引入交叉项后，劳动力转移比例对农户撂荒决策的影响被削弱，呈现不显著的状态。而模型(1-4)中劳动力转移比例和劳动力转移距离的交叉项的系数显著为正，且在 1%的水平上影响着农户的撂荒决策。这说明在判断劳动力转移比例是否影响农户梯田撂荒决策时，要综合考虑农户家庭劳动力转移的距离对劳动力转移比例的影响。当农户家庭发生劳动力转移，且转移距离有差异时，会导致非农劳动力比例对农业生产的约束效应有所不同。当农户家庭多为本地务工时，更容易形成兼业化的经营方式，而外出务工距离较远时，受务工机会成本的影响，农户难以同时兼顾农业生产和非农就业，因此相比之下，非农转移距离近的农户受劳动比例约束效应要小于外地务工农户。

模型(1-5)中给出了劳动力转移比例与转移质量的交叉项，与模型(1-4)的分析结果一致，引入交叉项后，劳动力转移比例对农户撂荒决策的影响被削弱，呈现出不显著的状态。当农户家庭都发生劳动力非农转移时，花费在非农就业时间越多的家庭，受到的劳动力约束效应越强，能投入到农业劳动的比例就越少，兼业化经营的可能性越低。而转移比例多但投入时间少的农户受到的约束效应则弱，属于不稳定非农就业，多为在本地“打零工”，能够兼顾农业生产，撂荒的可能性就低。总体而言，劳动力转移比例对农业劳动力的约束效应，会受到转移距离和转移质量的影响。

表 6-7　引入交叉型的农户撂荒决策分析

变量	模型(1-4) (Probit)		模型(1-5) (Probit)	
Y＝是否撂荒	系数	稳健标准误	系数	稳健标准误
核心解释变量				
劳动力转移比例	0012	0.178	0.029	0.203
劳动力转移比例×转移距离	0.120***	0.042		
劳动力转移比例×转移质量			0.350*	0.202
控制变量	Yes		Yes	
区域控制变量	Yes		Yes	
Prob＞chi2	0.000		0.000	
样本量		1438		1438

注：***、** 和 * 表示变量在 1%、5%和 10%的水平上显著。

(4)劳动力转移差异对农户梯田撂荒规模的影响

为验证农业劳动力转移的三种效应对农户梯田撂荒规模的影响，运用 Stata 16.1 软件对 Tobit 模型(2-1)、(2-2)和(2-3)进行回归。表 6-8 汇总了非农转移差异对梯田撂荒率影响的估计结果，从模型整体结果来看，LR 值均在 1%的水平下显著，模型整体拟合度较好，解释力度强。

从核心解释变量来看，与农户撂荒决策分析结果一致，农户劳动力转移的比例、距离和质量均对农户撂荒率有显著的正向影响。即农户劳动力转移比例越多、转移距离越远、劳动力转移质量越高，则农户梯田撂荒率越高、撂荒程度加深、撂荒规模扩大。

在其他控制变量中，对比模型(2-1)、(2-2)和(2-3)来看，老龄劳动力占比、家庭总收入、农户流转情况、梯田块数、承包地面积、土壤肥力和劳动力替代程度均对农户撂荒决策产生影响。

从劳动力特征层面看，农户家庭的老龄劳动力在 5%水平上通过显著检验，农户家庭老龄劳动力越多撂荒越多，说明当农户家庭劳动力“老龄化”现象严重时，农户家庭劳动力不足，使得农业生产所需劳动力受到一定程度的约束，撂荒梯田面积就越大。

表 6-8　劳动力转移差异对梯田撂荒率的 Tobit 模型回归结果

变量	模型(2-1)(Tobit)		模型(2-2)(Tobit)		模型(2-3)(Tobit)	
Y＝撂荒梯田率	系数	稳健标准误	系数	稳健标准误	系数	稳健标准误
核心解释变量						
劳动力转移比例	0.218***	0.065				
劳动力转移距离			0.068***	0.015		
劳动力转移质量					0.010***	0.003
控制变量						
家庭劳动力总数	−0.016	0.020	−0.034*	0.019	−0.100***	0.027
劳动力平均年龄	−0.002	0.003	−0.001	0.003	−0.002	0.003
家庭劳动力受教育程度	−0.016	0.021	−0.013	0.021	−0.005	0.021
劳动力健康状况	0.107	0.077	0.079	0.077	0.083	0.077
老龄劳动力占比	0.198**	0.096	0.146	0.093	0.143	0.094
家中是否有村干部	−0.035	0.043	0.003	0.043	−0.058	0.044
家庭总收入	−0.108*	0.059	−0.099*	0.057	−0.132**	0.059
是否流转	−0.111***	0.034	−0.119***	0.034	−0.112***	0.034
梯田块数	0.001***	0.0004	0.001**	0.0004	0.001**	0.0003
家庭承包地面积	0.008*	0.004	0.009**	0.005	0.009**	0.004
土壤肥力	−0.245***	0.027	−0.24***	0.026	−0.245***	0.027
劳动力替代程度	−0.244***	0.043	−0.244***	0.042	−0.240***	0.043
区域控制变量	Yes		Yes		Yes	
F 值	16.23		17.35		16.56	
Prob＞F	0.000		0.000		0.000	
样本量	1438		1438		1438	

注：***、** 和 * 表示变量在 1%、5%和 10%的水平上显著。

从农户流转情况来看，土地流转对梯田撂荒率有显著的负向影响，即有土地流转的农户家庭梯田撂荒的面积更少，这也说明了土地流转能有效地抑制农户撂荒行为的发生。

劳动力替代程度对农户撂荒均有显著的负向影响，也就是说，农业机械的使用能够降低农业生产的劳动强度，机械化程度提高能缓解农业劳动的供给约束，从而减少撂荒。但这种劳动力替代在地形复杂和各类地理要素相互叠加的丘陵山区可能大打折扣，而模型中的梯田禀赋层面的指标也体现出了此类情况。

梯田块数、土壤肥力和承包地面积等变量解释了农户家庭的资源禀赋条件对撂荒决策的影响。近年来，非农工资快速上涨，在收入最大化的趋势下，农户非农劳动力转移比例增加，非农供给时间增多、转移质量日趋稳定，基于土地质量高、地块大的农业机械和社会化服务程度的加深，地块细碎的梯田耕作区受耕地资源禀赋限制，机械替代难、务农成本高、劳动力替代难度大，不利于农业生产，也增加了农户撂荒的可能性。

综上所述，农户撂荒规模回归分析结果与农户撂荒决策分析结果一致，农户劳动力转移的比例、距离和质量均对农户撂荒率有显著的正向影响，即农户劳动力转移比例越多、转移距离越远、劳动力转移质量越高，则农户梯田撂荒率越高、撂荒程度加深、撂荒规模扩大。

6.1.5 结论与讨论

① 无论从农户层面还是地块层面，梯田资源禀赋条件显著影响着农户撂荒行为。

② 农户家庭劳动力非农转移的比例、距离及质量对农户梯田撂荒决策和撂荒规模有正向影响，但非农劳动力转移比例对农户梯田撂荒决策的影响受到劳动力转移距离和转移质量的约束。

③ 梯田资源禀赋条件是影响丘陵山区农户梯田撂荒决策的根本原因，但推进农户梯田撂荒规模扩大、程度加深的主要驱动力是农户家庭劳动力转移。

6.2 粤北山区梯田撂荒驱动因素研究

6.2.1 研究区概况与数据来源

（1）研究区域概况

广东省韶关市位于广东省北部，介于北纬 23°53′—25°31′，东经 112°53′—114°45′，北接湖南省，东邻江西省，东南面、南面和西面分别与广东省河源市、惠州市、广州市及清远市接壤（图 6-2）。

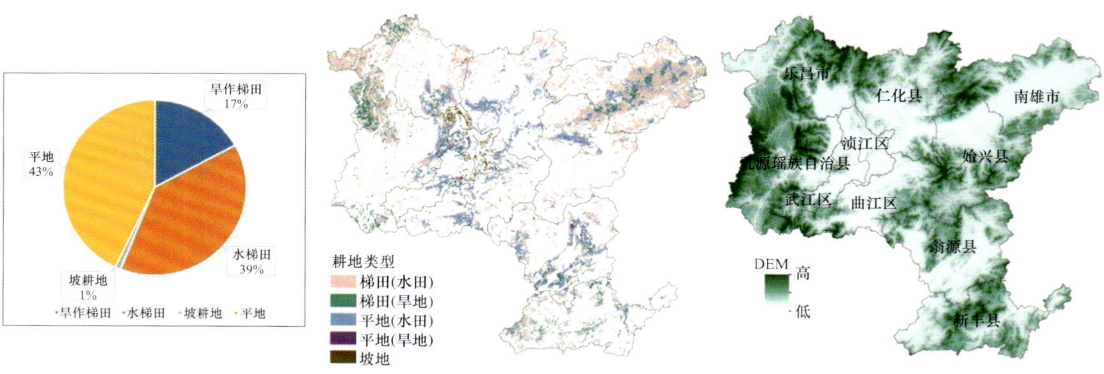

图 6-2 韶关市自然地理特征和耕地利用情况

韶关市属中亚热带湿润型季风气候区，气候宜人。年平均气温为 21 ℃，年平均降水量为 1700 mm，全年无霜冻期为 310 d 左右。韶关市地域辽阔，山地资源和耕地资源都十分丰富。全市林地面积 2128 万亩，耕地资源 343 万亩，人均耕地资源居全省第一位。韶关以山地丘陵为主，梯田资源丰富，是广东省重要的粮食生产区和生态保护区。

2021 年末，韶关市户籍人口 336.75 万人，其中城镇人口 153.69 万人。年末常住人口 286.01 万人，其中城镇常住人口 166.25 万人。2021 年韶关市地区生产总值为 1553.93 亿元。第一产业增加值为 215.33 亿元，第二产业增加值为 572.94 亿元，第三产业增加值为 765.67 亿元。2021 年韶关市全市居民人均可支配收入 30211 元，城镇居民人均可支配收入 37624 元，农村居民人均可支配收入 20253 元。

(2)数据来源

土地利用数据来源于 2015 年、2019 年大比例尺调查数据。永久基本农田数据来源于韶关市土地利用总体规划。地形相关数据来源于 ASTER GDEM(30 m)地理空间数据云(http://www.gscloud.cn)，并通过计算、整理获得。由于相关变量的统计单位与统计数值口径不一，为消除数据量纲，特对所有数据进行重分类工作，即按照每一指标的数据数值范围，以一定量级的划分标准将其分类定级，以线性数字做数值替换。

(3)梯田撂荒现状

根据大比例尺国土调查数据，梯田现状撂荒率达到较高程度，为 43.26%。其中，水作梯田与旱作梯田的撂荒率相差较大，分别为 34.59%与 56.56%。进一步对比其他类型耕地发现，梯田撂荒率处于平地和坡耕地之间，平原水田撂荒率明显低于其他类型耕地，仅为 11.66%，而平原旱地撂荒率与水作梯田大致相当；坡耕地边际化程度最为严重，作为劣质耕地，其撂荒率高达 75.83%(表 6-9)。

表 6-9　韶关市梯田撂荒率

坡度等级	耕地面积/km²	撂荒率/%
梯田	1621.01	43.26
水作梯田	981.14	34.59
旱作梯田	639.87	56.56
平地	766.90	15.12
水田	643.03	11.66
旱地	123.87	33.11
坡耕地	35.43	75.83

6.2.2　梯田撂荒环境特征及决策机理分析

(1)梯田撂荒环境特征分析

从地形因素来看，梯田撂荒率与坡度、耕作高差和海拔高程均呈现明显的正相关关系。其中，坡度在 15°以下时两者相关性最强，坡度大于 15°时，梯田撂荒率已超过 60%；海拔在 800 m 以下时，梯田撂荒率随海拔高程缓慢增加，当高于 800 m 时，梯田撂荒风险快速上升；耕作高差对梯田撂荒风险作用较为平均，高差每增加一个等级，撂荒风险均有较明显上升。

各特征分级标准如表 6-10 所示。从区位因素来看，梯田撂荒率与耕作距离、到最近道路的距离呈现正相关关系，与到最近林地距离呈现负相关关系。其中，耕作距离小于 1.5 km 时，梯田撂荒率随耕作距离增加快速上升到 50%以上，随后呈缓慢增加趋势；到最近道路距离小于 8 km 时，梯田撂荒率呈稳定增加趋势，大于 8 km 时，可能受其他因素影响，撂荒率有所下降；到最近林地距离主要反映野生动物影响的可能性，因此距离越大，受野生动物影响越小，撂荒率越低，而且其影响随距离增加快速下降，主要集中在 20 m 范围内（图 6-3）。

表 6-10　特征分级标准

分类	变量名称	指标分级
地形特征	坡度	1(2°～6°)、2(6°～15°)、3(15°～25°)、4(>25°)
	海拔高程	1(0～100 m)、2(100～200 m)、3(200～300 m)、4(300～400 m)、5(400～500 m)、6(500～600 m)、7(600～700 m)、7(700～800 m)、8(800～900 m)、9(900～1000 m)、10(1000 m 以上)
	耕作高差	1(0～5 m)、2(5～10 m)、3(10～20 m)、4(20～30 m)、5(30～40 m)、6(40～50 m)、7(50～100 m)、7(100 m 以上)
环境特征	耕作距离	1(0～500 m)、2(500～1000 m)、3(1000～1500 m)、4(1500～2000 m)、5(2000～2500 m)、6(2500～3000 m)、7(3000 m 以上)
	到最近道路距离	1(0～100 m)、2(100～200 m)、3(200～300 m)、4(300～400 m)、5(400～500 m)、6(500～1000 m)、7(1000～1500 m)、8(1500～2000 m)、9(2000 m 以上)
	到最近林地距离	1(0 m/相邻图斑)、2(1～10 m)、3(10～20 m)、4(20～30 m)、5(30～40 m)、6(40～50 m)、7(50～60 m)、8(60～70 m)、9(70～80 m)、10(80～90 m)、11(90～100 m)、12(100～150 m)、13(150～200 m)、14(200 m 以上)

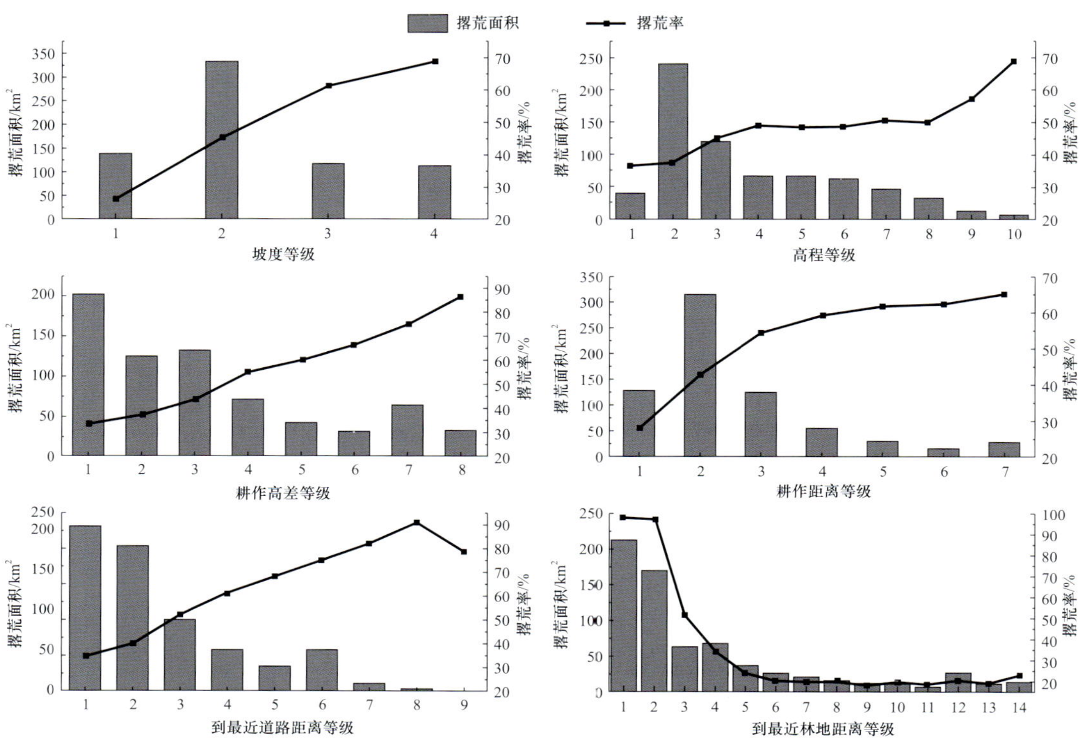

图 6-3　韶关市梯田撂荒环境特征分析

（2）梯田撂荒决策机理分析

梯田撂荒是农户基于生计考量的生产决策，撂荒与否与投入、产出及政策环境因素影响有关。

从投入方面来看，坡度、高差和耕作距离是影响人力生产成本的重要因素。坡度越大则越难实现省工性机械投入，同时高差越大则农作难度上升，单位产出的时间成本增加，耕作距离越远则通勤难度越大，上述情况均会引致劳动力成本提升，农户撂荒可能性加剧。地块大小是能否集约化经营的决定因素，梯田面积越大，则亩均生产资料投入越小，农户撂荒意愿越小。地块形状则可反映梯田的整治维护成本，地块形状越规整，则前期梯田整治与后续维护投入均越少，农户撂荒梯田的概率越低。到最近道路距离将直接影响农业交通运输成本，从而间接影响撂荒发生。

从产出方面来看，土壤有机质含量与耕地类型是反映土地生产力的最直接表征，由于土壤有机质含量较高的水梯田往往有着较高的亩均产出，农户通常不会撂荒该类梯田。海拔高程也是梯田利用模式的决定性因素之一，间接影响梯田利用规模效益。鉴于此，选择梯田质量、梯田类型与海拔高程作为“产出”维度的影响因素。

从政策环境因素来看。社会、经济与自然等宏观环境因素也会对农户行为造成一定影响。例如，永久基本农田保护政策会促使各级政府加强耕地撂荒管理，出台相关利好政策引导农户种植粮食作物等，从而减少撂荒的可能；野生动物对农业生产的侵扰既会增加防护投入，又会减少产出。另外，耕地权属关系也会对耕地利用决策产生影响（图 6-4）。

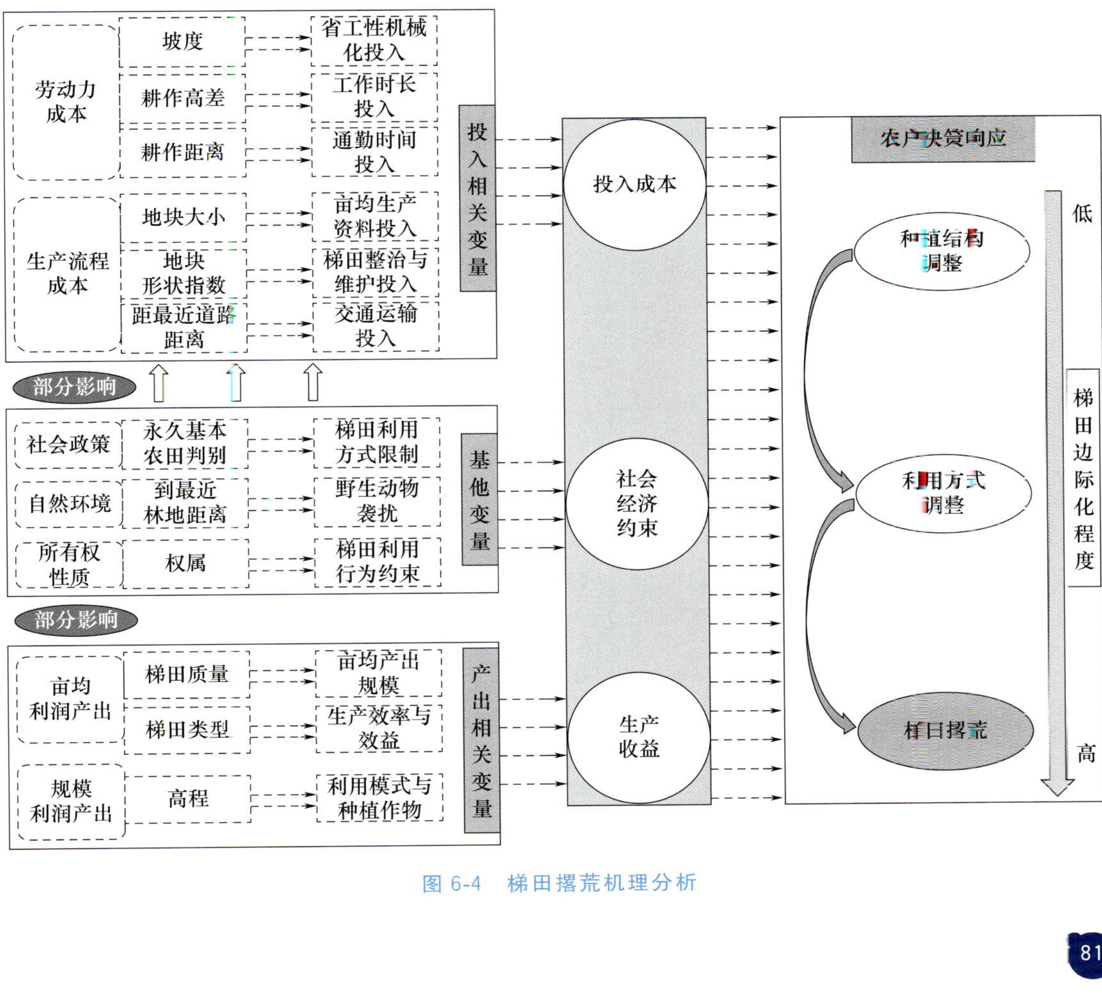

图 6-4　梯田撂荒机理分析

6.2.3 梯田撂荒关键影响因素识别

(1)模型构建

首先需要确定研究对象和研究内容,本研究的研究对象是各类型耕地,包括坡耕地、梯田和平地耕地,研究内容则是各类型耕地被撂荒的影响因素,即造成撂荒的原因,因此确定各类研究对象的被解释变量为"是否撂荒",其状态可标记为0(未撂荒/耕种)或1(撂荒)。解释变量为相对于因变量的自变量,即撂荒与否的解释因子。

本研究选用二元Logistic回归模型,以是否撂荒为因变量,构建投入相关变量、产出相关变量和其他变量三个维度的影响因素框架,细化具体影响指标为自变量,探索各类型耕地撂荒的关键影响因素。

本研究构建的二元Logistic回归模型公式如下。

$$h_\theta(X)=\sigma(\theta_0+\theta_1x_1+\theta_2x_2+\cdots+\theta_nx_n) \tag{6-8}$$

$$h_\theta(X)=\sigma(\theta^TX)=\frac{1}{1+e^{-\theta^TX}} \tag{6-9}$$

$$y(x)=\begin{cases}1 & h_\theta(X)\geqslant 0.5\\ 0 & h_\theta(X)<0.5\end{cases} \tag{6-10}$$

式中,X代表影响因子,θ代表影响因子的权重,σ是sigmoid函数。

(2)变量选取

根据上述分析,选取影响显著的因子构建影响因素分析体系,将坡度等级、耕作距离、耕作高差、到最近道路距离、地块大小和地块形状指数作为投入相关变量的稳定性因子;将耕地质量、耕地类型与海拔高程归纳为产出相关变量维度;选取永久基本农田属性、到最近林地距离和权属关系作为其他变量维度的组成成分(表6-11)。

表6-11 梯田撂荒影响因素指标体系

分类	变量名称	定义	预期方向
被解释因变量	是否撂荒	0=耕种;1=撂荒	
投入相关变量	坡度等级	坡度<2°为赋值1;2°~6°赋值2;6°~15°赋值3;15°~25°赋值4;≥25°赋值5	+
	耕作距离	耕地图斑到最近居民点图斑距离(m),每10 m为1等级	+
	耕作高差	耕地图斑到最近居民点图斑海拔高程差绝对值(m),每10 m为1等级	+
	到最近道路距离	耕地图斑到最近道路距离(m),每10 m为1等级	+
	地块大小	图斑面积(m^2),每亩为1等级	−
	地块形状指数	以正方形为标准,按照0.25×周长/Power(面积,0.5)的公式计算得出,每0.5为1等级	+
产出相关变量	耕地质量	以有机质含量为指标,每5 g/kg为1等级	−
	耕地类型	0=水田;1=旱地	+
	海拔高程	耕地图斑所在海拔(m),每1000 m为1等级	+
其他变量	永久基本农田判别	0=非永久基本农田;1=永久基本农田	−
	到最近林地距离	耕地图斑到最近林地图斑的距离(m),每10 m为1等级	−
	权属	0=国有土地;1=集体土地	±

对指标数据进行基本处理，可以看出二元变量的数据由于只有 0 或 1 的获取数值，均值较为相近，如是否撂荒、耕地类型与权属等。线性分级的数据呈现明显的差异，该类数据的各种指标数据均值差异较大。与此同时，同种数据中的最值差异同样显著，其中以地块大小的最值差异最明显，其最小值与最大值相差 100 的单位数值；坡度等级的最值差异最小，其最小值与最大值仅相差 3 个单位数值（表 6-12）。

表 6-12　韶关市梯田撂荒解释变量的描述性统计

变量名称	均值	最小值	最大值
是否撂荒	0.71	0	1
坡度等级	3.15	2	5
耕作距离	7.74	1	61
耕作高差	2.41	1	41
到最近道路距离	2.41	1	21
地块大小	6.29	1	101
地块形状指数	2.52	1	17
耕地质量	5.29	2	8
耕地类型	0.40	0	1
海拔高程	1.22	1	4
永久基本农田判别	0.60	0	1
到最近林地距离	4.25	1	51
权属	0.99	0	1

（3）模型结果

梯田分析数据共 340131 个，$R^2=0.1338$，分类正确性为 74.68%，ROC 曲率为 0.7591，所有影响指标均通过 $p<0.005$ 的显著性测试，模型结构较好，结果可信度较高。大部分影响因子与梯田撂荒的关系符合预期，其中，坡度等级、耕作距离、耕作高差、到最近道路距离、地块形状指数对梯田撂荒率的影响为正，地块大小、耕地质量、到最近林地距离、永久基本农田保护政策对梯田撂荒率的影响为负，旱作梯田相较于水作梯田撂荒率更高。值得注意的是，海拔高程对梯田撂荒率的影响为负，与预期方向不一致，原因可能是高山气候环境适宜种植特色农作物而有利于提高产出，在同等条件下降低撂荒可能（表 6-13）。

表 6-13　梯田撂荒影响因素 logistic 回归分析结果

分类	变量名称	Odds Ratio	标准差	z 值	p 值	预期方向
投入相关变量	坡度等级	1.1157	0.0061	19.9000	0.0000	+
	耕作距离	1.0251	0.0007	35.7600	0.0000	+
	耕作高差	1.1673	0.0035	51.6700	0.0000	+
	到最近道路距离	1.1185	0.0034	36.8200	0.0000	+
	地块大小	0.9714	0.0003	−82.7400	0.0000	−
	地块形状指数	1.0113	0.0026	4.4400	0.0000	+

续表

分类	变量名称	Odds Ratio	标准差	z 值	p 值	预期方向
产出相关变量	耕地质量	0.9835	0.0023	−6.9900	0.0000	−
	耕地类型	1.5548	0.0136	50.3500	0.0000	+
	海拔高程	0.8302	0.0092	−16.8500	0.0000	+
其他变量	是否为永久基本农田	0.9722	0.0090	−3.0400	0.0020	−
	到最近林地距离	0.9119	0.0008	−105.2600	0.0000	−
	权属	0.8486	0.0462	−3.0200	0.0030	±
	常数项	2.1216	0.1250	12.7600	0.0000	

相较于坡耕地，梯田可以明显降低坡度对撂荒驱动的影响，但会增加耕作高差的影响。耕作距离、到最近道路距离对梯田和坡耕地的影响程度相当，而对平地耕地撂荒影响最大。耕地质量对于平地耕地撂荒作用不显著，而对于梯田与坡耕地撂荒具有一定的负向作用，尤其是坡耕地。耕地类型对于梯田与平地耕地撂荒的影响程度均较高，且以对梯田撂荒的作用最为显著，亦即梯田旱改水能有效降低撂荒风险。海拔高程对三类耕地撂荒具有正向影响，并以坡耕地最为明显。永久基本农田管控对于梯田与坡耕地撂荒具有负向作用，但对于平地耕地撂荒具有正向作用，原因可能是划入永久基本农田的梯田和坡耕地的质量相对更好、地块面积更大，而平地耕地的质量差别不显著（表 6-14）。

表 6-14　不同类型耕地撂荒影响因素影响程度对比表

分类	变量名称	梯田/%	平地耕地/%	坡耕地/%
投入相关变量	坡度等级	12	—	18
	耕作距离	3	5	3
	耕作高差	17	11	10
	到最近道路距离	12	24	12
	地块大小	−3	−4	不显著
	地块形状指数	1	8	不显著
产出相关变量	耕地质量	−3	1	−12
	耕地类型	55	47	不显著
	海拔高程	−17	−29	−43
其他变量	是否为永久基本农田	−3	28	−18
	到最近林地距离	−9	−4	−6
	权属	−15	−19	71

6.2.4　结论与讨论

① 粤北山区梯田撂荒率已达到较高水平，其中旱作梯田撂荒率更高，是水梯田撂荒率的 1.6 倍。对比坡耕地和平地耕地，梯田的撂荒率明显高于平地耕地而又明显低于坡耕地的撂荒率。

② 梯田撂荒主要受到投入和产出相关变量影响，不利的地形和区位条件及不同的耕地质量增加投入、降低产出，从而提高撂荒风险。

③ 相较于坡耕地，梯田受坡度影响更小，当坡度上升时，梯田撂荒率的相应上升幅度平缓，但梯田受耕作高差与到最近林地距离的影响更大。耕地类型对于梯田的变化驱动作用最强，水梯田能显著降低撂荒风险，降低梯田的撂荒可能性。

6.3 黔东南梯田撂荒驱动因素研究

本节以贵州省黔东南苗族侗族自治州剑河县白都村为例，综合运用农户调查与无人机遥感影像数据，探究撂荒梯田的空间分布情况；选取可能影响梯田撂荒的地块尺度因素，采用二元 Logistic 回归模型分析各地块质量因素对梯田撂荒的影响（牟艳 等，2022）。

6.3.1 研究区概况与数据来源

（1）研究区概况

白都村隶属于贵州省黔东南苗族侗族自治州剑河县南寨镇（东经 108°47′9″—108°47′30″，北纬 26°40′11″—26°40′23″），位于清水江畔，距离南寨镇 30 km；全村土地面积为 1241.2 hm^2，分为上白都村、下白都村两个自然村寨；下辖 27 个村民小组；全村以苗族为主，2019 年居住人口共计 1655 人，耕地总面积为 113.4 hm^2，全村人均耕地面积为 1.0 亩；林地总面积为 186.7 hm^2，人均林地面积为 1.7 亩；村内梯田以水稻种植为主，为一年一熟制；在人口乡—城迁移背景下，受农业劳动力机会成本上升的影响，村内不同区域梯田存在程度不一的撂荒现象。

（2）数据来源

数据包括样本农户调研数据和无人机影像数据。2019 年 11 月采集空间分辨率达 0.1 m 的白都村无人机高分辨率遥感影像，利用 ArcGIS 10.2 与 ENVI 5.3 对影像进行拼接、校正等预处理，通过目视解译提取白都村宅基地、梯田、道路等空间信息，获取宅基地 184 户、梯田地块 1516 块，通村路、田间路等道路 18117 条，对提取的宅基地与梯田图斑分别进行编号，初步构建白都村梯田空间信息数据库（图 6-5）；利用 ArcGIS 空间分析与网络分析工具搭建白都村宅基地与梯田间的道路网，并对路网进行拓扑检查与错误处理，实现宅基地到梯田的空间连接；白都村海拔高程数据（分辨率 10 m）与地块坡度数据（分辨率 30 m）来源于 91 卫图和 DEM 数据。通过野外实地抽样考察验证（图 6-6），影像解译精度 97%。

2020 年 7—8 月，对白都村村干部和农户进行参与式调查，获取有效问卷 184 份。通过农户现场指认与问卷访谈方式，获取完成编号的农户宅基地与梯田地块的权属信息、农户人员组成、梯田利用现状、生产资料投入、劳动力投入、省工性投入及作物产出收益等信息；将获取的农户宅基地及其梯田地块的权属信息、地块利用情况一一对应，并融入前述的空间数据库，构建白都村农户宅基地、梯田利用研究数据库。

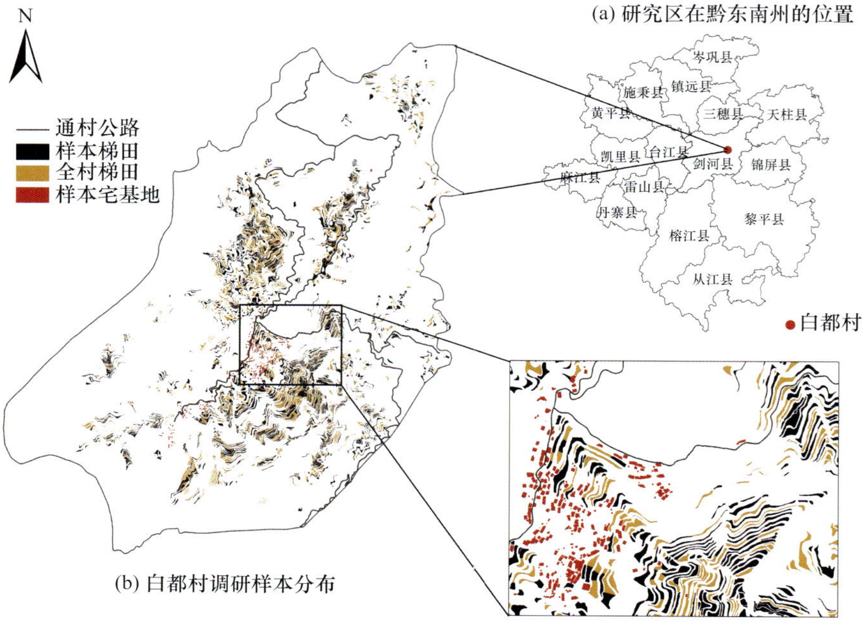

图 6-5　研究区样本分布图

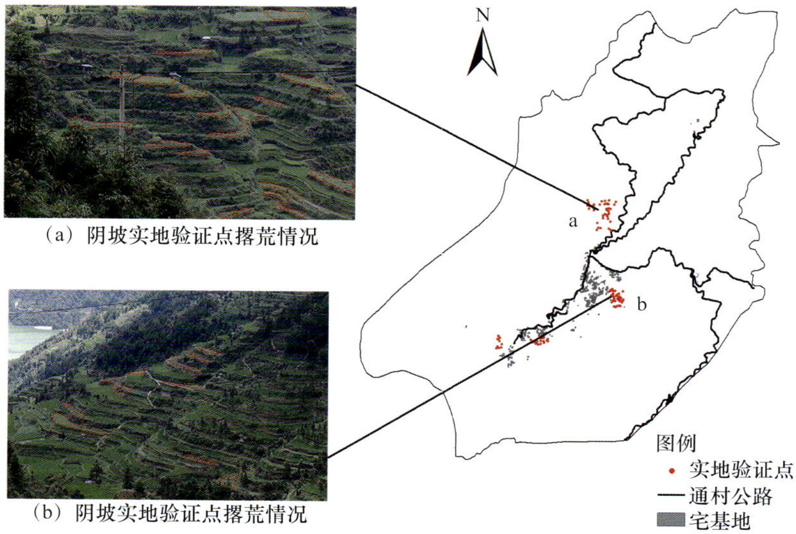

图 6-6　白都村梯田撂荒、耕作情况及野外验证点分布图

从白都村样本农户的地块基本特征看(表 6-15)，农户经营规模相对较小，梯田细碎化现象严重：耕作地块平均面积为 0.041 hm^2，最小耕作面积仅为 0.002 hm^2；户均耕作梯田 8.372 块，最多为 23.000 块；户均梯田总面积为 0.344 hm^2，每户平均地块面积的均值为 0.043 hm^2。农户梯田分布空间差异大：白都村地块海拔高程均值与最大值分别为 827.673 m、1152.660 m；地块与宅基地间的耕作高差最小值为 0.150 m，最大值为 462.300 m，均值为 122.402 m，与农户平均耕作高差的均值 120.950 m 相差不大，但农户平均耕作高差的最小值为 16.237 m，最大值为 249.586 m；耕作地块坡度与农户的平均地块坡度均值均为 21°以上，地块耕作距离与

农户平均耕作距离的均值均大于 1.8 km，地块的最大耕作距离为 7.174 km，农户平均耕作距离的最大值为 3.953 km，表明该村梯田耕作时通勤距离较远，通勤时间成本高。

表 6-15 样本农户调研数据描述性统计结果

调研项目		最小值	最大值	均值	标准差
地块层面（1516 块）	地块面积/hm^2	0.002	0.363	0.041	0.035
	地块海拔高程/m	482.315	1152.660	827.673	141.139
	地块坡度/°	0.755	47.911	21.101	8.519
	地块耕作距离/km	0.046	7.174	1.833	1.133
	地块耕作高差/m	0.150	462.300	122.402	79.794
农户层面（184 户）	家庭人口数/人	1.000	11.000	4.770	1.984
	农户梯田总面积/hm^2	0.041	0.885	0.344	0.163
	农户梯田总块数/块	1.000	23.000	8.372	4.333
	农户平均地块面积/hm^2	0.018	0.148	0.043	0.015
	农户人均耕作面积/hm^2	0.005	0.717	0.086	0.072
	农户平均地块坡度/°	10.710	32.122	21.240	3.461
	农户平均耕作距离/km	0.840	3.935	1.801	0.051
	农户平均耕作高差/m	16.237	249.586	120.950	42.863

6.3.2 梯田撂荒的驱动机制研究

(1)模型构建

首先，分析单一因素对梯田撂荒的影响。在研究梯田撂荒情况与各指标的关系时，将各连续变量指标按照不同间隔进行等距区间划分，利用撂荒率与撂荒反向累积率表征梯田撂荒的规模和程度。撂荒率是指某一面积区间内撂荒耕地面积占该区间耕地总面积的比重；撂荒反向累积率是指某统计区间内撂荒耕地面积占该区间内总耕地面积的比例，是梯田撂荒概率分布函数的逆函数。

其次，在单一因素对梯田撂荒影响的特征分析基础上，采用二元 Logistic 回归模型对影响梯田撂荒的地块质量因素作用大小进行定量分析，探究影响梯田撂荒的关键因素。将出现撂荒现象的地块定义为 1，未出现撂荒现象的地块定义为 0，P 为撂荒概率，$1-P$ 则为非撂荒概率：

$$\ln\left(\frac{P_i}{1-P_i}\right)=\alpha+\sum_{j=1}^{m}\beta_j X_{ij}+\varepsilon_i \tag{6-11}$$

式中：P_i 为被解释变量中第 i 块梯田发生撂荒现象的概率；$1-P_i$ 则为第 i 块梯田不发生撂荒现象的概率；j 为第 j 个影响因素编号；m 为影响因素个数；X_{ij} 为某一影响因素；α 为截距项；β_j 为第 j 个影响因素的回归系数；ε_i 为误差项。

(2)变量选取

梯田撂荒与地块农业生产条件息息相关，各地块间存在质量差异，导致农业生产过程中投入-产出状况不均衡，进而影响农户梯田利用决策。研究以白都村调研所获取的 184 户农户、1516 块地块作为样本，选取梯田综合地形条件（耕作高差、耕作坡度、耕作距离）、梯田基础条件(耕作面积、距公路最短距离)、梯田基础设施条件(灌溉条件、动力使用状况、田埂坍塌状况)等 8 个指标(表 6-16),分析梯田地块质量特征对农户梯田利用决策的影响。

已有研究表明,对耕地撂荒影响最大的因素为耕地的自然地形条件,包括耕作高差、耕作坡度及耕作距离,且三者与撂荒率均呈负相关关系,故将梯田的自然地形条件 T 综合表征为三者的乘积(邵景安 等,2015):耕作高差×耕作坡度×耕作距离。当耕作高差、耕作坡度与耕作距离越大时,三者的乘积越大,则梯田所处地形条件越不利于农业生产。

表 6-16　影响梯田撂荒的地块质量特征选取及含义描述

<table>
<tr><th colspan="2">变量名称</th><th>类型</th><th>符号表达</th><th>含义描述</th></tr>
<tr><td>被解释变量</td><td>梯田是否撂荒</td><td>二分变量</td><td></td><td>1=是;0=否</td></tr>
<tr><td rowspan="3">解释变量
综合地形条件</td><td>耕作高差/m</td><td rowspan="3">连续变量</td><td>H</td><td rowspan="3">耕作高差反映通勤的难易程度与劳力消耗程度;耕作坡度反映地块耕作质量与机械使用的难易程度;耕作距离为承包地块到宅基地间的实际距离,反映通勤的难易程度与劳力消耗程度,将三者相乘可表征单一地块综合耕作地形条件 $T=H\times P\times D$</td></tr>
<tr><td>耕作坡度/°</td><td>P</td></tr>
<tr><td>耕作距离/km</td><td>D</td></tr>
<tr><td rowspan="2">基础条件</td><td>耕作面积/hm^2</td><td>连续变量</td><td>S</td><td>反映地块的破碎程度、使用机械化的难易程度、耕作通勤消耗劳力的程度</td></tr>
<tr><td>到最近道路距离/m</td><td>连续变量</td><td>d</td><td>耕作地块距离通村道路间的最短距离;反映小型机械通勤的难易程度</td></tr>
<tr><td rowspan="3">基础设施条件</td><td>灌溉条件</td><td>二分变量</td><td>—</td><td>1=灌溉;0=雨养。反映梯田的耕作质量,影响农业生产效益</td></tr>
<tr><td>动力使用状况</td><td>二分变量</td><td>—</td><td>1=机械动力;0=人畜力。反映通勤的难易程度与劳力投入成本</td></tr>
<tr><td>田埂坍塌状况</td><td>二分变量</td><td>—</td><td>1=坍塌;0=未坍塌。反映梯田质量的稳定性,影响农业生产效益</td></tr>
</table>

6.3.3　基于地块尺度的梯田撂荒驱动因素分析

(1)地形特征

白都村农户样本梯田总面积为 62.518 hm^2,撂荒面积达 21.354 hm^2,撂荒率为 34.16%。随耕作高差的增加(图 6-7a),梯田的地块数量与面积均呈逐渐减少趋势,耕作高差≤150 m 的地块面积占总面积的 64.64%,梯田撂荒率合计为 21.84%;随着地块坡度增加(图 6-7b),地块数量以 $20°<P\leqslant25°$ 为拐点,呈先增加后减少趋势,且该拐点梯田撂荒规模最大,达 8.42%;地块面积以 $15°<P\leqslant20°$ 为拐点,呈先增加后减少趋势,坡度大于 15° 的梯田占总面积的 73.82%;随着耕作距离的增加(图 6-7c),地块数量与地块面积均以 1 km$<D\leqslant$1.5 km 为拐点,呈先增加后减少趋势,梯田耕作距离多集中于 0.5～2.5 km 内,该区间梯田面积占样本梯田总面积的 68.99%,梯田撂荒率合计为 21.24%;梯田撂荒率以 1.5 km$<D\leqslant$2 km 为拐点,呈倒 U 形特征,拐点处梯田的撂荒率最高,为 6.23%,其平均地块面积为 0.043 hm^2;当耕作距离>4 km 时,梯田的撂荒率降至 3.95%,其平均地块面积为 0.045 hm^2。因此,耕作距离>4 km 时,虽然耕作距离远,但是地块面积大,梯田反而不容易发生撂荒。

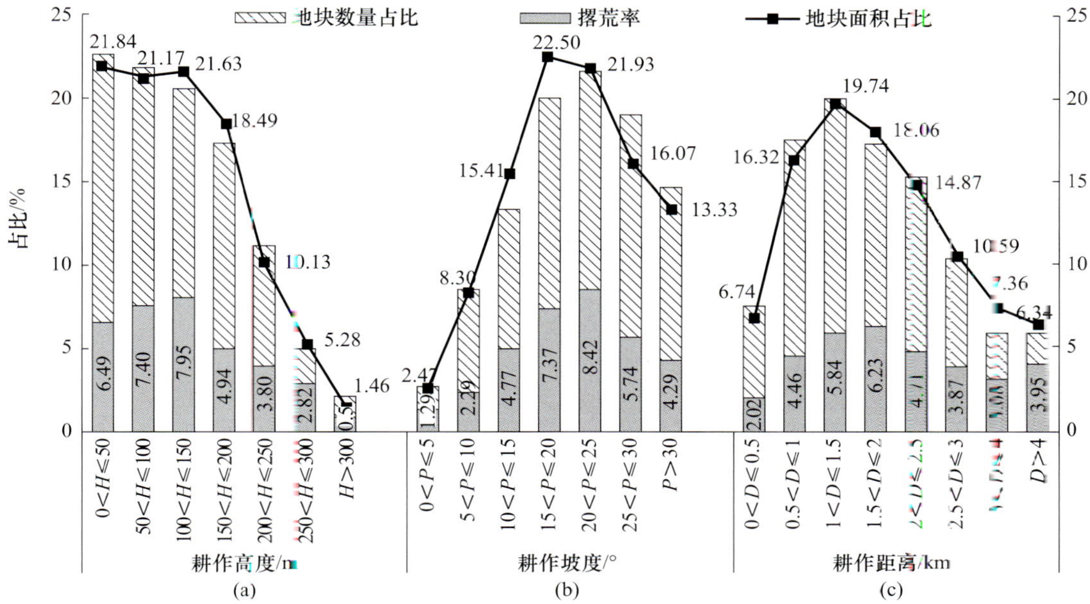

图 6-7　不同耕作地形条件下的梯田资源结构和撂荒率

(2)耕作高差

关于梯田撂荒与耕作高差的关系，从图 6-8 可以看出，随着耕作高差的增加，撂荒率呈 M 形变化，先增加后减少。当耕作高差逐渐上升至 150 m 时，撂荒率达 36.78%；耕作高差在 150 m<H≤200 m 时，撂荒率下降至 26.68%；当耕作高差>250 m 时，梯田撂荒率呈急速上升趋势，最高达 53.55%。从撂荒反向累积率来看，撂荒梯田多分布于耕作高差较大区域：耕作高差在 50 m 以上的撂荒梯田占总撂荒面积的 81.00%，耕作高差在 150 m 以上的撂荒梯田占总撂荒面积的 36.03%。

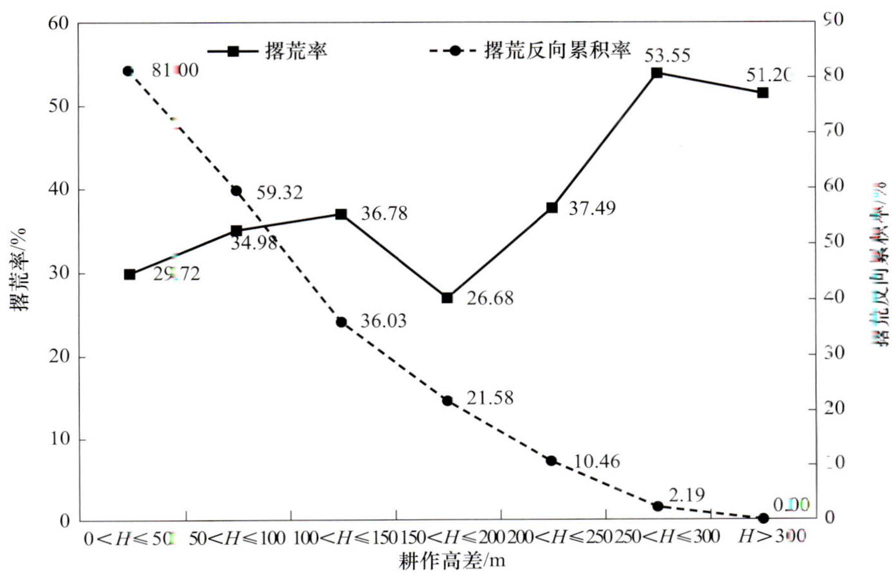

图 6-8　梯田撂荒率和撂荒反向累积率随耕作高差的分布

(3)地块坡度

关于梯田撂荒与地块坡度的关系，从表 6-17 中可以看出，将地块坡度按 5°等间距进行区间划分，随着坡度增加，梯田的撂荒呈先增加后减少趋势。其中，以 20°＜坡度≤25°为拐点，梯田撂荒率呈先增加后减少趋势；坡度＞15°的梯田，撂荒率合计为 25.82%，占梯田总撂荒面积的 75.56%，5°以下的梯田撂荒风险最低，仅占总面积的 1.29%。撂荒梯田的平均坡度分布在 21°。

表 6-17　不同坡度区间内撂荒梯田的分布

指标	0°～5°	5°～10°	10°～15°	15°～20°	20°～25°	25°～30°	＞30°	共计
梯田面积/hm^2	1.54	5.19	9.63	14.06	13.71	10.04	8.34	62.51
撂荒面积/hm^2	0.81	1.43	2.98	4.61	5.26	3.59	2.68	21.36
撂荒率/%	1.29	2.29	4.77	7.37	8.42	5.74	4.29	34.16

(4)耕作距离

关于梯田撂荒与耕作距离的关系，从图 6-9 可以看出，随着耕作距离的增加，撂荒率呈现逐渐增加趋势。当耕作距离≤2.5 km 时，撂荒率在 30%左右；2.5 km＜耕作距离≤4 km 时，撂荒率上升至 40%以上；当耕作距离＞4 km 时，梯田撂荒率急剧上升到 62.40%。从撂荒反向累积率反映出的撂荒耕地分布来看，耕作距离在 1.5 km 以上的撂荒梯田面积占比高达 63.96%以上，耕作距离在 2 km 以上撂荒面积占比为 45%左右。撂荒梯田的平均耕作距离为 1.84 km，表明耕作距离越远，梯田撂荒风险越高。

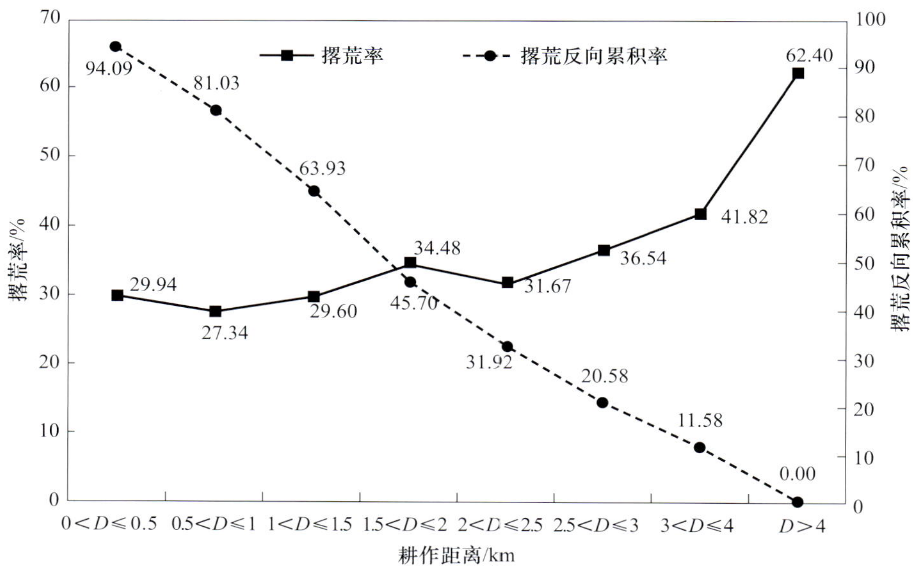

图 6-9　梯田撂荒率和撂荒反向累积率随耕作距离的分布

(5)地块面积

关于梯田撂荒与耕作面积的关系，从图 6-10 可以看出，白都村梯田细碎化现象严重，地块最小耕作面积为 0.002 hm^2，最大耕作面积为 0.363 hm^2，平均耕作面积为 0.412 hm^2，撂荒地块平均面积为 0.334 hm^2。按地块面积大小划分 4 个区间，随着地块面积的增加，梯田的撂荒数量与面积逐渐减少。当地块面积≤0.03 hm^2 时，其撂荒面积占比为 48.78%，撂荒率最高，远高于样本梯田的总撂荒率 34.16%；当地块面积>0.2 hm^2 时，梯田不存在撂荒。表明梯田的耕作地块面积越小，发生撂荒的概率越大。

(6)公路通达性

关于梯田撂荒与距公路远近的关系，从图 6-11 可以看出，随着地块距公路距离的增加，梯田撂荒率呈波动变化，波动范围在 30%～40%，梯田的撂荒率与其距公路的远近未呈现出显著的相关性。从撂荒反向累积率反映出的撂荒梯田分布来看，距公路最短距离在 100 m 以上的撂荒梯田占总撂荒面积的 84.7%。表明距离公路越远，机械使用不便，撂荒率越大。

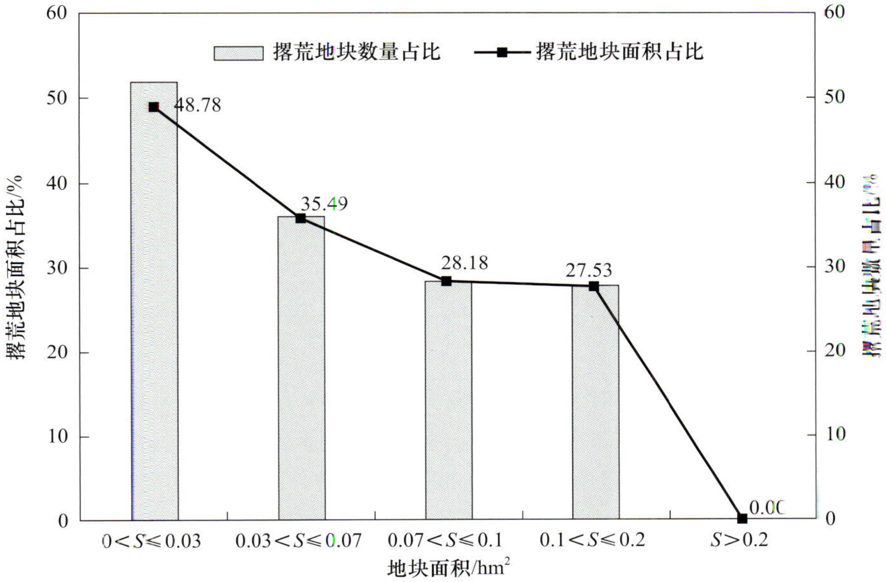

图 6-10　梯田面积大小对撂荒地块数与撂荒面积的影响

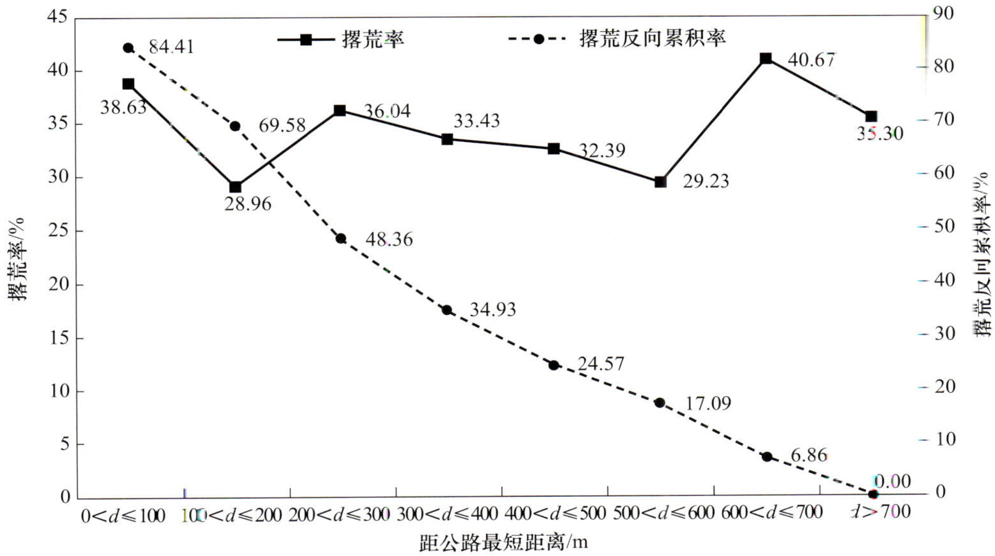

图 6-11　梯田撂荒率和撂荒反向累积率随距公路最短距离的分布

(7)地块基础设施

白都村梯田的基础灌溉条件、动力使用状况及田埂坍塌状况对梯田的撂荒具有显著影响(表 6-18)。依靠雨养的梯田撂荒率为 32.99%,具有良好灌溉设施的梯田撂荒率仅为 1.17%,表明便利的灌溉条件可降低梯田撂荒率;依靠人畜力耕作的梯田撂荒率为 33.81%,可使用小型微耕机等机械动力的梯田撂荒率仅为 0.34%,表明机械化程度越高,梯田撂荒率越低;由田埂坍塌引起的撂荒占总撂荒面积的 49.64%,比田埂未坍塌状态下发生的撂荒面积占比高 21.71%,表明田埂坍塌现象普遍的梯田区,梯田维护不足,导致梯田的撂荒率增加。

表 6-18　地块基础设施差异对梯田撂荒的影响

指标	灌溉条件		动力使用状况		田埂坍塌状况	
	灌溉	雨养	机械动力	人畜力	坍塌	未坍塌
耕地面积/hm^2	32.131	30.387	7.831	54.687	7.837	54.679
撂荒面积/hm^2	0.730	20.624	0.215	21.139	3.891	17.462
撂荒率/%	1.17	32.99	0.34	33.81	49.64	27.93

(8)模型回归结果

采用二元 Logistic 回归模型对影响梯田撂荒的上述地块质量因素作用大小进行定量分析。在回归模型中,模型回归正确率达 82.70%,H-L 检验的随机性观测值与期望值大致相同,模型拟合效果较好。综合地形条件、耕作面积、灌溉条件、动力使用状况、田埂坍塌状况 5 个解释变量通过显著性检验($p<0.05$)。回归结果表明(表 6-19),地块综合地形条件、田埂坍塌状况与梯田的撂荒呈正相关:综合地形条件中耕作高差越大、坡度越陡、耕作距离越远及田埂坍塌现象越频繁,导致农业生产过程中需要投入的劳力、物力及财力越多,增加了耕作成本,使得梯田撂荒率增加;耕作面积、灌溉条件、动力使用状况与梯田的撂荒率呈负相关:梯田的耕作面积小,细碎化现象严重,灌溉条件不便,机械化率低,劳动力成本投入高,导致撂荒可能性增加。

Wald 统计量结果显示,影响梯田撂荒的各地块质量特征的贡献程度表现为灌溉条件>动力使用状况>田埂坍塌状况>耕作面积>综合地形条件。其中,灌溉条件为影响梯田撂荒的首要特征:白都村梯田以水稻种植为主,水稻的高产稳产离不开便利的灌溉设施。白都村梯田灌溉设施尚待完善,多数梯田仅依靠雨养环境获取水源,当水源补充不稳定时,梯田更易出现撂荒。第二特征为动力使用状况:动力使用状况包含人畜力消耗及机械动力的使用,当耕作地块满足机械化使用条件时,能大量减少劳作的时长,提高劳动效益,降低梯田撂荒率。白都村在农业生产上机械化率过低,劳动力成本消耗过大,梯田撂荒面积逐渐增加。第三特征为田埂坍塌状况:白都村梯田分布区海拔高,田面坡度较大,雨季高强度降雨冲刷导致田埂稳定性减弱,易造成田埂大面积垮塌;田埂的修复需投入物力、劳力,大量的成本投入与农业产出效益间存在着严重的不平衡现象,易造成梯田撂荒。第四特征为耕作面积:白都村梯田的耕作面积较小,细碎化程度较大,机械使用不便,使得梯田撂荒率增加。第五特征为综合地形条件:当梯田的耕作距离越近,耕作高差越小,地块坡度越小,劳动力通勤时间成本越少,梯田撂荒率越小,反之撂荒率则越大。

表 6-19　地块质量因素对梯田撂荒作用的二元 Logistic 回归结果

解释变量	B(参数估计)	S. E.(标准误差)	Wald 统计量	Sig.	CR 值
综合地形条件	0.036	0.013	7.252	0.007	1.037
耕作面积	−0.669	0.159	17.725	0.000	0.512
距公路最短距离	—	—	—	0.738	—
灌溉条件	−4.533	0.282	259.041	0.000	0.011
动力使用状况	−3.063	0.612	25.043	0.000	0.047
田埂坍塌状况	1.381	0.284	23.690	0.000	3.978
常量	0.909	0.134	45.899	0.000	2.483

6.3.4　结论与讨论

① 村落内影响不同区域梯田撂荒的最大因素是基础设施的完善程度，而不是耕作地形条件，其中灌溉设施的完善程度对梯田的撂荒贡献最大，其次是机械动力的普及情况与梯田田埂的稳定情况。

② 耕作地形条件还受到耕作面积的限制，地形越崎岖且耕作面积越小的梯田越容易发生撂荒。

因此，应瞄准灌溉等基础设施修建与维护等关键因素与环节，促进山区梯田可持续利用、保护与管理。

从不同阶段来看，2001—2005 年，亩均租金为 186.26 元/亩，降幅达 14.79%；2006—2010 年，梯田亩均租金为 163.22 元/亩，相较 2001—2005 年，降幅 12.37%；到 2011—2015 年，亩均租金为 150.22 元/亩，相较于 2006—2010 年，降幅 7.96%；到 2016—2020 年，亩均租金为 153.06 元/亩，相较于 2011—2015 年，增幅 1.89%。

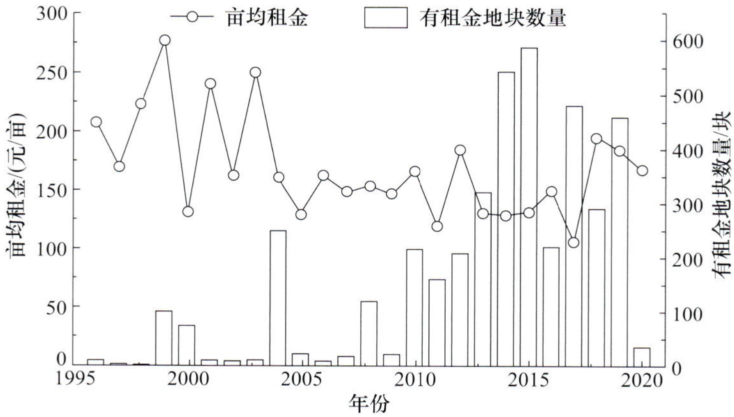

图 7-1 1996—2020 年梯田亩均租金和调查的有租金地块数量

注：亩均租金通过价格指数进行平减(以 1995 年定基价格指数为基准)。

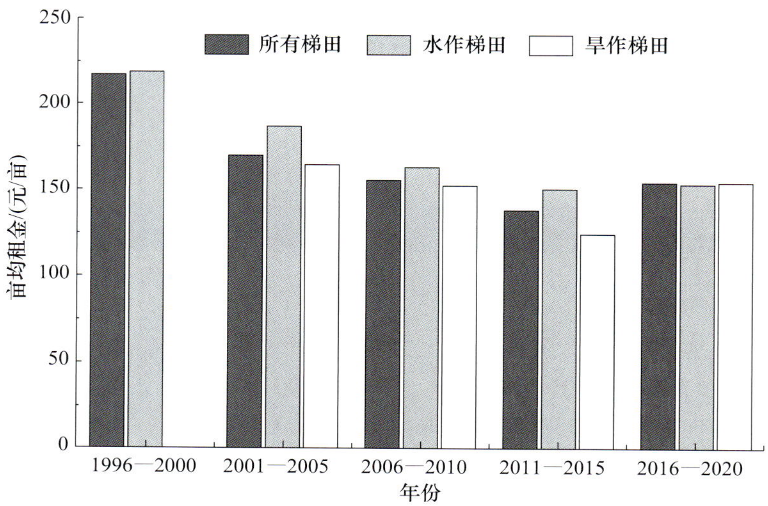

图 7-2 1996—2020 年不同时间段梯田亩均租金

注：①旱作梯田 1996—2000 年调查到的地块数量太少，未统计展示；

②亩均租金通过价格指数进行平减(以 1995 年定基价格指数为基准)。

对于旱作梯田，2001—2005 年相比 2016—2020 年，梯田亩均租金由 163.5 元/亩降低到 153.89 元/亩，降幅 5.88%；到 2006—2010 年，亩均租金为 152.3 元/亩，相较于 2001—2005 年，降幅 6.85%；到 2011—2015 年，亩均租金为 124.18 元/亩，相较于 2006—2010 年发生明显降低，降幅 18.47%；2016—2020 年，相较于 2010—2015 年，增幅 23.93%。对比所有梯田类型和水作梯田流转租金变化特征，虽然旱作梯田流转租金变化幅度相对较小，但亩均租金整体呈下降趋势，可知，不同类型梯田流转租金整体上均呈下降趋势，但不同类型梯田之间存在明显差异。

7.1.3　梯田区耕地流转租金的变化

虽然目前缺少针对梯田的历史调查，但中国农村固定观察点数据库从 1993 年开始在全国约 360 个村庄开展长时间跟踪调查耕地流转情况，积累了大量的耕地流转租金数据，这为流转租金长时间变化分析提供了可靠的数据源。根据之前的分析描述可知，梯田作为山区一种耕地资源，其地理分布存在空间集聚特性。随着新中国成立以来大规模的水土保持工程及土地整理项目，很多山区坡耕地实现了梯田化，如庄浪县在 1998 年就率先实现了梯田化，梯田占耕地总面积的 90%以上。因此，按照第二次国土资源调查数据统计的规模情况，选择固定观察点中将规模占比大于 90%的村庄作为典型梯田村，然后通过面积加权获得梯田村耕地流转租金进行比较，共筛选出 26 个典型村庄，分布在 13 个省份(图 7-3)。受数据获取的限制，本研究只获得了 1996—2017 年农村固定观察点数据结果，但仍可与实地调查获得的梯田租金进行对比。

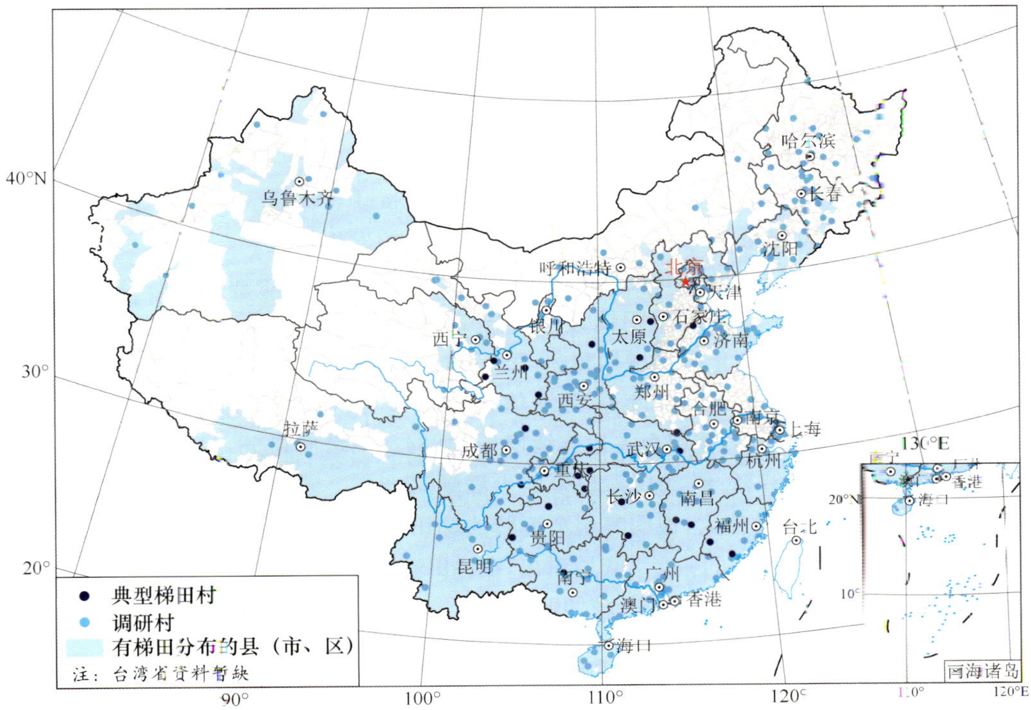

图 7-3　典型梯田村的空间分布

注：①根据《第二次全国土地资源调查数据库》和农业农村部农村固定观察点名单目录，由作者整理所得。

农村固定观察点数据具有较好连续性，可有效用于分析租金的年际变化，更直观地显示梯田租金时间变化特征。图 7-4 显示，1996—2017 年转出租金总体呈下降趋势，1996 年亩均租金为 194.07 元/亩，到 2017 年仅为 118.44 元/亩，20 年间下降了 38.97%。具体来看，到 2017 年租金降到了最低点，这与实地调查的梯田租金年际变化趋势特征一致；1998 年亩均租金最高，达到了 314.41 元/亩。此外，对梯田村流转租金进行单位根(ADF)检验，梯田村流转租金 ADF 统计量为−3.86，在 0.01 水平上拒绝存在单位根的原假设，说明梯田村租金为平稳序列。可见，与实地调查结果相比，租金变化趋势特征相似，说明梯田租金收益正在发生下降。

为我国最典型的客家梯田，梯田与周围景观形成了“森林—梯田—村落”的独特的农业生态系统（潘思怡 等，2017）。崇义客家梯田这一农业生态系统，每个子系统都拥有丰富的动植物资源，经调查发现，仅仅梯田子系统就有杂草 29 科，有鸟类、鱼、甲壳、昆虫等多种伴生动物，形成了具有丰富动植物资源的农业生态系统综合体（潘思怡 等，2017）。云南哈尼梯田在长期的耕作历史中形成了独特的“稻禽鱼”复合农业生态系统，人与家禽、稻作及其他动植物之间形成了一个良性的食物链能量循环圈，维持着系统内的生物多样性和稳定性。调查发现，元阳哈尼梯田至今仍保持着较好的稻作品种的多样化，共有 100 多个稻作品种，平均每户种植 2.2 个品种，稻作品种的多样化，很好地维持着梯田生态系统的生物多样性（袁爱莉 等，2011；徐福荣 等，2010）。

（3）梯田与坡耕地相比，具有较好的水土保持优势，梯田的撂荒和破坏可能带来不良后果。

梯田一直被认为是世界上水土保持的一项有效措施。Chen 等（2017）使用荟萃分析法，以全国为研究范围，分析了梯田的水土保持效应，结果显示，我国梯田对减少径流和泥沙的平均效益分别为 48.9％和 53.0％，坡度越大水蚀控制效果越好，其中有乔木和森林覆盖的梯田在水蚀控制方面的效率最高，其次是种植农作物的梯田。梯田可以改变坡面坡度，有效拦截水土，一直是黄土高原治理水土流失的重要措施。梯田与坡耕地相比，能够改善土壤的入渗性能和土壤抗蚀能力，具有更好的水土保持效果，在坡地梯田化程度达到 85％以上的小流域，梯田起到了很好的拦截泥沙的效果，自 2010 年来减沙幅度在 85％以上（马红斌 等，2015）。根据徐勇等（2010）的研究，坡度越大（15°～30°），坡改梯以后作物增产和保水减沙的效果越明显。梯田作为兼顾粮食生产和水土保持的耕地类型，其在水土流失严重、生态环境脆弱的黄土高原地区发挥着重要作用。

（4）梯田是重要的农业文化遗产，具有重要的农耕文化和美学价值，大规模撂荒无疑使梯田承载的这些价值处于丧失的境地。

梯田景观是自然景观和人类活动相互作用的结果，梯田能够很好地保持水土资源，具有重要的文化价值和景观价值（胡伟芳 等，2017）。福建尤溪联合梯田已经有 1300 多年的耕作历史，形成了独特的“水源林—聚落—梯田复合景观”，将生产、生活和生态结合在一起，兼具生产、宜居功能和美学功能。联合梯田作为重要的农业文化遗产，在 1000 多年的耕作历史中维持着独特的物质流和能量流，形成了良性循环的景观生态系统。湖南省的紫鹊界梯田是南方梯田稻作文化的重要代表，距今已经有超过 2000 年的垦殖历史了。紫鹊界梯田充分利用当地的自然条件，形成以水稻种植为主、山地渔猎为辅的传统文化景观，融合了多民族的文化，具有丰富的文化多样性（胡最 等，2016）。云南哈尼梯田文化景观也已经存在上千年之久，是云南南部传统山地农业景观的代表，梯田与周围景观浑然一体，是极具美学价值的旅游观光胜地，形成了人与自然和谐相处的典型的哈尼文化景观。

7.2.2 梯田撂荒对粮食生产的影响

（1）梯田粮食增产效应

提高作物产量是梯田的重要功能之一，也是梯田地力资本经济价值的重要体现。上节内容已经发现梯田资产价值发生了下降，梯田的经济生产能力下降明显。本小节进一步从粮食增产效应出发分析梯田产出能力相对变化情况。

由于缺乏大范围梯田和坡耕地农业生产时序公开数据，而中国坡改梯工程由来已久，如早期“农业学大寨”，到现在的《全国水土保持规划（2015—2030 年）》，在此过程中，众多研究人员对坡改梯工程的经济效益展开了分析，积累了大量的关于坡改梯粮食增产效应的文献。因此，本研究利用文献荟萃分析方法来揭示梯田粮食增产效应变化情况。本小节通过收集整理的 411 篇文献中的 516 组数据用以分析梯田粮食增产比例和 501 组数据用以分析梯田粮食增产量，分时间段探讨了 1958—2019 年不同粮食作物和不同梯田区梯田粮食增产效应变化，为分析梯田地力资本价值变化和坡改梯经济合理性提供判断依据。

梯田的粮食增产效应采用梯田较坡耕地粮食增产比例和粮食增产产量两个指标表征，如图 7-6 所示，梯田的平均粮食增产比例 98.24%，即同等条件下，梯田的平均粮食亩产是坡耕地的 1.98 倍，平均每亩多产粮食 220.95 斤[①]/亩。

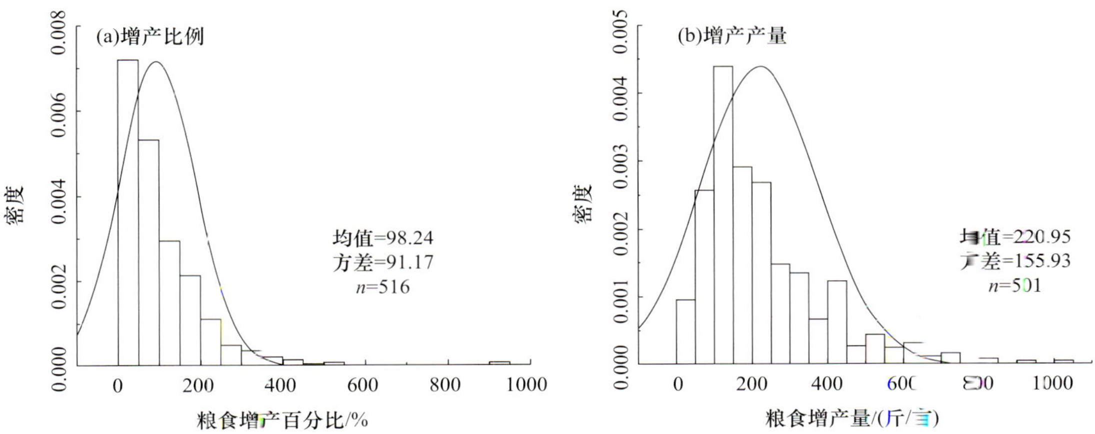

图 7-6　梯田粮食增产效应分布特征

为了评估梯田粮食增产效应的变化，将收集到的文献按照时间节点分为 7 个时段，其中 1990 年之前不同年限文献样本之间差距较小和样本数量也相对较少，于是将 1958—1990 年设为一个时段，1990 年之后每 5 年设为一个时段，以此来评估不同时间段梯田粮食增产效应的差异，如图 7-7 所示。1958—1990 年到 1996—2000 年，梯田粮食增产效应变化较小，粮食增产比例由 132.7%增加到 136.5%，粮食增产量由 218.73 斤/亩增加到 252.13 斤/亩。1996—2000 年之后梯田粮食增产效应发生了明显下降，梯田粮食增产比例由 136.5%下降到 32.67%，不同时间段梯田粮食增产比例之间差异显著（$p<0.05$）；另外，梯田粮食增产产量由 252.13 斤/亩下降到 185.69 斤/亩，2006—2010 年之后与之前的时段存在显著差异（$p<0.05$），其中 2011—2015 年粮食增产产量最低，为 175.97 斤/亩。由此可知，梯田与坡耕地之间产出能力差距在缩小，坡改梯带来的增产作用降低，这也是梯田地力资本价值下降的重要表现。

① 1 斤＝0.5 kg，下同。

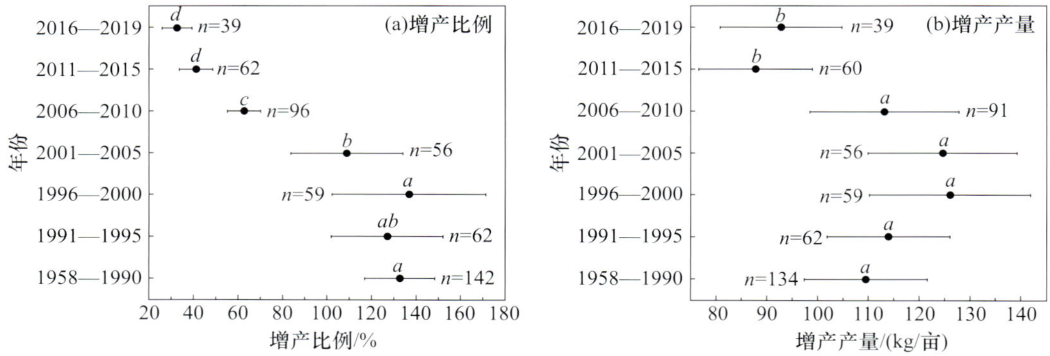

图 7-7　不同时间段梯田粮食增产效应

注：不同字母表示粮食增产效应的差异显著，$p<0.05$，Kruskal-Wallis H Test。
误差线是 95%的置信区间，n 表示纳入的样本数。

(2)梯田撂荒造成的粮食产能损失

梯田作为山区宝贵的土地资源，是山区人民重要的粮食生产资料。梯田在中国的分布规模较大(占总耕地面积的 13.99%)，且分布较广，其撂荒的发生势必对中国山区的粮食安全产生影响，那么中国的农业梯田撂荒对粮食产能产生了多大影响？

本研究首先利用各省梯田面积与梯田撂荒率，概算各省梯田的撂荒面积，结合中国梯田粮食单产数据，估算出梯田撂荒对中国粮食产能的可能影响。粮食减损量的计算公式如下：

$$Q_i = T_{a_i} \times R_i \times \text{Yield}_i \tag{7-1}$$

式中：Q_i 为 i 省份梯田撂荒引起的粮食减损量；T_{a_i} 为 i 省份梯田面积；R_i 为 i 省份梯田撂荒率；Yield_i 为 i 省份梯田粮食作物单产水平。梯田撂荒率与梯田粮食单产数据来自 2020—2021 年课题组开展的中国梯田专题调查(董世杰 等，2023)，统计中获取的主要种植粮食品类为小麦、玉米、早稻、中稻或一季稻、晚稻、谷子等，省级梯田数据来自第二次全国土地调查。

根据统计，全国梯田粮食单产水平为 302 kg/亩，2021 年全国粮食单产水平为 387 kg/亩，梯田粮食单产为全国耕地平均水平的 78%。按照全国 2.8 亿亩梯田计算，全国梯田粮食生产能力为 8456 万 t，而 2021 年全国粮食总产量为 6.83 亿 t，按此计算，梯田粮食生产量占全国粮食总产量的比例为 12.38%。

中国梯田撂荒率为 9.79%，约合 0.27 亿亩，造成的粮食损失量为 1065.94 万 t(表 7-1)，按照国际 400 kg/(人·年)的安全标准线来计算，2020 年农业梯田撂荒引起的粮食减损量能满足 2665 万人的基本粮食需求。

从分省份统计来看，撂荒梯田的粮食减损总量最高的省份为广东(222.91 万 t)，其次是江西(151.58 万 t)、湖南(129.39 万 t)、福建(94.39 万 t)、湖北(91.28 万 t)、重庆(86.73 万 t)。

表 7-1　我国主要梯田省份因撂荒导致的粮食产能损失情况

省份	粮食单产/(kg/亩)	梯田面积/万亩	梯田撂荒率/%	粮食损失量/万 t
北京	175	9.76	30	0.51
福建	322	1231.45	23.79	94.39
甘肃	306	1185.09	2.77	10.03

续表

省份	粮食单产/(kg/亩)	梯田面积/万亩	梯田撂荒率/%	粮食损失量/万 t
广东	357	1398.39	44.67	222.91
广西	335	2875.39	5.76	55.53
贵州	351	1704.73	9.98	59.72
河南	281	563.75	2.61	4.14
湖北	303	1799.91	16.72	91.28
湖南	358	2457.25	14.7	129.39
吉林	252	0.67	0	0.00
江西	361	1931.01	21.75	151.58
辽宁	386	55.44	0	0.00
内蒙古	204	54.39	0	0.00
宁夏	355	241.39	5.29	4.53
青海	304	251.40	0	0.00
山东	194	1183.49	0.43	0.98
山西	237	1509.68	5.29	18.94
陕西	295	587.82	7.54	13.06
四川	308	3435.70	5.13	54.25
云南	262	2302.99	3.19	19.24
浙江	346	729.85	19.32	48.73
重庆	354	1369.73	17.88	86.73
总计	302	26879.27	9.79	1065.94

第 8 章

中国梯田撂荒风险的情景模拟

模拟作为科学研究的方法之一，是把握某现象发展趋势，以科学调控未来的重要手段。由于人地系统变化成因复杂，不确定性高，且在社会—经济—自然综合系统中各组成因素互相影响，受到内-外部因素共同约束。因此，为表征系统发展的诸多可能性，强化因素模拟预测对不确定性的捕获力，同时稳定支撑正确决策，基于一系列内部逻辑一致的人为假设开发未来发展情景成为模拟预测研究的重要基础。为了解我国未来梯田撂荒发展趋势，本章基于不同情景设定，应用多种回归算法综合估算我国未来梯田撂荒情况，同时各类回归算法的预测结果将相互验证，增强结果可靠性与可信度，为梯田撂荒研究和政策制定提供参考。

8.1 县域尺度下的中国梯田撂荒风险研究

梯田撂荒将影响区域生态系统与生物多样性稳定，并造成土壤侵蚀与水土流失，破坏区域人与自然和谐共生的可持续系统。预测未来我国梯田撂荒总量规模与空间布局，可为梯田资源管理优化、梯田撂荒防控与治理提供理论依据与实例参考。本节将从县域尺度与斑块尺度分别展开研究，两种方法的思路大致相同(图 8-1)。

① 由于梯田撂荒属于土地利用现象，单纯的定性预测难以保证预测结果的准确性。通过剖析梯田撂荒驱动机制，并构建梯田撂荒影响因素体系，将梯田撂荒的发生与发展过程量化为各个指标因子，可为后续的梯田撂荒定量预测奠定基础。

② 梯田撂荒全过程的影响因子数量过多，且包括地形、空间位置等变化受限的自然条件因子，因此基于可操作性与指标重要性从指标体系中选取可变因子。

③ 根据“基准情景、经济发展情景、稳步协调发展情景、可持续发展情景”四种发展情景的目标要求，量化各类情景中的指标因子变化趋势。

④ 部分因子不受人类主观行为影响而发生改变，该部分因子数值将保持稳定。可变因子将随着社会—经济—生态环境改变而改变，其人类主观目标行为将显著影响该类指标。因此，基于各类情景下可变因子的变化趋势，预测各类情景下可变因子在 2035 年的数值。

⑤ 将所有指标数值反代回县域尺度与斑块尺度的梯田撂荒模拟预测模型，得到两种研究

尺度下不同情景设定的梯田撂荒总量规模与空间布局。斑块尺度数据将基于县级尺度进行统计，保证两组数据的统计口径一致，而后可相互对比验证，增加结果可靠性与可信度。

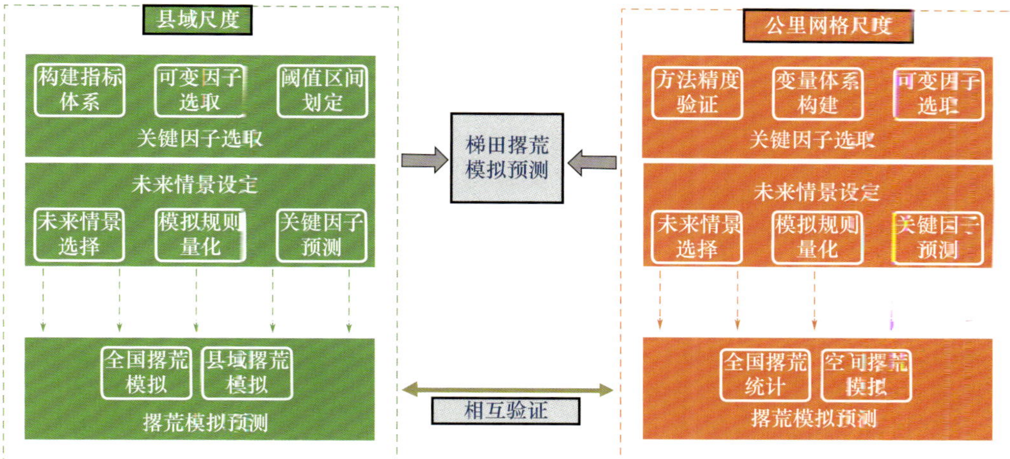

图 8-1　梯田撂荒情景模拟研究框架

8.1.1　数据来源与研究方法

研究所用梯田范围沿用第 3 章的提取结果，梯田利用的相关数据来源于第三次全国国土调查(耕地未耕种数据)、武汉大学土地利用数据 CLCD(China Land Cover Dataset)数据集、耕地质量等别年度更新评价；坡度、海拔高程等地形条件来源于 SRTM 90 m DEM 数据；气候环境数据来源于国家地球系统科学数据中心；区域社会经济数据来源于相应年份的各县(市、区)统计年鉴、政府统计公报和农产品成品收益资料；人口相关数据来源于各次全国人口普查成果(表 8-1)。

表 8-1　数据来源归总表

数据名称	数据来源	数据年份
梯田范围	第 3 章梯田范围提取结果	—
梯田利用数据	第三次全国国土调查(耕地未耕种数据)、CLCD 数据集	2019 年、2020 年
区域地形条件	SRTM 90 m DEM	2000 年
区域社会经济数据	各县(市、区)统计年鉴、政府统计公报	2009—2019 年
气候环境数据	国家地球系统科学数据中心	2016—2019 年
农业劳动力价格	全国农产品成本收益资料汇编	2009—2019 年
梯田质量	耕地质量等别年度更新评价	2010 年
人口相关数据	全国第五、第六、第七次人口普查	2007 年、2012 年和 2017 年

本研究用到的主要方法如下。

(1)撂荒率测算

明晰撂荒地内涵是撂荒率测算的前提。由于耕地撂荒后无人类活动的干涉一般将发生次生演替，本研究结合第二次全国土地调查(以下简称二调)与第三次全国国土调查(以下简称三调)数据的对比及三调中"未利用地"的属性确定撂荒耕地,即"二调为耕地,但三调转为林地、草地或被认定为未耕种的土地"。需要注意的是,由于二调和三调相隔十年,期间存在政策、社会经济导向的主动退耕活动,统计结果将包含耕地转为经济林和其他生态工程导致的退耕地,计算结果应比实际撂荒规模略高。因此,本研究以上述统计方式为基准,并应用于梯田撂荒测算中,测算全国范围内各县级行政单元的梯田撂荒率,计算公式如下:

$$R_i = \frac{A_i + B_i}{C_i} \tag{8-1}$$

式中,R_i 为第 i 个省级单元的梯田撂荒率,A_i、B_i、C_i 分别为第 i 个县级单元的"二调为耕地,但三调转为林地、草地或被认定为未耕种的土地"的梯田数量、第三次全国国土调查认定为未耕种属性的梯田和区域梯田总数量。

(2)情景模拟法

情景设定通过预设社会发展目标来框定未来要素的变化趋势与组合模式,是要素变化预测的前提与基础,又被称作情景模拟法。把研究的对象设成因变量,未来不同的情景设置成约束条件,不同情景下影响因素的变化速度不同。如果把影响事物发展的多个因素设置成自变量,其函数式可表示为

$$y_{ti} = f(x_1, x_2, x_3, \cdots, x_i \mid z_i) = y_{Ti} \times (1 + x_i)^{(t-T)} \tag{8-2}$$

$$x_i = \sqrt[n]{\frac{v_t}{v_1}} \quad Y_t = \sum w_i \times y_{ti} \tag{8-3}$$

式中,y_{ti} 表示第 t 年第 i 个指标的预测年份指标值,y_{Ti} 表示第 T 年(基期年)第 i 个指标的现状值,x_i 表示指标增长率,v_t 表示结束年份的指标值,v_1 表示初始年份的指标值,n 表示基期年与结束年间隔年份值,z_i $(i=1,2,3,\cdots,n)$表示未来 n 种不同的情景,Y_t 表示第 t 年第 i 种情景下目标效益,w_i 表示指标因子权重。

(3)多元线性回归

一种现象通常是与多个因素相联系的。因变量 Y 与多个自变量 X 之间存在某种线性依存关系,用一定的线性拟合 Y 与 X 的关系并确定模型参数,同时依据回归方程预测因变量的变化趋势,是多元线性回归的范式,计算公式如下:

$$Y = \beta_0 + \beta_1 X_1 + \beta_2 X_2 + \beta_3 X_3 + \cdots + \beta_n X_n + \varepsilon \tag{8-4}$$

式中:Y 为被解释变量;X 为解释变量,共有 n 个解释变量;β_0 为回归模型的常数项;β_1,β_2,…,β_n 为模型的偏回归系数;ε 为回归模型的随机误差。

(4)神经网络回归预测

人工神经网络是以大量神经元联结组成的非线性复杂网络,具有自主学习、自主适应、联想存储及高速寻求最优解的能力,通常应用于回归或者分类问题,对于复杂地理系统的优化计算、实现地理模式辨识和地理过程模拟等问题有较强的适应性。其中,BP 神经网络是一种按照误差逆向传播算法训练的多层前馈神经网络,能采用梯度下降算法将误差函数值最小化,其在进行模式识别和预测方面具有较好的容错性,一定程度上可避免主观因素对评价结果的影响,提高预测的精准性、公平性和客观性。

8.1.2 县域尺度梯田撂荒影响因素选取

梯田撂荒是农户生产活动中的理性决策,是成本与收益之间的博弈结果。依据本书前文

有关耕地撂荒影响因素的研究成果,遵循科学性与可实现性准则,基于投入与产出两个角度,选取23个指标因子构建梯田撂荒驱动体系(表8-2)。①投入维度要素。平均坡度分级、耕作距离与耕作高差是影响务农工作难度的重要指标,坡度越大、耕作距离越远、耕作高差越大,则农业作业难度越大,管理亩均所需劳动力越多,梯田撂荒可能性就越大。到最近道路距离与公顷均机械动力则分别映射出交通运输成本与亩均管理成本的高低。乡村外出人口比例与劳均梯田面积共同反映区域生产效率与劳动力配置之间的合理性,若乡村劳动力大量外出、劳均梯田面积显著大于单位劳动力的管理能力,则梯田撂荒规模越大。人均GDP、雇工工价与劳动力成本紧密相关,人均GDP越大,则务农机会成本越大,雇工工价越高,将显著提升务工成本,农户撂荒意愿加剧。②产出维度要素。选取坡耕地比重、梯田比重和水作梯田比重间接反映县域耕地构成与梯田内部构成,并选取梯田平均质量直接反映区域梯田土壤肥力,上述指标可综合反映区域梯田实行机械化经营与获取规模化效益的可能性。公顷均粮食产量与劳均农业增加值分别反映区域梯田的单位生产效益与未来发展潜力,公顷均粮食产量越高、劳均农业增加值越大,则梯田撂荒率越小。降水量、年积温与海拔高程属于土地利用的自然驱动要素,将显著影响现代农业生产效益,从而驱动农户生产决策发生变化。③其他维度要素。理性农户大多基于"投入—产出"的理性受益原则决定耕地资源配置,但社会、经济与自然等宏观环境因素也会对农户行为造成一定影响。例如,社会网络间土地生产资料的分配、野生动物对农业生产的侵扰、政策对区域耕地利用的硬性要求与县(市、区)类型的划分等,均会影响农户的撂荒意愿。因此,选取土地流转率、到最近林草地距离、林地比重、粮食产销区划分和县(市、区)类型5个变量作为其他维度的解释因子。

表8-2 梯田撂荒影响因素

分类	变量名称	定义	预期方向	指标代数
被解释因变量	梯田撂荒率	县(市、区)梯田撂荒面积/梯田总面积	/	Y
投入相关变量	平均坡度分级	各县(市、区)梯田平均坡度/°	+	X_1
	耕作距离	各县(市、区)梯田距最近居民点距离的均值/km	+	X_2
	耕作高差	各县(市、区)梯田图斑到最近居民点图斑海拔高程差绝对值的均值/m	+	X_3
	到最近道路距离	各县(市、区)梯田距最近乡村道路距离的均值/km	+	X_4
	劳均梯田面积	各县(市、区)耕地面积与第一产业劳动力的比值与所属省份的比值之比/(m²/人)	—	X_5
	公顷均机械动力	各县(市、区)农业机械总动力与耕地面积之比/(kW/hm²)	±	X_6
	乡村外出人口比例	2010年第六次人口普查中各县(市、区)乡村外出人口与常住人口比例/%	+	X_7
	人均GDP	各县(市、区)GDP与人口的比值/(千元/h)	+	X_8
	雇工工价	农业劳动力价格/元	+	X_9
产出相关变量	梯田平均质量	以有机质含量为指标	—	X_{10}
	坡耕地比重	各县(市、区)坡耕地占耕地面积比例/%	+	X_{11}
	梯田比重	各县(市、区)梯田占耕地面积比例/%	±	X_{12}
	水作梯田比重	各县(市、区)水作梯田占梯田面积比例/%	±	X_{13}
	公顷均粮食产量	各县(市、区)2008—2014年平均粮食产量与耕地面积的比值/(t/hm²)	—	X_{14}

续表

分类	变量名称	定义	预期方向	指标代数
产出相关变量	劳均农业增加值	各县(市、区)农业增加值与第一产业就业人数的比值/(元/人)	—	X_{15}
	降水量	各县(市、区)年总降水量/mm	±	X_{16}
	年积温	各县(市、区)年积温/(℃·d)	±	X_{17}
	海拔高程	各县(市、区)耕地平均海拔/m	+	X_{18}
其他变量	土地流转率	2010年流转耕地面积与总耕地面积之比,分省份数据	—	X_{19}
	到最近林草地距离	各县(市、区)耕地距最近林地或草地距离的均值/km	—	X_{20}
	林地比重	各县(市、区)林地面积与县(市、区)面积的比值/%	+	X_{21}
	粮食产销区划分	粮食主产区=1;产销平衡区=2;粮食主销区=3	±	X_{22}
	县(市、区)类型	平原县=1;丘陵县=2;山区县=3	±	X_{23}

注:+代表正向影响,—代表负向影响,±代表作用类型未知。

8.1.3 县域梯田撂荒率拟合分析结果

(1)多元线性回归分析

由于部分县(市、区)内不存在梯田分布,因此将这部分县(市、区)移出讨论范围,以县(市、区)级行政区为单元共得样本数据2053份。以各县(市、区)梯田撂荒率为因变量(Y),以各影响因子指标为自变量(X),运用多元线性回归方程展开分析。研究采用方差膨胀系数(VIF)进行多重共线性分析,结果显示,10个指标因子的VIF值均小于10,表明影响因素体系中不存在多重共线性。多元线性模型回归结果显示,模型通过p检验,$F=175.386$且$p<0.01$,表明整体分析结果具备显著性。同时,$R^2=0.665$,调整后$R^2=0.662$,模型拟合程度与预测精确性中等,分析结果较为科学可靠(表8-3)。

表8-3 多元线性回归模型优度检验

	分析单元数量	指标数量	显著性检验	准确性检验
梯田撂荒率	2053	23	$F=175.386$ $p<0.01$	$R^2=0.665$ 调整后$R^2=0.662$

回归结果显示,区域梯田撂荒率可由各因子综合解释,其回归方程为

$$\begin{aligned} Y = & -17.071 + 1.699 \times X_1 + 0.024 \times X_2 + 0.050 \times X_3 + 0.000^* \times X_4 + 0.003 \\ & \times X_5 + 0.002 \times X_6 + 2.826 \times X_7 + 0.476 \times X_8 + 0.089 \times X_9 - 0.489 \times X_{10} \\ & - 0.151 \times X_{11} + 0.000^* \times X_{12} - 0.096 \times X_{13} + 0.074 \times X_{14} + 0.000^* \times X_{15} \\ & + 0.002 \times X_{16} + 0.000^* \times X_{17} + 0.013 \times X_{18} - 11.986 \times X_{19} - 0.032 \times X_{20} \\ & + 4.257 \times X_{21} + 3.337 \times X_{22} + 1.635 \times X_{23} \end{aligned} \tag{8-5}$$

基于p检验结果,除X_3、X_4、X_6、X_7、X_{12}、X_{14}、X_{15}未能通过$p<0.05$显著性检验,其余因子对于梯田撂荒率的影响均通过显著性检验。模型整体经过F检验,分析结果和回归方程可靠性较高。除了土地流转率、梯田平均质量、坡耕地比重、水梯田比重和到最近林草地距离共5个指标对梯田撂荒作用呈负向影响以外,其余因子均会对梯田撂荒产生正向的影响。其中,

林地比重、平均坡度分级与乡村人口外出比例对于撂荒率有着较高的正向影响，这与理论分析结果相同，即林地比重越高，野生动物侵扰农业种植的可能性越大，区域撂荒率越高；局部平均坡度分级越高，则梯田耕作利用难度越大，同时规模化经营与集约利用可能性越小，农户的梯田撂荒倾向越高。乡村外出人口比例越大，则农业劳动力数量减少，耕地利用主体缺失导致区域撂荒率提升。梯田平均质量、到最近林草地距离与土地流转率对于耕地撂荒的负向影响与理论分析结论同样存在一致性，这是由于梯田平均质量是梯田生产力的直接表征，区域梯田平均质量越高，农户梯田生产的经济收益越大，区域梯田撂荒率越低。到最近林草地距离表征着梯田利用的自然阻力，到最近林草地距离越大的梯田受动物侵扰可能性越少，其越难被撂荒。土地流转率的提升也会显著降低区域梯田撂荒，原因在于土地流转优化了梯田资源与农业劳动力的相应配置，“地多人少”的撂荒现象得到有效缓解。此外，结果显示到最近道路距离、劳均梯田面积、公顷均机械动力、降水量、年积温和梯田比重与劳均农业增加值的回归系数较低，接近于零。尽管上述指标在一定程度上会影响农户生产的成本与收益，但当生产载体是梯田时，梯田资源自身设计的局限性与聚集区域的地形地貌一定程度上削弱了上述指标的影响力（表 8-4）。

表 8-4　回归分析结果

指标代数	指标名称	非标准化系数		标准化系数	t	p	VIF
		B	标准误	Beta			
—	常数	−17.071	4.586	—	−4.685	0.000*	—
X_1	平均坡度分级	1.699	0.929	0.087	3.653	0.000*	1.429
X_2	耕作距离	0.024	0.002	0.255	13.970	0.000*	1.023
X_3	耕作高差	0.050	0.021	0.015	0.546	0.585	1.361
X_4	到最近道路距离	0.000*	0.000*	0.067	4.796	0.000*	1.183
X_5	劳均梯田面积	0.003	0.017	−0.005	−0.248	0.804	2.383
X_6	公顷均机械动力	0.002	0.005	0.000*	−0.006	0.995	1.196
X_7	乡村外出人口比例	2.826	1.486	0.015	0.960	0.337	1.399
X_8	人均 GDP	0.476	0.130	0.045	3.238	0.001	1.193
X_9	雇工工价	0.089	0.030	0.121	7.930	0.000*	1.424
X_{10}	梯田平均质量	−0.489	0.185	−0.063	−2.764	0.006	3.196
X_{11}	坡耕地比重	−0.151	0.020	−0.162	−8.064	0.000*	2.453
X_{12}	梯田比重	0.000*	0.000*	−0.012	−0.906	0.365	1.112
X_{13}	水作梯田比重	−0.096	0.021	−0.100	−4.135	0.000*	3.580
X_{14}	公顷均粮食产量	0.074	0.051	0.028	1.934	0.053	1.292
X_{15}	劳均农业增加值	0.000*	0.003	0.000*	−0.015	0.988	2.327
X_{16}	降水量	0.002	0.000*	0.455	13.315	0.000*	7.104
X_{17}	年积温	0.000*	0.000*	−0.185	−5.472	0.000*	6.995
X_{18}	海拔高程	0.013	0.001	0.515	21.234	0.000*	3.576
X_{19}	土地流转率	−11.986	4.593	−0.037	−2.235	0.025	1.666
X_{20}	到最近林草地距离	−0.032	0.003	−0.167	−10.111	0.000*	1.666
X_{21}	林地比重	4.257	2.062	0.046	2.036	0.042	3.079
X_{22}	粮食产销区划分	3.337	0.565	0.144	8.615	0.000*	1.701
X_{23}	县（市、区）类型	1.635	0.509	0.041	2.266	0.024	2.039

注：0.000* 代表该数值按小数点后三位保留时数值为零，但数值本身并不等于 0。

(2)神经网络分析

神经网络模型预测结果显示(表 8-5),MSE 均方误差为 53.75,MAE 平均绝对值为 4.57,模型拟合度较好。同时,神经网络模型的预测准确值为 0.91,模型预测准确率较高,结果可靠性与可信度较高。

表 8-5　神经网络模型预测结果

评估指标	得分
MSE 均方误差	53.75
MAE 平均绝对值	4.57
RMSE:M	7.33
准确率	0.91

8.1.4　全国梯田撂荒风险预测情景设置

(1)总体思路

撂荒作为社会、经济与自然系统中的土地利用现象,其发生受多种因素共同驱动,本研究所选取的 23 个指标均与梯田撂荒有极高的相关性,体系中的指标因子能在一定程度上影响梯田撂荒的发生与否。因此,本研究在影响因素中选取不可变因子为稳定因子,假设其数值不随时间变化而变化;同时选取可变因子作为预测变量,通过模拟预测变量在未来的可能值,并将预测结果分别反代入两种预测模型,从而预测全国范围各县域在不同未来情景下的梯田撂荒率。值得一提的是,可变因子的变化趋势将以省域为单位进行统计,这是在数据可获取性与区域发展协同稳定性共同约束下的最优选择。

耕地的不可移动性属于耕地资源的自然属性之一,梯田的海拔高程、坡度分级、到最近道路距离、耕作距离、耕作高差和到最近林草地距离属于区域梯田的自然特征,县(市、区)类型是基于行政区内地形地貌条件所进行的划分。上述指标均难以发生自发演变,即使存在主观能动性的人为改造,也仅是局部小范围改动,无法大幅影响县域尺度下的梯田全域特征。公顷均粮食产量、梯田平均质量、梯田比重、坡耕地比重、水作梯田比重和林地比重则属于区域自然存在的土地资源禀赋,难以发生较大的变化,同时由于我国人口变化在过去计划生育的约束下目前已趋于平缓,劳均梯田面积也设定为保持稳定。县(市、区)单元内部自然气候与水资源环境的稳定性存在,年积温与降水量在十年单位的时间长度下将保持相对稳定,同时国家政策的持续性决定了土地流转率和粮食产销区划分结果将在未来极长一段时间内保持稳定。此外,由于技术进步存在"瓶颈期",19 世纪以来的技术发展速度已逐步减缓,未来短时间内难以出现农业革命性发展,因此将劳均农业增加值与公顷均机械动力设定为在一定研究时序中不会发生大幅度变化。综上所述,$X_1 \sim X_6$ 与 $X_{10} \sim X_{23}$ 均应设置为稳定因子,其属性与特征不随社会经济环境的变化而变化,稳定因子的数值保持不变。

社会经济的高速发展也将显著提升人民生活水平,人均 GDP 和乡村人口流失现象必然随之发生变化,但在乡村振兴战略实施与城乡协调发展的背景下,乡村人口的流动演变方向尚未明朗。因此,X_7、X_8 和 X_9 应设置为可变因子,其属性数值将遵循历史演变规律,基于未来发展背景发生演变。

由于乡村外出人口比例与预测的撂荒率属于比例数值，不可能无限增大。因此，在客观预测其未来模拟结果的基础上，对变量增加上、下限阈值，如表 8-6 所示。

表 8-6 指标阈值区间

	乡村外出人口比例	人均 GDP	雇工工资	撂荒率
阈值区间	[0,1]	[0,+∞)	[0,+∞)	[0,1]

(2)未来情景设定结果

① 基准情景(Business-As-Usual,BAU)

基准情景主要作为未来发展不同方案的评估基准，用作其余各种情景设定下变化调整的对比分析。基准情景主要基于历史变化趋势，强调因子变化应遵循非人为改造与主观意识参与下的自然演变。依据理论假设，乡村人口外出比例和劳均梯田面积的变化率将延续历史发展轨迹。2010—2020 年我国城镇化进程快速推进，城乡劳动力要素交互较强，且在未来我国产业结构转型与乡村振兴战略实施背景下，农村将成为重点发展对象，劳动力单向转移倾向减弱，因此 BAU 情景下的各省份的乡村外出人口比例变化率将设定为历史变化规律的 40%。同时，劳动力成本与城镇化建设存在较强关联，我国 2010—2020 年务工成本已得到大幅度提升，但随着城镇化建设由于边际效用出现发展速度减缓，农业雇工工价的增速也将受到影响，因此将 BAU 情景中的雇工工价变化速率设定为历史变化规律的 20%。我国将于 2035 年基本实现社会主义现代化，该段时期内我国高速的经济发展符合改革开放以来的经济建设轨迹，因此 BAU 情景中人均 GDP 变化速率沿用历史变化规律。

② 经济发展情景(Economic Development Scenario,EDS)

现代化强国建设必须以经济发展作为稳定基石。由于我国目前及未来长时间都处于发展中国家建设阶段，因此我国各省份经济协调发展始终是未来政府的工作要务。经济发展情景中，城市化是经济发展的必然要求，城市化进程加快必然导致城市劳动力需求扩大与市场工资提升，乡村人口外出比例与雇工工价相应提高。同时，经济发展前景的向好将带来人民收入的提高，并将推动人均生产总值的提升。综上所述，EDS 情景以高乡村人口外出比例变化程度、高人均 GDP 演变速率和高雇工工价变化率为特征。由于我国 2010—2020 年是城镇化扩张的重要时段，较为符合 EDS 中的城镇化率设定，因此相较于历史发展趋势，乡村人口净流出省域的乡村人口外出变化速率同比上调 50%(净流入省域的乡村人口变化速率同比下调 50%)；同时，随着经济发展目标下高速推进的城市化和现代化，人均 GDP 与雇工工价必然得到更大的提升，因此人均 GDP 与雇工工价的变化速率相较于 BAU 情景均同比上调 50%。

③ 稳步协调发展情景(Steady and coordinated development scenarios,SCDS)

稳步协调发展是指在政府调控与政策宏观约束规范中，以区域稳定视角协调城市经济建设与生态保护之间的矛盾，合理安排资源开发利用与城镇化工程推进。因此，稳步协调发展情景的设置应以中度乡村人口外出比例变化率、中度公顷均机械动力变化率与中度人均 GDP 变化率为特征。在此情景下，城乡人口流动的频繁性将有所缓解，但变化的程度相对较小，因此相较于 BAU，SCDS 中的乡村人口外出比例变化速率将同步下调 30%。同时，稳步协调目标下的稳定发展将引致城市化速度减缓，并逐步保持稳定，因此相较于 BAU，SCDS 中的人均 GDP 与雇工工价将稳步上升，两个变量的变化速率同比上调 20%。

④ 可持续发展情景(Sustainability Scenarios,SS)

可持续发展情景以自然保护为主要目标,强调资源、人口、社会发展的协调存在,反对不限量的资源利用与过度开发资源,同时可持续发展提倡生态自然禀赋的合理保护,禁止人类活动的无休止扩张。因此,以 BAU 为基准,SS 中人口净流入省域的乡村人口外出比例变化率上调 50%(净流出省域下调 50%);人均 GDP 与雇工工价的变化速率均同比下调(表 8-7)。

表 8-7 四种发展情景设定下的指标变化趋势

省份	乡村人口外出比例/%				人均 GDP/%				雇工工价/%			
	BAU	EDS	SCDS	SS	BAU	EDS	SCDS	SS	BAU	EDS	SCDS	SS
北京	−2.30	−1.61	−2.65	−2.53	3.21	3.69	3.69	0.00	9.52	12.37	10.94	9.52
天津	−2.75	−1.93	−3.16	−3.03	2.87	3.30	3.30	0.00	4.02	5.22	4.62	4.02
河北	0.70	0.91	0.81	0.63	2.86	3.29	3.29	0.00	6.08	7.91	7.00	6.08
山西	1.90	2.47	2.19	1.71	2.45	2.82	2.82	0.00	7.68	9.98	8.83	7.68
内蒙古	0.45	0.59	0.52	0.41	2.87	3.30	3.30	0.00	4.75	6.18	5.46	4.75
辽宁	1.75	2.28	2.01	1.58	2.93	3.37	3.37	0.00	3.73	4.85	4.29	3.73
吉林	4.90	6.37	5.64	4.41	3.50	4.03	4.03	0.00	5.37	6.98	6.17	5.37
黑龙江	6.75	8.78	7.76	6.08	3.40	3.91	3.91	0.00	5.12	6.65	5.88	5.12
上海	−5.70	−3.99	−6.56	−6.27	3.89	4.47	4.47	0.00	8.42	10.94	9.68	8.42
江苏	−2.25	−1.58	−2.59	−2.48	3.69	4.24	4.24	0.00	9.57	12.44	11.01	9.57
浙江	−2.90	−2.03	−3.34	−3.19	3.25	3.74	3.74	0.00	7.76	10.08	8.92	7.76
安徽	−0.95	−0.67	−1.09	−1.05	3.46	3.98	3.98	0.00	13.00	16.90	14.95	13.00
福建	−2.55	−1.79	−2.93	−2.81	3.64	4.19	4.19	0.00	11.26	14.64	12.95	11.26
江西	0.95	1.24	1.09	0.86	2.66	3.06	3.06	0.00	11.42	14.84	13.13	11.42
山东	−1.00	−0.70	−1.15	−1.10	3.23	3.71	3.71	0.00	6.44	8.37	7.40	6.44
河南	0.35	0.46	0.40	0.32	3.22	3.70	3.70	0.00	9.33	12.13	10.73	9.33
湖北	−1.55	−1.09	−1.78	−1.71	3.50	4.03	4.03	0.00	11.35	14.76	13.05	11.35
湖南	0.40	0.52	0.46	0.36	3.63	4.17	4.17	0.00	10.92	14.20	12.56	10.92
广东	−1.75	−1.23	−2.01	−1.93	3.73	4.29	4.29	0.00	7.91	10.28	9.10	7.91
广西	−0.40	−0.28	−0.46	−0.44	3.90	4.49	4.49	0.00	8.67	11.27	9.97	8.67
海南	2.55	3.32	2.93	2.30	4.16	4.78	4.78	0.00	9.66	12.56	11.11	9.66
重庆	−1.85	−1.30	−2.13	−2.04	3.80	4.37	4.37	0.00	12.12	15.76	13.94	12.12
四川	0.10	0.13	0.12	0.09	3.84	4.42	4.42	0.00	11.58	15.06	13.32	11.58
贵州	0.25	0.33	0.29	0.23	4.21	4.84	4.84	0.00	14.67	19.08	16.88	14.67
云南	1.45	1.89	1.67	1.31	3.46	3.98	3.98	0.00	13.99	18.19	16.09	13.99
西藏	11.65	15.15	13.40	10.49	3.65	4.20	4.20	0.00	13.20	17.16	15.18	13.20
陕西	0.15	0.20	0.17	0.14	3.78	4.35	4.35	0.00	10.30	13.38	11.84	10.30
甘肃	2.65	3.45	3.05	2.39	3.10	3.57	3.57	0.00	9.22	11.98	10.60	9.22
青海	3.40	4.42	3.91	3.06	3.29	3.78	3.78	0.00	8.58	11.15	9.87	8.58
宁夏	4.35	5.66	5.00	3.92	2.85	3.28	3.28	0.00	8.14	10.58	9.36	8.14
新疆	15.90	20.67	18.29	14.31	3.17	3.65	3.65	0.00	8.77	11.40	10.08	8.77

注:未统计港澳台,余同。

8.1.5　关键指标模拟结果

(1)县域统计的可视化结果

通过各变量模拟预测，得到各县(市、区)基准情景、经济发展情景、稳步协调发展情景与可持续发展情景分别在 2035 年的可变因子指标模拟结果。由于数据量较为庞大，因此先依据基准情景，基于 ArcGIS 10.2 平台应用分位数分类法将各县(市、区)可变因子的模拟结果分为低、中、高三级，其余情景设定沿用基准情景的分级标准进行分级，以期达到情景差异下的结果对比(表 8-8)。

表 8-8　可变因子指标分级

分级	乡村外出人口比例			人均 GDP			雇工工价		
	低水平	中等水平	高水平	低水平	中等水平	高水平	低水平	中等水平	高水平
区间	(0,0.25]	(0.25,0.35]	(0.35,1]	[0,4.10]	(4.10,7.70]	(7.70,+∞)	[0,138.11]	(138.11,194.52]	(194.52,+∞)

基准情景导向下，2035 年我国各县(市、区)的乡村外出人口比例、人均 GDP 与雇工工价在空间布局上存在一定的相似性，均呈现“东南高、西北低”的空间分布格局，东北部及中北部地区的县(市、区)指标值大多被划分为低水平，东南沿海与中南部县(市、区)指标值普遍被划分为中等水平或高水平(图 8-2)。

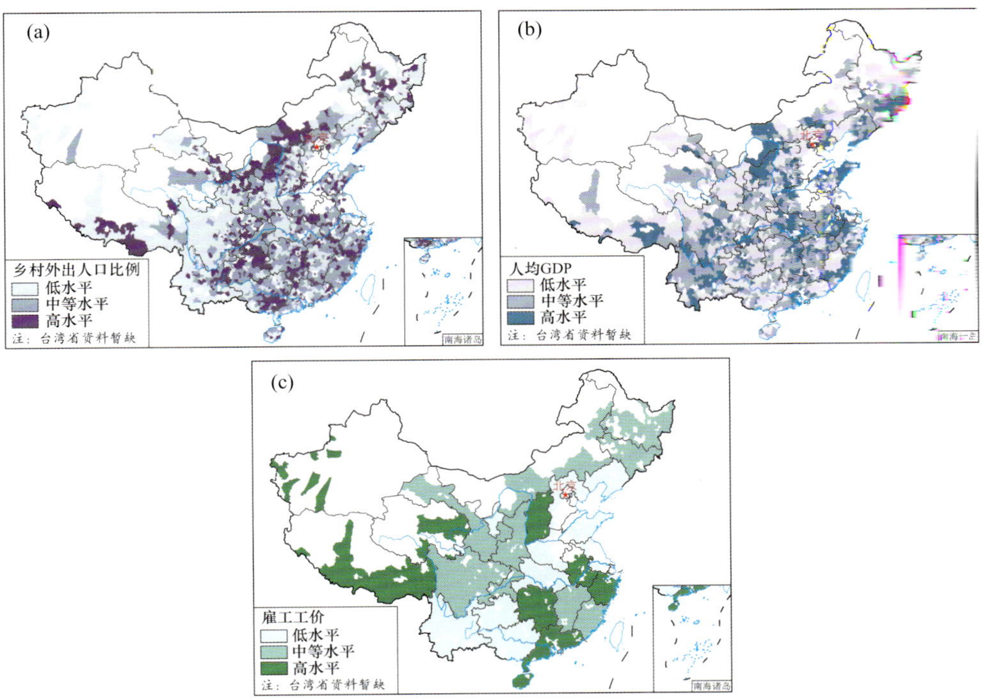

图 8-2　可变因子模拟结果——基准情景

(a)乡村外出人口比例；(b)人均 GDP；(c)雇工工价

经济发展情景导向下，外出人口比例与人均GDP整体上均有所提升，更多的县域被划分为高水平人均GDP，等级跃升的县域单元主要位于中部地区与中南地区。雇工工价在空间格局上无明显变化，仍然保持"东南高、西北低"的分布态势，中部地区多为中等水平指标值的县域单元(图8-3)。

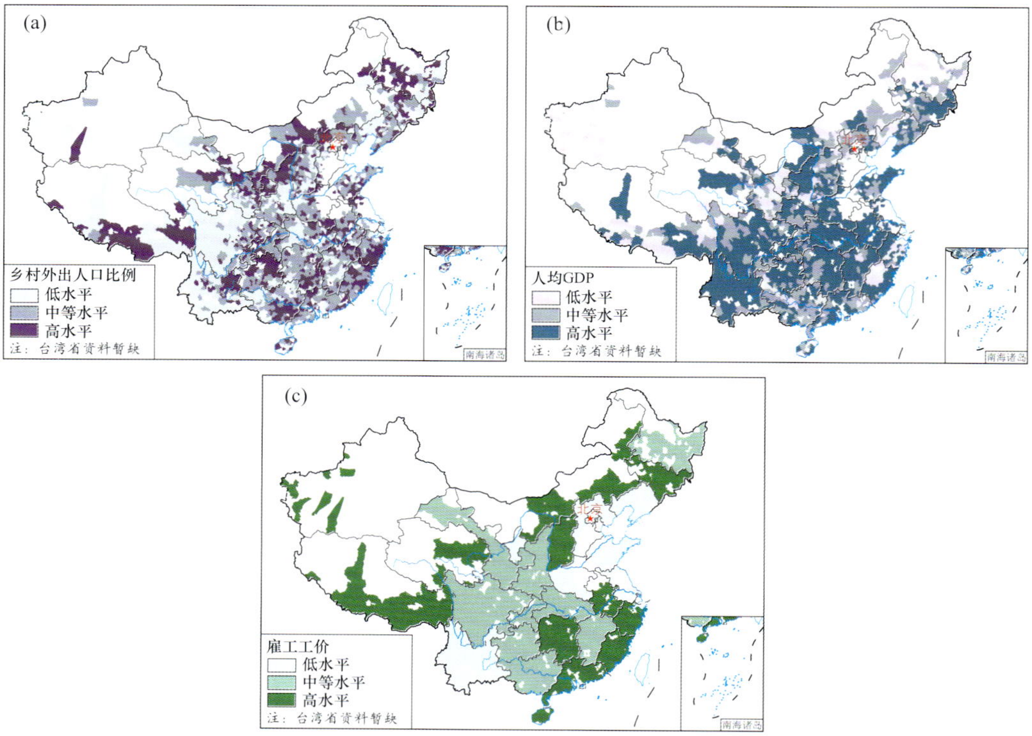

图8-3　可变因子模拟结果——经济发展情景

(a)乡村外出人口比例；(b)人均GDP；(c)雇工工价

稳步协调发展情景导向下，各指标因子的空间分布特征没有明显的改变，但相较于基准情景各指标的内部结果存在一定的变化。乡村外出人口比例方面主要以等级下降为特征，表现为"低水平分级的县域数量增多，中等水平与高水平分级的县域数量减少"。人均GDP方面以各县域的等级跃升为主要特征，低水平与中等水平分级的县域数量分别为359个和660个，相较于基准情景分别减少了224个和25个，而高水平分级的县域数量则增加了249个，为993个。雇工工价方面，相较于基准情景，该情景中的县(市、区)数量大致不变，数量转换方式主要为"低水平县(市、区)数量减少，高水平县(市、区)数量增多"，其中低水平分级的县域数量减少102个，高水平分级的县域数量增加79个(图8-4)。

可持续发展情景相较于基准情景，各指标的空间格局与分级数量存在较大差异，且主要呈现各县域指标分级的下降现象。乡村外出人口比例方面，低水平分级的县(市、区)数量为884个，相较于基准情景增加了199个；人均GDP方面，可持续发展情景下主要呈现出各分级县域"交叉分布"的空间格局，并无明显的高值聚集区域，同时低水平分级的县(市、区)数量为1005个，相较于基准情景增加了422个。雇工工价方面，高水平县(市、区)数量仅为387个，相较于基准情景减少了191个，但整体上的空间分布格局并无明显的变化(图8-5)。

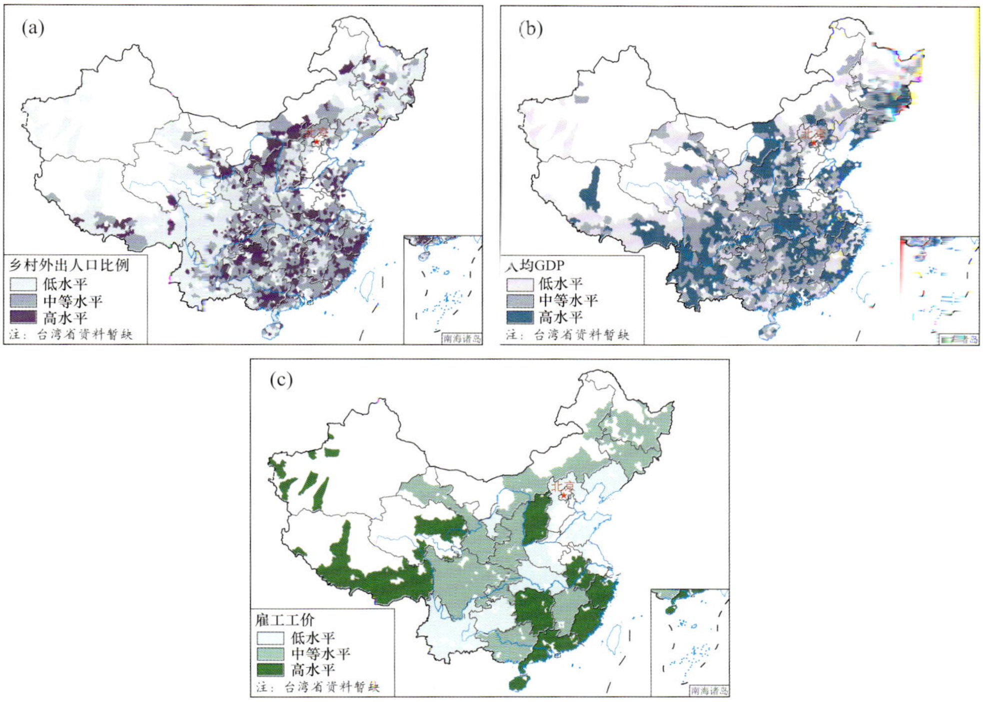

图 8-4 可变因子模拟结果——稳步协调发展情景

(a)乡村外出人口比例；(b)人均 GDP；(c)雇工工价

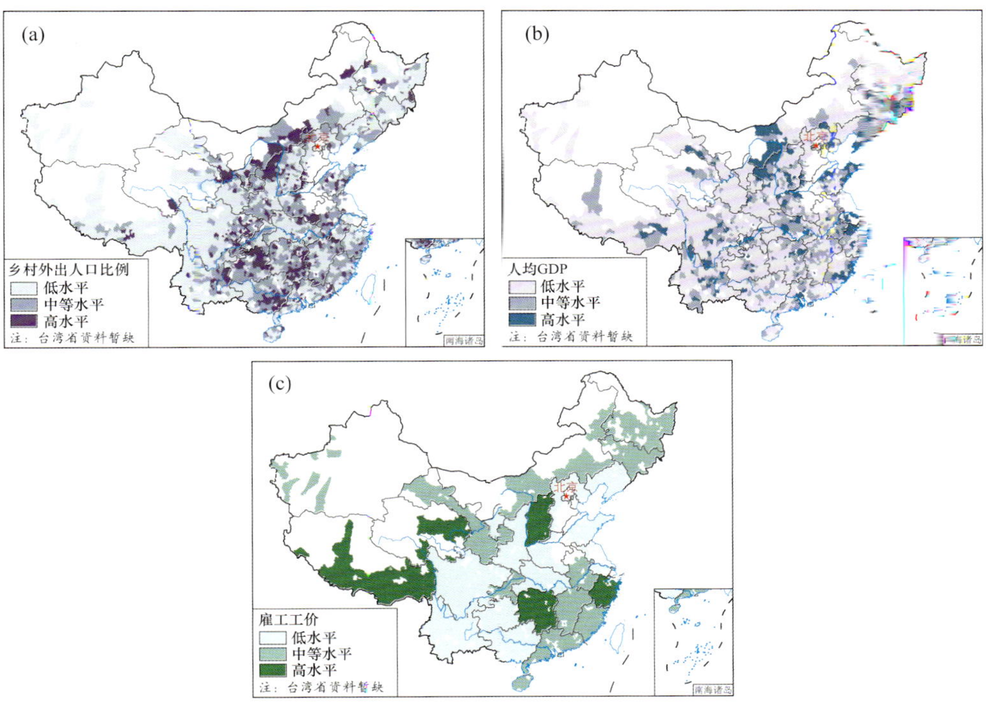

图 8-5 可持续发展情景——可变因子模拟结果

(a)乡村外出人口比例；(b)人均 GDP；(c)雇工工价

(2)省域统计结果

为客观展示可变因子在我国各区域的模拟情况,以省域为单位对2035年各县(市、区)指标模拟数据取加权平均数,权数为县(市、区)面积在省域面积中的占比与所在省份县(市、区)总数的乘积(表8-9)。

表8-9 四种情景下指标模拟的省域统计结果

省份	乡村人口外出比例/%				人均GDP/万元				雇工工价/元			
	BAU	EDS	SCDS	SS	BAU	EDS	SCDS	SS	BAU	EDS	SCDS	SS
北京	16.94	19.48	18.43	14.71	17.28	31.03	21.9	12.02	120.88	134.79	126.27	113.19
天津	18.72	22.14	20.71	15.8	4.23	5.5	4.7	3.61	120.88	134.79	126.27	113.19
河北	29.9	31.16	29.16	28.68	7.55	11.12	8.82	5.95	120.88	134.79	126.27	113.19
山西	26.96	30.11	25.21	24.09	5.79	9.37	7.03	4.3	317.56	405.33	350.29	273.78
内蒙古	31.03	31.87	30.53	30.2	8.67	11.79	9.81	7.18	175.14	198.9	184.31	162.18
辽宁	14.91	16.31	14.12	13.59	6.23	7.95	6.87	5.37	119.05	132.3	124.2	111.71
吉林	20.69	27.1	17.49	15.6	7.71	10.88	8.86	6.24	181.03	207.33	191.15	166.77
黑龙江	16.35	23.73	13.01	11.16	3.25	4.52	3.71	2.66	165.76	185.92	173.56	154.67
上海	4.58	6.53	5.67	3.19	21.23	35.84	26.23	15.36	151.67	166.92	157.61	143.16
江苏	27.32	31.33	29.66	23.8	12.89	23.21	16.35	8.95	117.81	137.84	125.47	107.13
浙江	31.18	37.22	34.68	26.06	7.31	11.89	8.9	5.42	220.26	253.31	232.96	202.41
安徽	31.73	33.6	32.84	29.95	8.41	18.22	11.52	5.19	201.44	239.94	216.09	181.2
福建	30.99	36.2	34.03	26.49	7.47	14.76	9.85	4.89	194.52	215.45	202.65	182.89
江西	30.68	32.45	29.65	28.99	6.02	11.99	7.96	3.92	167.53	186.61	174.93	156.97
山东	33.3	35.37	34.53	31.34	12.4	18.66	14.62	9.65	75.47	77.07	76.11	74.52
河南	33.13	33.83	32.72	32.45	8.65	15.38	10.92	6.06	97.54	109.56	102.2	90.93
湖北	26.09	28.66	27.6	23.74	8.29	16.46	10.95	5.41	130.69	142.91	135.46	123.83
湖南	31.7	32.45	31.25	30.96	6.47	12.55	8.46	4.28	222.45	250.78	233.4	206.92
广东	30.14	33.51	32.12	27.08	6.5	10.66	7.94	4.79	211.74	250.69	226.59	191.16
广西	29.83	30.55	30.26	29.12	4.22	7.23	5.24	3.03	138.11	154.13	144.32	129.26
海南	27.65	32.1	25.27	23.79	3.47	6.27	4.41	2.4	211.04	246.51	224.61	192.11
重庆	30.13	33.71	32.23	26.91	7.7	15.92	10.34	4.89	166.97	188.4	175.25	155.22
四川	15.81	15.91	15.75	15.72	5.84	11.74	7.76	3.78	144	161	150.59	134.62
贵州	33.93	34.44	33.62	33.42	4.93	11.62	6.99	2.88	129.41	145.44	135.62	120.61
云南	19.84	21.59	18.86	18.23	7.48	17.04	10.45	4.46	118.55	134.67	124.77	109.76
西藏	18.61	32.91	12.62	9.68	4.29	9.38	5.89	2.63	229.06	281.81	248.94	201.99
陕西	30.24	30.51	30.08	29.98	10.77	20.2	13.9	7.29	139.13	156.69	145.92	129.5
甘肃	21.52	25.12	19.59	18.4	4.01	7.08	5.05	2.82	162.34	182.43	170.12	151.3
青海	24.72	30.07	21.95	20.26	4	6.81	4.96	2.88	229.06	281.81	248.94	201.99
宁夏	34.29	44.04	29.46	26.59	1.68	2.8	2.07	1.23	111.84	119.51	114.85	107.46
新疆	9.2	20.96	5.49	3.85	1.86	3.21	2.32	1.33	195.51	232.13	209.46	176.21

基准情景导向下，乡村人口外出比例方面，研究单元均呈现乡村人口净流出，且其外出比例主要集中于20%～30%，其中全国最低值上海乡村人口外出比例为4.58%，最高值为宁夏的34.29%。人均GDP方面，2035年华东、华南等经济发达地区的人均GDP数值相对较高，西北和东北地区的人均GDP数值较低，其中最高的是上海的21.23万元。在雇工工价方面，各省份数值多集中于100～200元，且粮食主产区相较于粮食主销区，其雇工工价相对更低。

经济发展情景导向下，各省份乡村人口外出比例均有一定的提升，集聚效应进一步增强，主要集中在25%～40%，且高低值的分化效应有所减弱。共有20个省份的乡村外出人口比例超过30%，而乡村人口外流比例小于10%的省份仅有上海，仅为4.53%。人均GDP仍是以沿海经济发达省份为主要高值单元。雇工工价方面，山西、青海与西藏三个省份是按大小排序的前三名，反映出传统农业生产省份的劳动力价格将随着经济发展增速而大幅提升。

稳步协调发展情景导向下，各省份的乡村人口均呈现净流出态势。人均GDP方面，上海与宁夏分别为最高值与最低值，上海人均GDP为26.23万元，宁夏则为2.07万元。雇工工价方面，东南沿海与西北传统农业区相较于华北与华中地区，区域农业生产所需劳务工成本相对更高。

可持续发展情景注重于生态保护与环境优化，因此乡村人口外流的现象得到有效缓解，各省份的乡村外出人口比例相差较少，大致集中于15%～30%。同时由于经济发展的减速，可持续发展情景导向下各个省份人均GDP的分化现象有所缓解，最高、最低值的差距仅为14.13万元。雇工工价方面，以浙江为代表的粮食主销区的雇工工价得到明显提升。

8.1.6　全国及分县梯田撂荒风险预测结果

(1)全国梯田撂荒预测结果

基于县域尺度统计2020年我国梯田撂荒率现状，结果显示我国大约有33.2%的梯田处于撂荒状态。预测结果方面，整体上模型分析结果中2035年全国梯田撂荒率在各情景下的差别不大，均处于32%～44%。多元线性回归结果的全国梯田撂荒率预测值介于36%～44%，其中经济发展情景下的未来梯田撂荒率最高，为43.70%。神经网络模型分析结果显示，在经济发展情景下2035年的梯田撂荒数量最多，共计36.78%的梯田将被撂荒，可持续发展情景下撂荒梯田数量最少，共计32.55%的梯田将被撂荒(表8-10)。

表8-10　全国梯田撂荒模拟结果

	现状	线性回归				神经网络			
		BAU	EDS	SCDS	SS	BAU	EDS	SCDS	SS
全国撂荒率/%	32.20	38.90	43.70	40.55	36.79	33.57	36.78	34.56	32.55

(2)县域梯田撂荒预测结果

① 基准情景

基于ArcGIS 10.2平台，将县域撂荒预测数据与县域行政区划达成空间链接，完成不同方法处理下2035年各县域梯田撂荒率预测值的可视化。需要注意的是，图8-6中的空白值代表县域数据缺失，表达为空值。对各方法分析结果进行纵向对比分析，可以发现基准情景发展过程中线性回归分析与神经网络模型两种分析方法的预测结果存在较高的空间一致性，我国东南沿海县域与中南部、西南部丘陵山区地带未来撂荒率均相对较高，西北地区、中北部与东北部地区的未来撂荒率均相对较低。两种分析结果的相对一致验证了分析结果的可靠性。

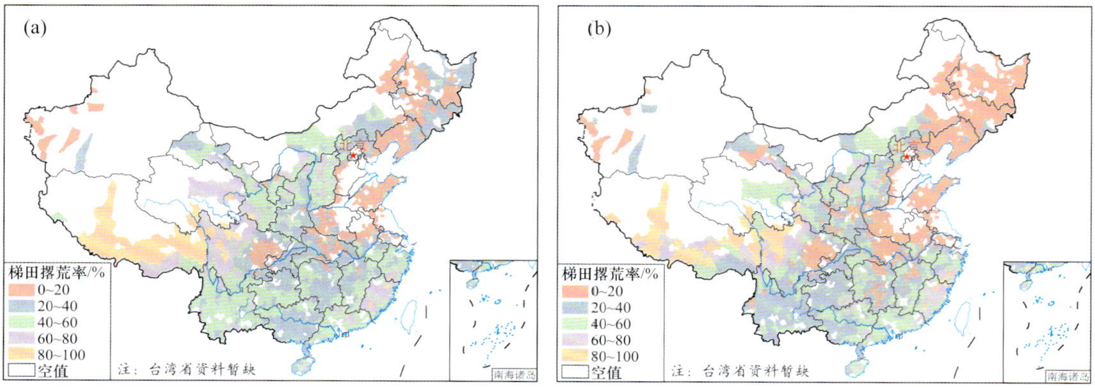

图 8-6　县域梯田撂荒预测结果——基准情景

(a)线性回归预测结果；(b)神经网络预测结果

② 经济发展情景

经济发展情景相较于基准情景，无论采用何种预测方法，大部分县域的梯田撂荒现象均出现有所加剧的趋势。这是由于经济发展情景以经济建设为导向，获利原则下的耕地种植收益相对较低。务工劳动力更多地涌向城市或工业生产建设区，同时由于市场经济导向下的雇工成本得到大幅提升，农业生产收益被进一步压缩，劣质坡耕地将最先被闲置，撂荒现象将持续蔓延至劣质梯田乃至优质梯田资源(图 8-7)。

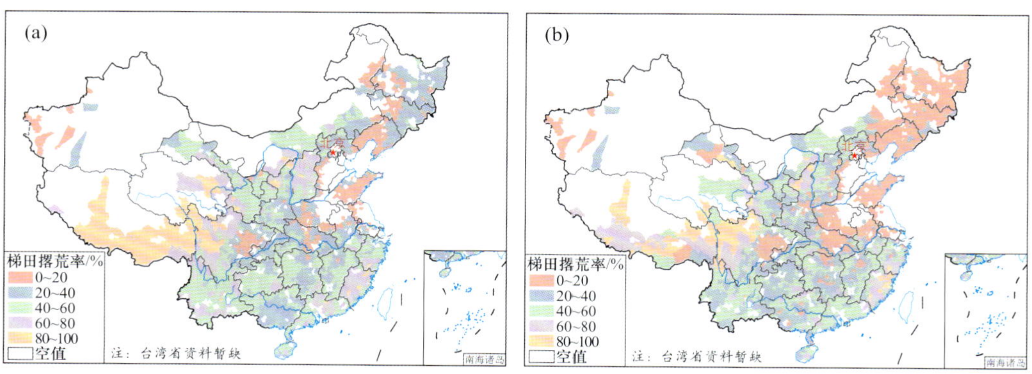

图 8-7　县域梯田撂荒预测结果——经济发展情景

(a)线性回归预测结果；(b)神经网络预测结果

③ 稳步协调发展情景

相较于基准情景，稳步协调发展情景下 2035 年整体的梯田撂荒现象有所加剧，多数县域的撂荒梯田比例有所提升，但幅度不大。相对而言，两种预测方法的结果中神经网络模型的各县域分析结果数值最小，其次为线性回归模型。但两种方法的分析结果依然存在空间上的一致性，撂荒率预测值较高的县域主要聚集于粮食主产区，大部分粮食主产区内县（市、区）梯田撂荒率普遍较低（图8-8）。

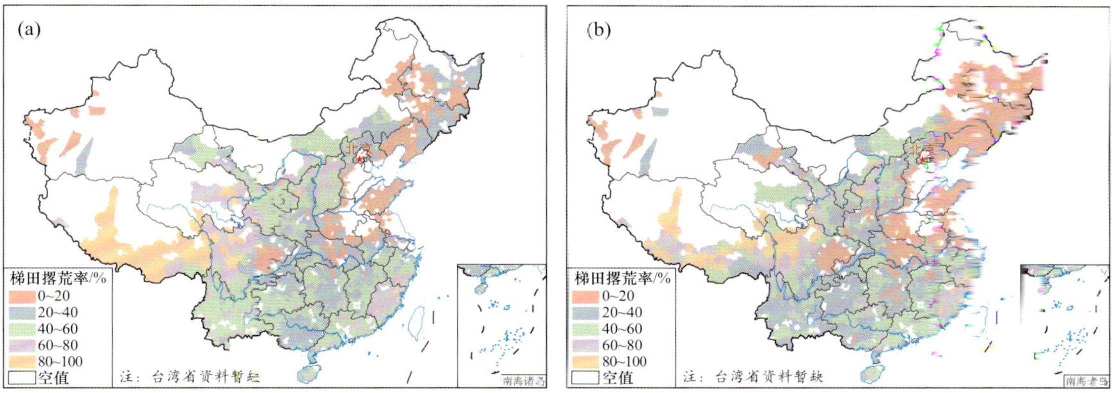

图8-8 县域梯田撂荒预测结果——稳步协调发展情景

(a)线性回归预测结果；(b)神经网络预测结果

④ 可持续发展情景

模型间的结果对比发现，可持续发展情景下不同方法的预测结果差异有所缩小，同时不同模型的预测结果具备相对一致性，即可持续发展情景的预测结果与基准情景相比，未来将有更少的梯田被撂荒。这是由于梯田不仅具备生产资料的属性，同时也是重要的生态保护物质基础，具有水土涵养的生态功能。可持续发展以环境保护、生态协调为导向，若梯田撂荒则易导致水土流失，降低极端天气的山体维持能力，因此可持续发展情景导向下的社会共同目标将竭力降低梯田撂荒（图8-9）。

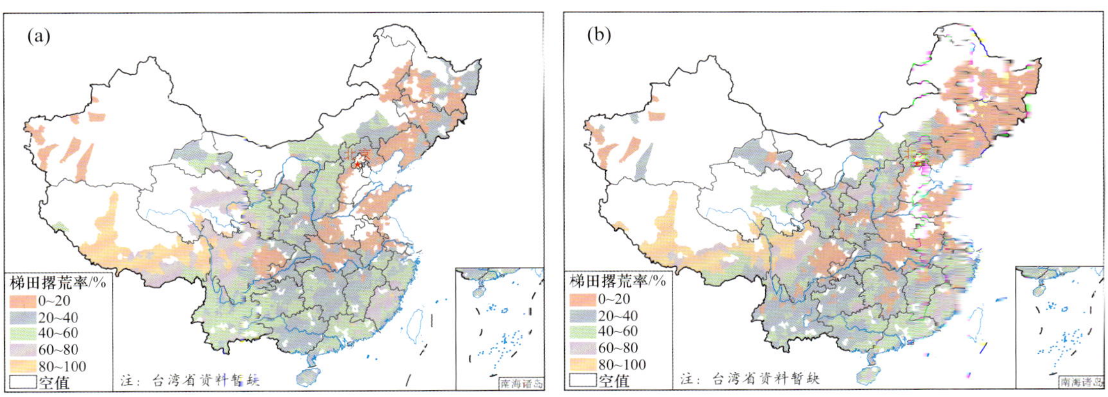

图8-9 县域梯田撂荒预测结果——可持续发展情景

(a)线性回归预测结果；(b)神经网络预测结果

（3）撂荒梯田预测的省域统计

为客观展示未来梯田撂荒在我国各区域的模拟情况，以省域为单位对各县（市、区）撂荒模拟数据取加权平均数。

从表8-11结果来看，各县（市、区）在基准情景下两种模型的预测结果较为接近。线性回归分析和神经网络模型的梯田撂荒预测最高值省份为西藏，其预测结果分别为36.27%

和 72.14%。

由于经济发展情景下大部分县域出现更高的撂荒预测值，因此大部分省域的梯田撂荒模拟结果也呈现数值提升的态势。线性回归分析中的撂荒模拟最高、最低值分别为西藏的 92.21%、新疆的 13.02%；神经网络模型中的撂荒模拟最高、最低值分别为西藏的 68.16%、上海的 0.68%。

在稳步协调发展情景下，线性回归结果的省域撂荒率大部分集中于 20%～50%，神经网络的省域预测结果具有更明显的分化现象，撂荒率低于 10%的省域共计 16 个。

可持续发展情景的省域统计结果中，线性回归分析中的撂荒模拟最高、最低值分别为西藏的 83.03%、新疆的 8.15%；神经网络模型中的撂荒模拟最高、最低值分别为西藏的 75.57%、江苏的 6.68%。

表 8-11　梯田撂荒预测结果的省域统计

省份	线性回归/%				神经网络/%			
	BAU	EDS	SCDS	SS	BAU	EDS	SCDS	SS
北京	23.77	30.70	26.19	20.87	38.46	41.92	39.23	35.59
天津	21.09	23.04	21.86	20.03	12.17	13.21	12.66	10.85
河北	24.06	27.14	25.16	22.53	21.36	21.65	21.16	21.29
山西	51.54	61.25	55.03	46.81	36.71	38.09	36.96	33.87
内蒙古	33.94	37.15	35.14	32.26	31.68	31.08	31.20	32.22
辽宁	15.76	17.65	16.41	14.72	8.78	8.33	8.62	9.48
吉林	22.59	26.38	23.85	20.59	12.48	14.15	12.74	12.37
黑龙江	23.66	26.31	24.42	22.21	9.42	10.33	8.39	9.13
上海	16.16	24.54	19.11	12.57	8.10	0.68	5.21	10.48
江苏	16.91	26.13	20.12	13.08	5.73	2.31	3.97	6.68
浙江	51.45	56.23	53.26	49.03	55.18	56.45	55.71	54.59
安徽	35.25	43.14	37.98	31.95	33.66	39.41	35.62	32.40
福建	62.40	67.50	64.22	60.14	62.23	65.81	63.16	61.80
江西	39.57	44.22	41.14	37.56	38.38	40.97	38.82	37.99
山东	13.55	16.12	14.48	12.37	6.070	4.23	5.43	7.07
河南	15.56	20.25	17.18	13.57	6.79	7.19	6.79	7.67
湖北	25.09	30.02	26.78	23.09	22.55	22.98	22.7	22.46
湖南	37.23	42.57	39.11	34.82	31.84	34.24	32.39	31.56
广东	51.51	56.59	53.42	48.98	48.97	50.91	49.43	48.59
广西	37.49	40.30	38.52	36.15	42.60	43.2	42.75	42.26
海南	39.06	43.68	40.65	36.76	49.20	44.79	47.04	52.03
重庆	26.00	32.46	28.23	23.34	24.70	31.09	27.21	21.27
四川	22.79	27.13	24.29	20.97	18.55	23.57	20.33	16.48
贵州	43.06	47.74	44.60	41.27	34.77	40.31	36.33	33.54

续表

省份	线性回归/%				神经网络/%			
	BAU	EDS	SCDS	SS	BAU	EDS	SCDS	SS
云南	68.23	76.53	70.97	65.93	63.24	58.03	61.39	65.41
西藏	86.27	92.21	88.09	83.03	72.14	68.16	68.31	75.57
陕西	38.60	44.26	40.55	36.22	43.02	48.42	44.71	41.22
甘肃	47.36	50.32	48.33	45.87	39.64	40.81	40.13	39.52
青海	67.39	73.79	69.59	64.22	59.09	63.10	60.77	56.84
宁夏	43.26	44.78	43.52	42.39	39.09	38.90	39.73	39.92
新疆	9.77	13.02	11.34	8.15	13.58	9.36	13.50	14.63

8.2 基于机器学习的全国梯田撂荒风险空间模拟

县域尺度的梯田撂荒风险模拟预测可量化各县域的未来梯田撂荒数量，有利于为县域行政单元合理利用梯田、盘活梯田与梯田撂荒精准防控提供理论参考与数据支撑。但基于县域尺度的回归预测无法捕捉更为精确的梯田撂荒分布，在实际的梯田撂荒治理中难以精准把握将要撂荒的梯田资源方位。因此，本研究将基于 1 km×1 km 的栅格数据，采用机器学习方法，以公里网格为单元模拟未来 2035 年全国梯田撂荒风险空间格局。

8.2.1 数据来源与研究方法

（1）数据来源

为保证县域尺度与斑块尺度两部分研究结论的可比性，机器学习模拟所用数据与县域尺度的数据来源保持一致（表 8-12）。

表 8-12　公里网格尺度研究的数据来源

数据名称	数据来源	数据年份	数据精度
各类耕地资源数量 各类耕地面积比例 梯田资源特征	第二次和第三次全国土地调查	2009 年、2019 年	1 km×1 km 网格
区域地形条件	SRTM 90 m DEM	2000 年	1 km×1 km 网格
区域社会经济数据 农业生产数据	各县（市、区）统计年鉴和政府统计公报	2009—2019 年	1 km×1 km 网格
气候环境数据	国家地球系统科学数据中心	2016—2019 年	1 km×1 km 网格
农业劳动力价格	农产品成品收益资料	2009—2019 年	1 km×1 km 网格
梯田质量	耕地质量等别年度更新评价	2010 年	1 km×1 km 网格
人口相关数据	全国第五、第六、第七次人口普查	2007 年、2012 年和 2017 年	1 km×1 km 网格

(2)撂荒率分级

现状撂荒率测算过程沿用县域尺度研究的测算标准，以 1 km×1 km 网格为单位计算每一网格的梯田撂荒率。为提高模拟预测的可靠性，对撂荒率以 20%为区间进行分级处理，每个公里网格依据撂荒率分级在 1～5 赋值。从公里网格尺度来看，梯田撂荒率较高的区域主要分布在我国中南部、东南沿海及黄土高原一带，中北部与西南区域的梯田撂荒发生频率相对较低(表 8-13 和图 8-10)。

表 8-13　梯田撂荒率分级

撂荒率分级	1	2	3	4	5
撂荒率区间/%	[0,20]	(20,40]	(40,60]	(60,80]	(80,100]

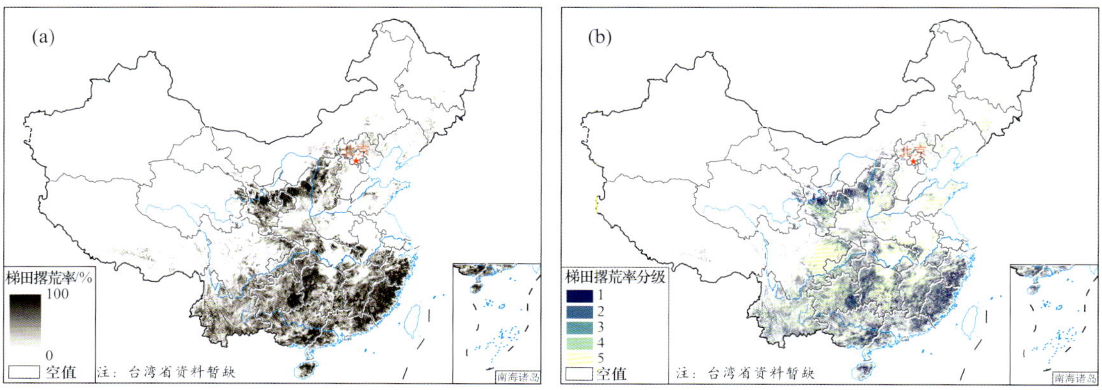

图 8-10　梯田撂荒率(a)与梯田撂荒分级(b)

(3)机器学习方法

机器学习是模拟预测中的常用方法，其核心在于基于决策树原理建立土地系统变化驱动力与输出（土地利用/覆被变化)之间的关系，常见方法有神经网络算法、随机森林算法。本研究采用随机森林算法和神经网络算法两个模型分别完成梯田撂荒预测。

8.2.2　梯田撂荒风险影响因素分析

(1)影响因素指标选取

耕地撂荒是国家城市化与工业化的产物，同时本书前文分析结果显示，耕地撂荒是由务农机会成本上升与非农就业岗位增加所引致的农业劳动力流失直接驱动，同时农户特征、耕地资源禀赋与区域生产环境等因素在农户、地块与村镇三个尺度上以不同作用程度分别影响耕地撂荒现象的发生。梯田作为耕地中的优质资源，其撂荒现象的发生服从耕地撂荒的驱动机制。为精确预测梯田撂荒的未来趋势，精确剖析梯田撂荒的驱动机制并选取科学稳定的影响因子是核心前提。前文提到，撂荒是农户基于生产效益最大化原则下的理性决策，故可将农业效益拆分为投入与产出两个维度，将撂荒解析为成本与收益之间博弈的结果。因此，基于梯田利用的成本与收益，同时考量社会经济等宏观要素对于梯田利用行为的强制性影响，从投入、产出与其他三个维度共选取 24 个影响因素，综合构建梯田撂荒驱动体系(表 8-14)。

表 8-14 梯田撂荒驱动体系

分类	变量名称	定义	预期方向	指标代数
被解释因变量	梯田撂荒率分级	网格内撂荒梯田面积/梯田总面积 分级：1(0～20%)；2(20%～40%)；3(40%～60%)；4(60%～80%)；5(80%～100%)		Y
投入相关变量	平均坡度	网格内梯田资源平均坡度/°	+	X_1
	平均坡度分级	网格内梯田资源平均坡度，并依据相等间隔分级	+	X_2
	耕作距离	网格内耕地资源距最近居民点距离的均值/km	+	X_3
	耕作高差	网格内耕地资源到最近居民点图斑海拔高程差绝对值的均值/m	+	X_4
	到最近道路距离	网格内耕地资源距最近乡村道路距离的均值/km	+	X_5
	劳均梯田面积	网格内梯田面积与第一产业劳动力的比值与所属省的比值之比/(m^2/人)	—	X_6
	公顷均机械动力	网格内农业机械总动力与耕地面积之比/(kW/hm^2)	±	X_7
	乡村外出人口比例	2010 年第六次人口普查中网格内乡村外出人口与常住人口比例/%	—	X_8
	人均 GDP	网格内 GDP 与人口的比值/(千元/人)	—	X_9
	雇工工价	农业劳动力价格/元	—	X_{10}
产出相关变量	梯田平均质量	以有机质含量为指标，网格内梯田资源的有机质平均含量	±	X_{11}
	坡耕地比重	网格内坡梯田占耕地面积比例/%	±	X_{12}
	梯田比重	网格内梯田占耕地面积比例/%	±	X_{13}
	水作梯田比重	网格内水作梯田占耕地面积比例/%	±	X_{14}
	公顷均粮食产量	网格内多年(2008—2014 年)平均粮食产量与耕地面积的比值/(t/hm^2)	—	X_{15}
	劳均农业增加值	网格内农业增加值与第一产业就业人数的比值/(元/人)	—	X_{16}
	降水量	网格内年总降水量/mm	±	X_{17}
	年积温	网格内年积温/(℃·d)	±	X_{18}
	海拔高程	网格内耕地平均海拔/m	±	X_{19}
其他变量	土地流转率	2010 年流转耕地面积与总耕地面积之比，分省数据/%	—	X_{20}
	到最近林草地距离	网格内梯田距最近林地或草地距离的均值/km	—	X_{21}
	林地比重	网格内林地面积与县(市、区)面积的比值/%	+	X_{22}
	粮食产销区划分	粮食主产区=1；产销平衡区=2；粮食主销区=3	+	X_{23}
	县(市、区)类型	平原县=1；丘陵县=2；山区县=3	±	X_{24}

注：+代表正向影响，—代表负向影响，±代表作用类型未知。

① 投入要素：平均坡度、耕作距离、耕作高差属于耕作条件因素，将显著影响劳动时间投入成本，其中由于全国范围内各公里网格坡度差异较大，故采用平均坡度的同时选取平均坡度分级因素，共同表征耕作坡度条件。到最近道路距离、劳均梯田面积与农业机械总动力均属于生产资料投入要素，分别影响交通运输成本、单位面积农业资料成本与单位面积劳动力投入成本。乡村外出人口比例、人均 GDP 与雇工工价将共同作用于劳动力市场，对劳动力单价成本产生显著影响。

② 产出要素：梯田平均质量、梯田比重、坡梯田比重与水作梯田比重均属于区域梯田资源结

构的重要表征，能客观反映区域梯田资源禀赋，从而间接反映区域梯田产出能力。公顷均粮食产量与劳均农业增加值均客观反映了梯田生产效率，其数值越大则梯田撂荒可能性越小。降水量、年积温和海拔高程均属于环境决定因子，将共同构成农业生产环境，并影响农业梯田利用决策。

③ 其他因素：土地市场、野生动物侵扰、政策强制性要求与区域梯田利用目标约束等社会经济因素也会对农户生产决策产生影响。因此，选取土地流转率、到最近林草地距离、林地比重、粮食产销区划分和县（市、区）类型 5 个因子共同表征社会经济环境，组成其他变量维度的指标结构。

（2）影响因素贡献率分析

随机森林算法可以将梯田撂荒率作为因变量，计算各指标因子在梯田撂荒形成过程中的重要性，即为各指标因子对于梯田撂荒的贡献率（表 8-15）。由计算结果可知，共有 3 个指标因子的贡献率超过 10%，依贡献率数值由大到小排序分别为降水量、耕作距离和海拔高程。该结果与农业生产实际情况相似，即耕作距离通过影响耕作难度与耕作投入时间促成梯田撂荒的发生，海拔高程与降水量将分别影响梯田种植的光热条件与水文环境，若光照、气温与灌溉条件不适宜作物种植，则农业生产的收成难以保障，极易诱发区域梯田撂荒。

表 8-15 梯田撂荒影响因素贡献率

分类	指标名称	解释程度/%	指标代数	预期方向
投入相关变量	平均坡度	9.51	X_1	+
	平均坡度分级	2.58	X_2	+
	耕作距离	11.13	X_3	+
	耕作高差	8.03	X_4	+
	到最近道路距离	5.80	X_5	+
	劳均梯田面积	1.40	X_6	−
	农业机械总动力	1.45	X_7	±
	乡村外出人口比例	1.39	X_8	+
	人均 GDP	1.43	X_9	+
	雇工工价	1.02	X_{10}	+
产出相关变量	梯田平均质量	3.57	X_{11}	−
	坡耕地比重	1.85	X_{12}	+
	梯田比重	2.49	X_{13}	±
	水作梯田比重	1.41	X_{14}	±
	公顷均粮食产量	1.54	X_{15}	−
	劳均农业增加值	1.37	X_{16}	−
	降水量	11.23	X_{17}	±
	年积温	9.77	X_{18}	±
	海拔高程	11.07	X_{19}	+
其他变量	土地流转率	0.77	X_{20}	−
	到林草地距离	6.93	X_{21}	−
	林地比重	2.67	X_{22}	+
	粮食产销区划分	0.95	X_{23}	±
	县（市、区）类型	0.61	X_{24}	±

贡献率小于1%的指标因子共有3个,依贡献率数值由大到小排序分别为粮食产销区划分、土地流转率与县(市、区)类型。该分析结果与在县域尺度上依据回归算法所得出上述3个指标均对梯田撂荒有较强影响的结果不同,上述指标的贡献率在公里网格尺度上均较小,这是由于当计算网格缩小为1 km×1 km时,空间上的土地流转市场和政府行为等约束力均无法得到规模效应的产生,因此会出现其他维度的变量贡献率较小的状况。

除去上述6个指标因子外,其余指标因子的贡献率均介于1%~10%,各指标因子的贡献率不尽相同,但其对于梯田撂荒的形成所产生的影响程度均不高。

(3)撂荒影响因素现状空间分布

基于ArcGIS 10.2平台,将24个影响因子数据与我国省级行政区划进行空间连接,并可视化指标数据(图8-11)。海拔高程方面,可以发现以云南、贵州与四川为代表的我国西南地区梯田海拔较高,而东南沿海地形地貌多属于平原或丘陵,梯田海拔较低。坡度方面,对公里网格内的梯田坡度进行平均处理,得出网格平均坡度,同时由于坡度数值较多,故采用分级处理。可以发现平均坡度与平均坡度分级的空间分布大致相同,以丘陵山区地带为高坡度集中区,中部平原坡度相对较小。耕作高差方面,我国中南部区域属于梯田耕作高差较大的区域,该区域由于可耕作梯田资源与居民点之间存在一定的海拔差异,农户的耕作难度较大。

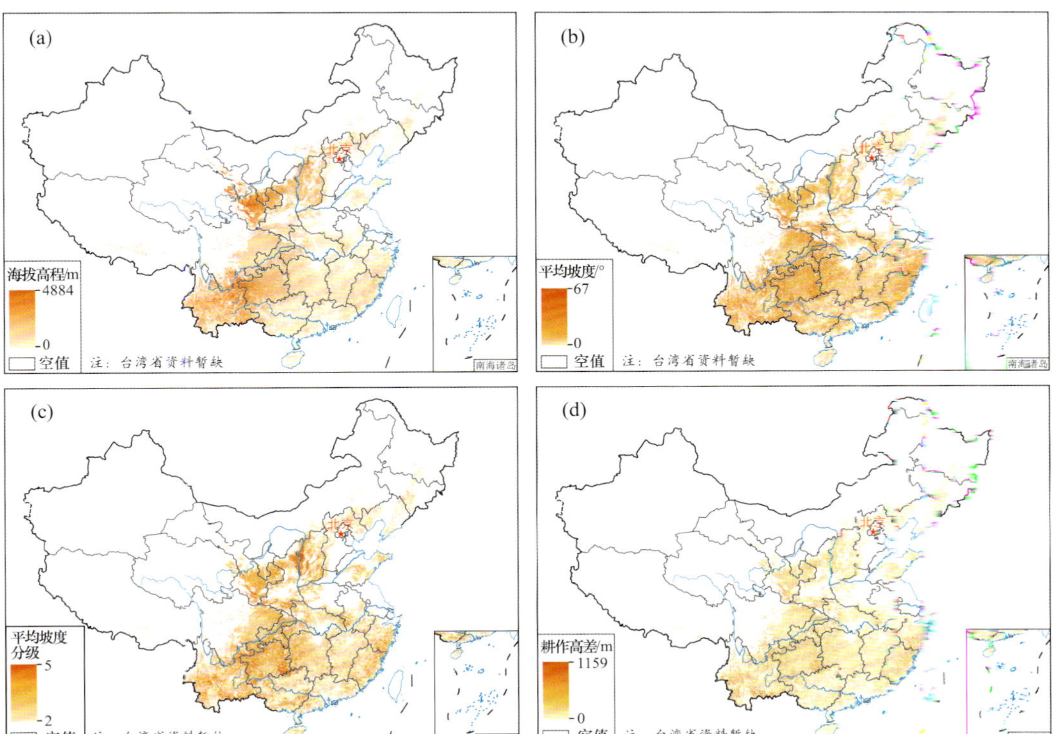

图8-11 海拔高程(a)、平均坡度(b)、平均坡度分级(c)与耕作高差(d)

梯田到最近道路距离与梯田到最近林草地距离两个指标的空间分布模式存在高度一致性,不存在明显的高值和低值集中区域,所有区域的指标值较为接近。梯田耕作距离方面,我国中南部区域的指标值较高，该部分区域农户的通勤时间成本较高。水作梯田比重方面，东南区域降水充沛，灌溉条件较好，因此水作梯田数量与占比均较多(图 8-12)。

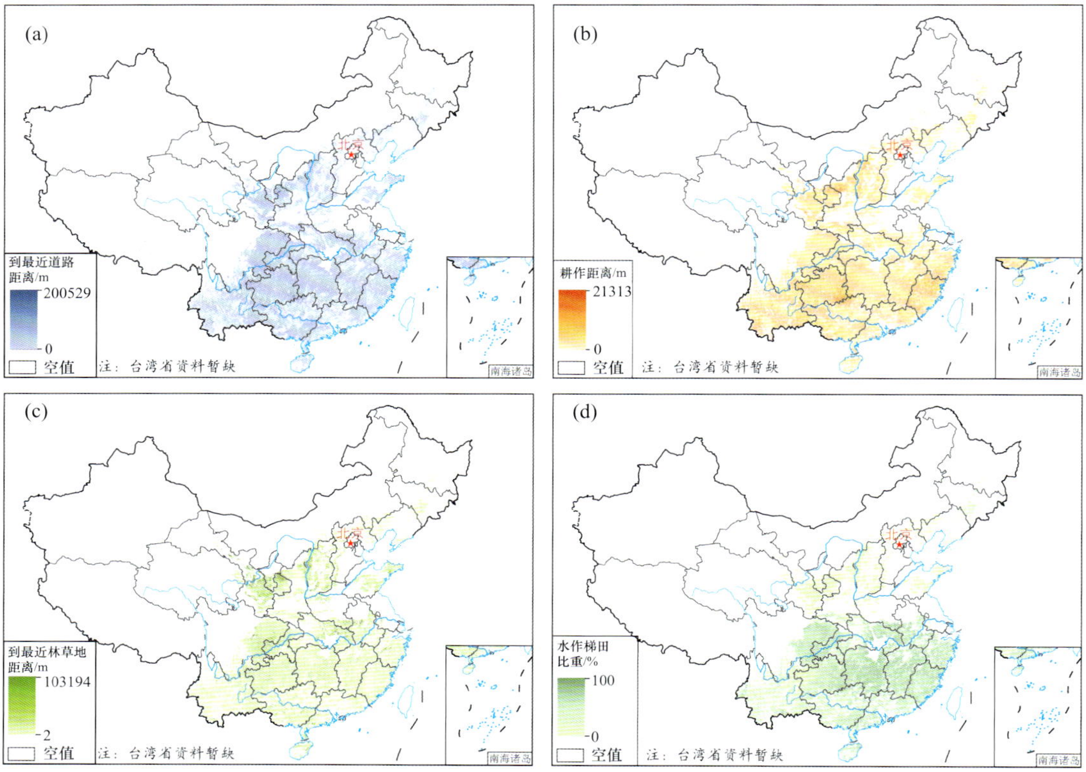

图 8-12　到最近道路距离(a)、耕作距离(b)、到最近林草地距离(c)与水作梯田比重(d)

山区是坡耕地的集中分布区域，以中北部和西南区域为集中分布区，上述区域的坡耕地比重较高，而我国中南、东南区域的坡耕地比重较低。梯田主要分布于丘陵山区，我国东南沿海的福建省域内是典型的梯田分布区，该区域地形坡度介于 2°～6°，梯田资源丰富，梯田比重较高。依据土壤肥力定义梯田质量，并划分梯田资源等级。优质的梯田资源主要分布于贵州、宁夏与陕西等发展较为缓慢的省份，东南沿海部分省份的梯田资源质量也较好。降水量的分布则呈现“南多北少、东多西少”的空间特征(图 8-13)。

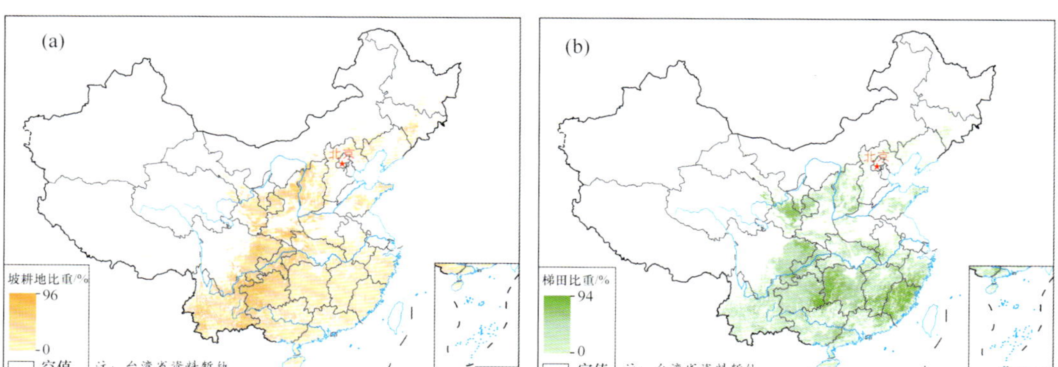

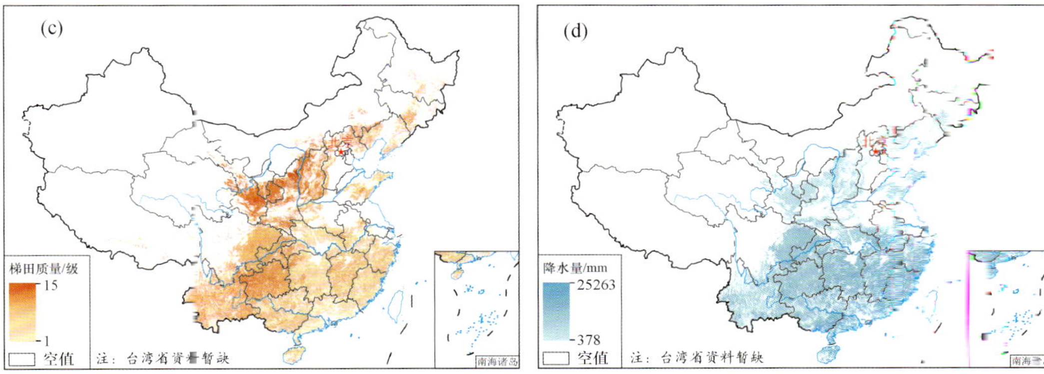

图 8-13 坡耕地比重(a)、梯田比重(b)、梯田质量(c)与降水量(d)

我国南方属于亚热带季风气候，温暖湿润；秦岭以北大部分属于温带大陆性气候，部分地区属于高原气候，年积温相对较低。我国各地的劳均梯田面积与公顷均机械动力呈较为相近，区域明显高值较少出现。乡村外出人口比例方面，东部经济发达地区的乡村人口外流现象较为显著，局部乡村外出人口比例较高（图 8-14）。

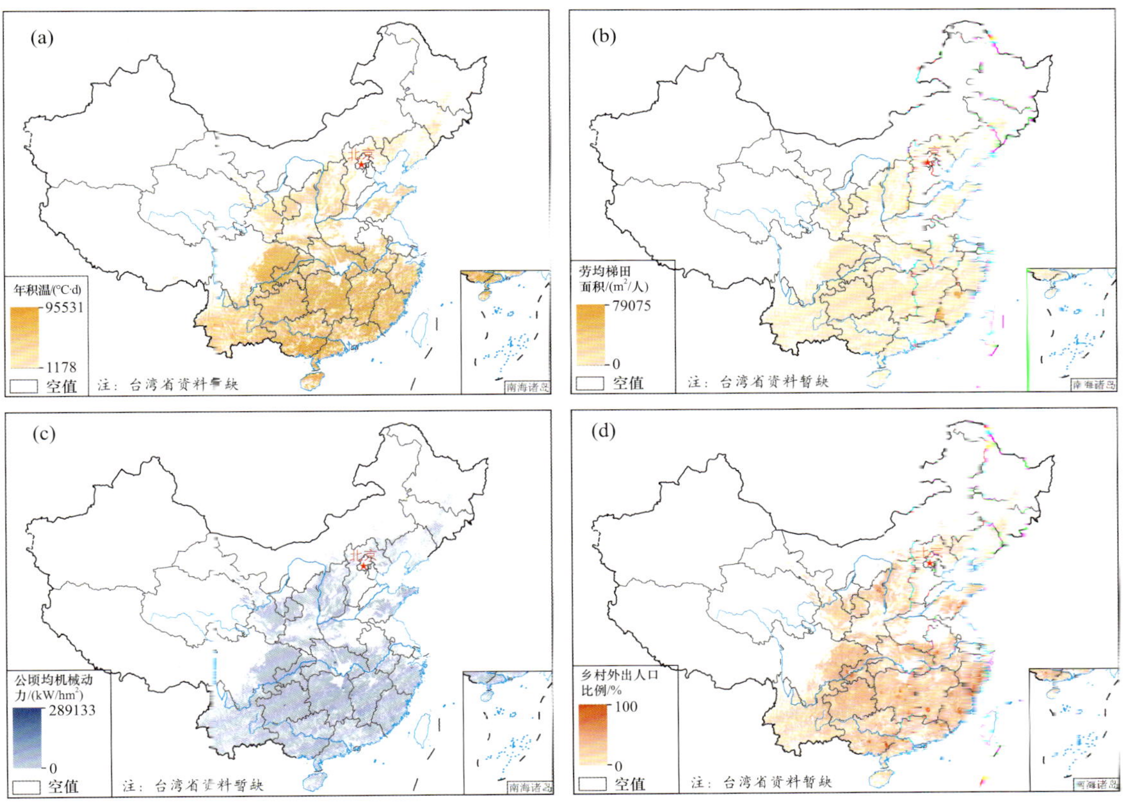

图 8-14 年积温(a)、劳均梯田面积(b)、公顷均机械动力(c)与乡村外出人口比例(d)

我国人均生产总值较为接近，但雇工工价以东南部区域较高，这是由于经济发展水平的快速提升，促使劳动力市场价格随之提高。公顷均粮食产量与劳均农业增加值的空间分布格局较为相似，各区域指标数值相近，无明显的高值发生区与低值发生区（图 8-15）。

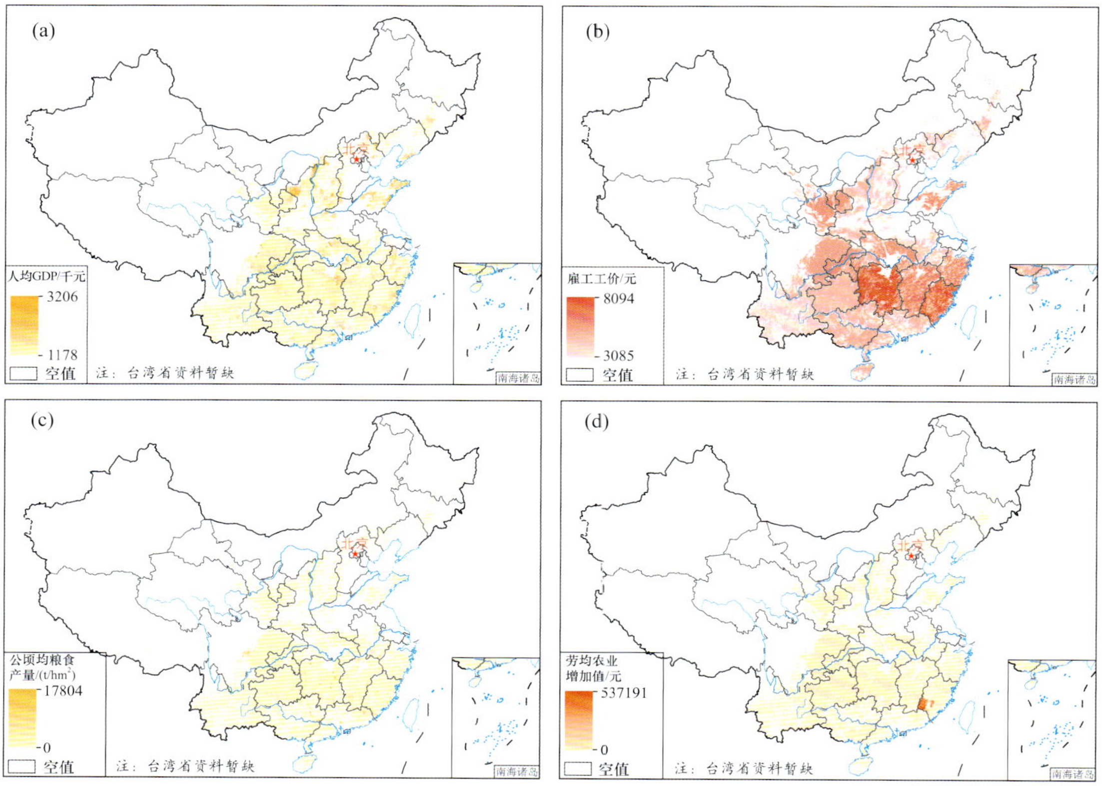

图 8-15　人均 GDP(a)、雇工工价(b)、公顷均粮食产量(c)、劳均农业增加值(d)

我国南部经济发展迅速，乡村资本化与市场化程度较高，在资本下乡的积极参与下，土地流转市场更为完善，土地流转率较高。县（市、区）类型方面，多数区域为山区县，广东和广西少部分区域与东北大部分区域为平原县。粮食产销区划分方面，中部地区与北方多为粮食主产区、东南部多为粮食主销区。同时，中部地区的林地比重较大（图 8-16）。

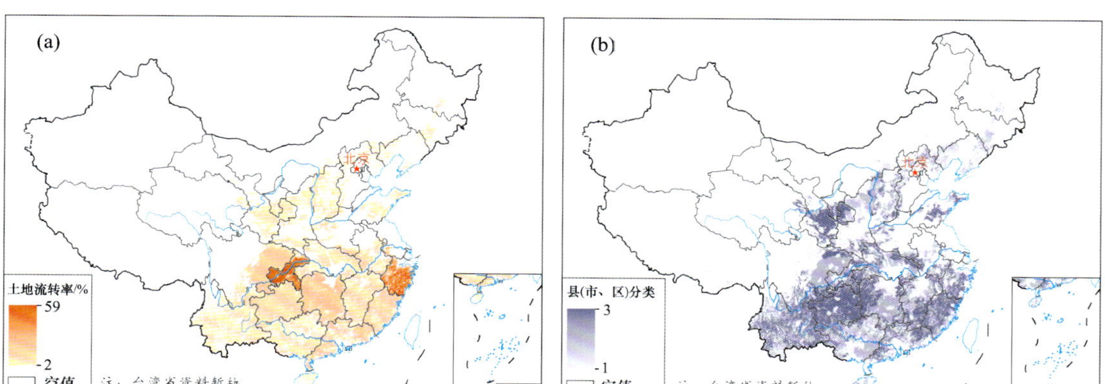

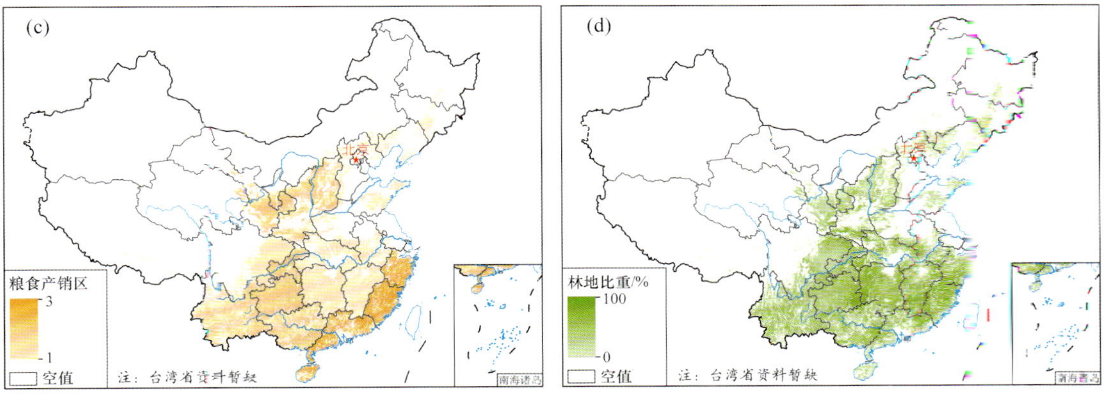

图 8-16　土地流转率(a)、县(市、区)类型(b)、粮食产销区(c)和林地比重(d)

8.2.3　梯田撂荒风险模拟

依托 24 个影响因子的 1 km×1 km 精度栅格数据，应用机器学习对 2035 年全国梯田撂荒风险进行模拟预测，并对四个情景设定下的撂荒风险模拟结果进行可视化(图 8-17)。其中，由于撂荒风险存在多个数值，无法单纯以数值量化显示，因此对撂荒风险进行分级处理。同时，现状统计时部分地区由于梯田数量较少，并无梯田资源统计数据，该部分区域因自身缺少数据参与模拟预测，因此结果统一为空值(表 8-16)。

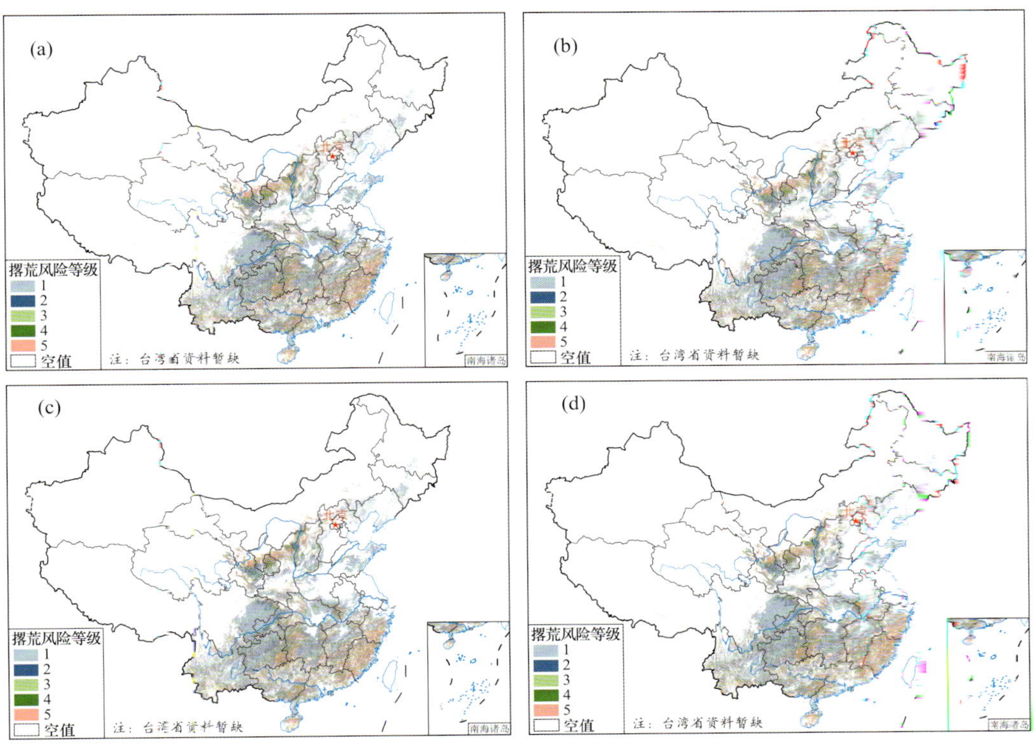

图 8-17　公里网格尺度下基于随机森林算法的未来梯田撂荒风险预测

(a)基准情景；(b)经济发展情景；(c)稳步协调发展情景；(d)可持续发展情景

表 8-16　梯田撂荒率分级

撂荒率分级	1	2	3	4	5	缺少统计
撂荒率区间/%	[0,20]	(20,40]	(40,60]	(60,80]	(80,100]	空值

以西藏、新疆、内蒙古等省份为代表的我国西北、中北部大部分区域的梯田预测结果均以空值为主要表现形式，这并非意味着该区域梯田撂荒预测值为零，而是代表该部分区域梯田资源缺少统计，并未实现数据空间化。我国西北、中北部大多以平地为主，区域内耕地坡度较缓，起伏度较低，坡度介于 2°～6° 的梯田资源较少。由于该部分区域梯田数量较少，同时梯田资源的空间分布无明显集中核心区，多以分散式布局为主，因此上述区域并未纳入具体的梯田空间分布数据统计范围，该部分区域的预测结果均为空值。

存在预测结果的区域中，整体来看四种情景设定下的梯田撂荒风险预测结果存在高度一致的空间分布格局，其梯田撂荒风险均呈现“东高西低、南高北低”的空间布局。4、5 级的高度撂荒风险区域主要集中于我国中南部与东南沿海地带，该部分区域经济发展相对发达，劳动力市场价格较高，务农机会成本引致务农主体流失并诱发梯田撂荒的可能性较大；同时该部分区域耕作地形条件相对较差，主要为丘陵山区，如福建全域、广东北部等区域均以丘陵山地为主，梯田耕作难度较大，同时沿海地区多发的极端天气将提升梯田整治与维护成本，梯田撂荒率较高。

相较于随机森林算法的模拟结果，神经网络的撂荒风险预测结果分化现象更为显著，但两者整体上的空间分异格局存在一致性。1、2 级的未来低度撂荒风险区域主要分布于以云南、贵州和四川为代表的我国西南区域和湖北以北的我国华中、华北地区。云南、贵州和四川均属于农业大省，当地农业占据区域产业结构的比例较大，且在未来一定时间内该结构的大幅变动可能性较小。耕地作为农业生产的重要载体，其区域利用率相对较高。由于我国西南区域梯田资源占比较大，属于主要耕地类型，因此未来我国西南地区的梯田利用率较高。我国华中、华北地区拥有大量河流，并衍生出大面积土地肥沃的连片耕地。区域内耕地适宜机械化、规模化的利用模式，能显著提升农业生产的亩均耕地单位效益和农户工资性收入。同时，华北、华中地区均属于我国粮食主产区，国家政策的扶持与专项资金补贴能显著提升农户的转移性收入，因此该区域未来梯田撂荒风险较低（图 8-18）。

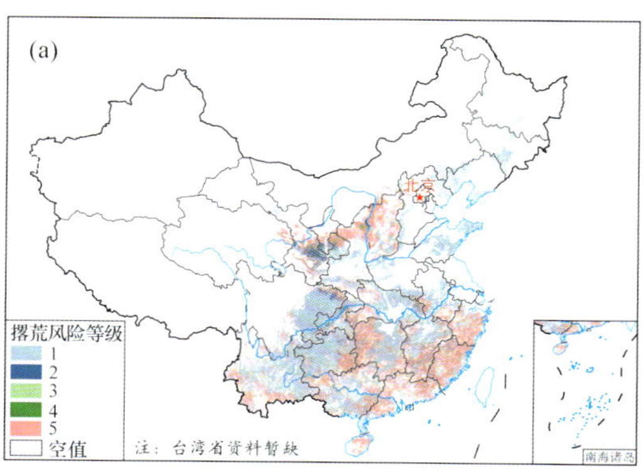

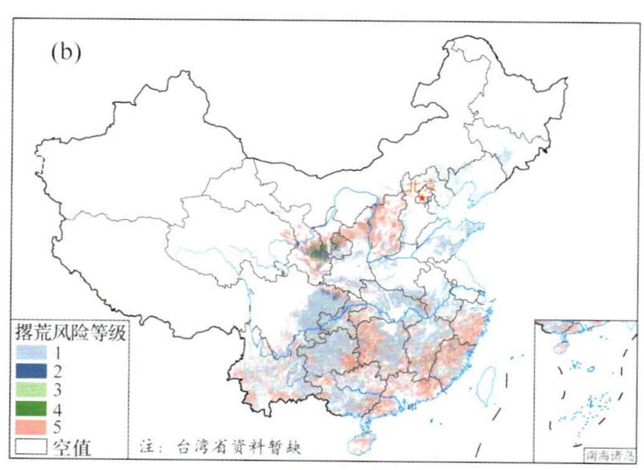

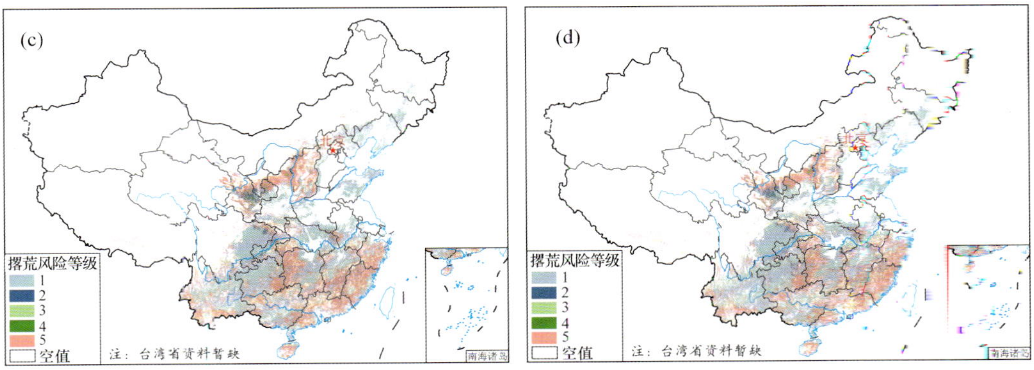

图 8-18　斑块尺度下基于随机森林算法的未来梯田撂荒风险预测

(a)基准情景；(b)经济发展情景；(c)稳步协调发展情景；(d)可持续发展情景

第 9 章

中国梯田撂荒应对策略

根据前文的分析可知，梯田在我国分布广泛，是十分重要的耕地资源，但受社会、经济和环境等多重因素的影响，我国梯田撂荒现状严峻，对粮食安全造成了不利影响。随着人口数量的增长和社会经济的发展，我国粮食供求将长期处于紧平衡态势，有必要保护好梯田这一重要的生产资料、生计资产和文化载体。因此，本章梳理了我国坡改梯工程和耕地占补平衡两项重要的梯田保护工程政策，总结了紫鹊界梯田、龙脊梯田、联合梯田和上堡梯田等国内著名梯田的保护措施，并在此基础上，提出行之有效和切合实际的梯田撂荒对策，以期为我国梯田的保护和永续利用提供参考。

9.1 坡改梯工程、占补平衡新增耕地工程评述

9.1.1 坡改梯工程评述

(1)坡改梯工程简介

坡耕地是我国山区耕地资源的重要组成部分，根据《全国水土保持规划(2015—2030年)》，我国坡耕地面积为 2452.5 hm^2，占全国耕地总面积的 18.12%，长江上游是坡耕地分布最为集中的区域，占全国坡耕地总量的 62%。坡耕地在我国各个地区均有分布，东北黑土区、北方风沙区、北方土石山区、西北黄土高原区、南方红壤区、西南紫色土区、西南岩溶区和青藏高原区的坡耕地面积分别为 230.9 万 hm^2、20.5 万 hm^2、192.4 万 hm^2、452 万 hm^2、178.3 万 hm^2、622.1 万 hm^2、722.0 万 hm^2 和 34.3 万 hm^2。

坡耕地是广大丘陵山区群众赖以生存和发展的农业生产用地，但同时也是我国水土流失的重要策源地，坡耕地年均土壤侵蚀量占到全国总侵蚀量的近 1/3。过度开发和利用坡耕地，会导致严重的水土流失、耕地资源破坏、土地生产力降低等问题，危及国家粮食安全、生态安全和防洪安全，制约经济社会的可持续发展。同时，坡耕地自然资源禀赋不佳，地形坡度大、土层薄，水分和耕作条件都差，农作物产量低，产出仅能"糊口"，使得山区农业劳动力比平原农业劳动力转移到城镇从事非农就业的意愿更加强烈，大量的坡耕地也因此被撂荒。

长期以来，为有效减少水土流失，改善山区农业生产条件和生态环境，促进农村产业结构调整和农民增收，巩固退耕还林成果和保障国家粮食安全，国家将水土保持作为一项长期坚持的基本国策，大力推动以坡改梯工程为主的坡耕地水土流失综合治理工程。坡改梯工程是对坡耕地通过采取修筑水平梯田、整治坡面水系及侵蚀沟道、修建田间道路及水源配套工程、培肥地力等措施，防止土、肥、水流失，提高耕地综合生产能力的相关活动。

在政策法规层面，新中国成立初期，政务院在 1952 年颁布的《关于发动群众继续开展防旱、抗旱运动并大力推行水土保持工作的指示》中就提出在山地区和高原地带推行修筑梯田的水土保持措施。1957 年，国务院发布《中华人民共和国水土保持暂行纲要》，大力号召开展水土保持工作，指出陡坡耕地应修筑成梯田。1991 年，《中华人民共和国水土保持法》（简称《水土保持法》）颁布实施标志水土保持工作步入法治化轨道，在此后历次修订的《水土保持法》及其相关实施条例中均将坡改梯视为治理坡耕地水土流失的重要措施。2023 年，中共中央办公厅、国务院办公厅印发了《关于加强新时代水土保持工作的意见》，聚焦耕地保护、粮食安全、面源污染防治，以粮食生产功能区和重要农产品生产保护区为重点，大力实施坡耕地水土流失治理工程，提高建设标准和质量。加快推进长江上中游坡耕地水土流失治理，因地制宜完善田间道路、坡面水系等配套措施，提升耕地质量和效益。推进黄土高原旱作梯田建设，加强雨水集蓄利用，发展高效旱作农业。加大东北黑土区坡耕地和侵蚀沟水土流失治理力度，统筹推进保护性耕作和高标准农田建设，保护好黑土资源。对于有条件的地区要将缓坡耕地水土流失治理与高标准农田建设统筹规划、同步实施（表 9-1）。

表 9-1　坡改梯相关政策脉络

时间	标题	相关内容
1952 年	《关于发动群众继续开展防旱、抗旱运动并大力推行水土保持工作的指示》	在山区丘陵和高原地带有计划地封山、造林、种草和禁开陡坡，以涵蓄水流和巩固表土，同时应推行先进的耕种方法，如修梯田、挑旱渠、等高种植和牧草轮作等办法
1957 年	《中华人民共和国水土保持暂行纲要》	原有陡坡耕地在规定坡度以上的，若是人多地少地区，应该按照坡度大小、长短、规定期限，修成梯田
1982 年	《中华人民共和国水土保持工作条例》	退耕确有困难的，应按照坡度大小，规定期限，修成梯田或者采取其他水土保持措施。现有的坡耕地，在禁垦坡度以下的，应采取修筑梯田等水土保持措施
1991 年	《中华人民共和国水土保持法》	已在禁止开垦的陡坡地上开垦种植农作物的，应当在建设基本农田的基础上，根据实际情况，逐步退耕、植树种草、恢复植被，或者修建梯田。有计划地对禁止开垦坡度以下、5°以上的耕地进行治理，根据不同情况，采取修建梯田等水土保持措施
1993 年	《中华人民共和国水土保持法实施条例》	已在禁止开垦的陡坡地上开垦种植农作物的，退耕确有困难的坡耕地，由县级人民政府限期修成梯田。在禁止开垦坡度以下的坡耕地，按照水土保持规划，修筑水平梯田
2010 年	《中华人民共和国水土保持法（修订稿）》	加强水土流失重点预防区和重点治理区的坡耕地改梯田等重点工程建设。已在禁止开垦的陡坡地上开垦种植农作物的，退耕确有困难的，应当修建梯田。在禁止开垦坡度以下的坡耕地上开垦种植农作物的，应当根据不同情况，采取修建梯田等措施
2017 年	《中共中央　国务院关于加强耕地保护和改进占补平衡的意见》	不得擅自将永久基本农田、土地整治新增耕地和坡改梯耕地纳入退耕范围

续表

时间	标题	相关内容
2018 年	《中共中央　国务院关于打赢脱贫攻坚战三年行动的指导意见》	将 25°以上坡耕地、重要水源地 15°～25°坡耕地、陡坡梯田、严重沙漠化耕地、严重污染耕地、移民搬迁撂荒耕地纳入新一轮退耕还林还草工程范围
2023 年	《关于加强新时代水土保持工作的意见》	大力推进坡耕地水土流失治理，推进黄土高原旱作梯田建设

同时，为推动水土流失治理，自 1983 年以来，国家在水土流失严重地区持续组织实施了国家水土保持重点工程，至今已连续实施七期工程建设，修筑梯田和实施坡改梯工程是其中重要的工程建设内容和水土保持措施。

此外，2010 年，国家发展改革委、水利部《关于开展坡耕地水土流失综合治理试点工作的通知》提出，在全国 16 个省(区、市)50 个县(市、区)开展以坡改梯工程为主的坡耕地水土流失综合治理试点，重点安排对耕地坡度在 15°以下及年降水量超过 350 mm 的坡耕地的治理工作。

2015 年，水利部等 7 个部门联合印发的《全国水土保持规划(2015—2030 年)》指出，截至 2013 年，全国共修筑梯田 1800 余万公顷，累计增产粮食 3000 多亿千克。规划预计到 2020 年，综合治理坡耕地面积 160 万 hm^2，到 2030 年，累计综合治理坡耕地面积 492 万 hm^2。

2017 年，《全国坡耕地水土流失综合治理"十三五"专项建设方案》(简称《专项方案》)提出，通过五年(2016—2020 年)建设，实施坡改梯 491 万亩，因地制宜地建设蓄排引灌、田间生产道路、地埂利用等配套措施，为治理水土流失和实现脱贫攻坚奠定坚实基础。《专项方案》的实施范围涉及西北黄土高原区、西南岩溶区、西南紫色土区、东北黑土区、南方红壤区、北方土石山区等水土流失严重地区，建设重点是坡耕地治理任务重的西部地区。《专项方案》建设范围涉及河北、山西、内蒙古等 22 个省(区、市)263 个县(市、旗、区)。

2021 年，水利部《水土保持"十四五"实施方案》指出，"十三五"时期，国家共实施坡改梯 483 万亩。该方案提出，在"十四五"时期，以长江、黄河上中游、东北黑土区、西南岩溶区等水土流失严重区域为重点，在多年平均降水量 400 mm 以上、坡耕地分布集中、水土流失严重、人地矛盾较为突出的区域，按照近村、近路、近水的原则，推进坡耕地水土流失综合治理。围绕增强农业综合生产能力和发展特色农业产业，建设高标准梯田，因地制宜完善田间道路、坡面水系、灌排沟渠、蓄水窖池、沟边防护、植物护埂等配套措施。大力推进黄土高原地区旱作梯田建设，统筹推进老旧梯田提升改造(表 9-2)。

表 9-2　国家水土保持重点工程

时间	标题	相关内容
2010 年	《关于开展坡耕地水土流失综合治理试点工作的通知》	在全国 16 个省(区、市)50 个县(市、区)开展以坡改梯工程为主的坡耕地水土流失综合治理试点，重点安排对耕地坡度在 15° 以下及年降水量超过 350 mm 的坡耕地的治理工作
2015 年	《全国水土保持规划(2015—2030 年)》	适宜的坡耕地改造成梯田，配套道路、水系，禁垦坡度以上的陡坡耕地退耕还林、还草。东北黑土区缓坡耕地实施垄向区田、水平梯田、坡式梯田、保土耕作等
2017 年	《全国坡耕地水土流失综合治理"十三五"专项建设方案》	拟通过 5 年(2016—2020 年)建设，实施坡改梯 491 万亩，因地制宜地建设蓄排引灌、田间生产道路、地埂利用等配套措施，为治理水土流失和实现脱贫攻坚奠定坚实基础

续表

时间	标题	相关内容
2020 年	《国家水土保持重点工程 2021—2023 年实施方案》	实施以坡改梯为主要工程措施的小流域综合治理工程
2021 年	《水土保持"十四五"实施方案》	推进坡耕地水土流失综合治理，围绕增强农业综合生产能力和发展特色农业产业，建设高标准梯田。大力推进黄土高原地区旱作梯田建设，统筹推进老旧梯田提升改造
2021 年	《黄河流域淤地坝建设和坡耕地水土流失综合治理"十四五"实施方案》	以修建土坎水平梯田为主，推广建设各类综合护坎梯田，配套田间生产道路和排水沟渠等小型水利水保工程

(2)坡改梯工程效益

① 控制水土流失，改善生态环境

坡耕地是水土流失的主要贡献源。就坡耕地分布的坡度范围而言，其土壤流失量随着坡度的增大而加剧，有研究显示，当坡度从 5° 增加到 15°，坡度增加了 2 倍，土壤流失量增加 7.8 倍；当坡度从 5° 增加到 30°，坡度增加了 5 倍，土壤流失量增加 22.8 倍。在坡耕地上，当降水强度超过了土壤的下渗速度，将会沿坡面形成坡面径流。坡面径流不仅会冲刷土壤、破坏土壤结构，还会带走部分表土和营养物质，造成耕地土壤肥力下降，导致水土流失。特别是在丘陵沟壑密布的黄土高原等地区，当地耕地中的 70%属于坡耕地，黄河年输沙量 16 亿 t 中约一半来自坡耕地，黄土高原地区 5°～25° 的坡耕地每年每公顷的流失水量达到 400～600 m^3，流失表层土 30～150 t，相当于每年损失耕地约 34 万 hm^2。

根据各地坡改梯工程相关建设规范，将坡耕地沿等高线改成梯田后，耕地地面坡度一般可以降到 5° 以下，耕地田面纵横向高差小于 1%，田面内低外高，消除了坡面，从而有效地拦蓄和避免了坡面径流和地表径流的产生，减少了水土流失。梯田与坡耕地相比，其土壤入渗性能改善、土壤抗蚀性增强，土壤含水量和土层贮水量有明显提高。有研究显示，将坡耕地修筑成水平梯田可以拦蓄坡面径流 70%～100%，保土 71%～100%。经过坡改梯工程的实施，山坡地变成梯田地，有效阻缓了坡面径流，将跑土、跑水、跑肥的"三跑地"打造为保土、保墒、保肥的"三保地"。梯田的修筑质量越好，其蓄水保土的效益也越高。

② 增加耕地数量，提高耕地质量

坡改梯工程通过挖高垫低、平整土地、开发荒地、边角地治理和调整田形等措施，"坡地变平地""窄田变宽田""分散变集中"改变了耕地原有的地形条件，提高了土地垦殖率，增加了耕地面积。根据水利部印发的《水土保持"十四五"实施方案》，在"十三五"规划期间，我国实施坡改梯的耕地面积为 483 万亩，如按照 5%的新增耕地系数测算，"十三五"期间坡改梯工程可增加耕地 24 万亩，有助于稳定耕地面积、守住 18 亿亩"耕地红线"。

通过客土回填、土壤改良、整平田面、修筑田坎(埂)等耕地地力建设措施，坡改梯工程的实施实现了"水不下山、土不出川"，有助于保存土壤养分，可以增加耕作层土壤的有机质、全氮、速效磷、速效钾等含量，改善土壤酸碱条件，从而显著提高土壤肥力，"薄田变良田"。在此基础上，通过修建水源灌溉、防洪排水和田间道路等设施，统筹规划和系统治理山水林田路等多种要素，优化了耕地水土资源配置，增强了耕地抵御干旱、暴雨和洪涝等自然灾害的能力，进一步提高了耕地质量。据相关部门测算，在相同耕作条件下，梯田与坡耕地相比，每亩可增产粮食 10～100 kg，若以平均增产 50 kg 计，我国 3.59 亿亩坡耕地全部坡改梯后，每年可增产 179.5 亿 kg 粮食；若以水利部测算的全国适宜改修为梯田的2.42亿亩坡耕地计算，则每年可增产粮食121亿kg。

③ 提高农民收入

首先，坡改梯工程可以显著增加耕地面积和耕地质量，提高了耕地的粮食和农作物的生产能力，从而增加农民收入。根据相关报道，在内蒙古自治区赤峰市敖汉旗萨力巴乡，通过实施坡改梯工程，谷子从每亩单产100斤增加到500多斤，玉米从200多斤增产到1000多斤，当地人均可以增收800元。

其次，通过平整坡地、整合细碎化地块和修建机耕道和田间道路等配套设施，改善了农业生产条件，从而便于“机耕”“机种”和“机收”，在提高地力的同时提升了耕地利用全过程的农业机械化水平，提高了农业生产效率，减少了农业生产对劳动力投入的需求，有助于促进耕地流转，实现规模化经营。对于转入户，坡改梯有助于降低其农业经营成本和管理难度，增加规模收益；对于转出户，则可以全心从事于务工等非农劳动，从而增加收入。

最后，坡改梯工程有助于实现耕地的综合效益。通过综合治理，荒山荒坡变为林地草地，农村生产生活基本条件得以改善。同时，坡改梯工程实施可以促进林、果、茶、中药等农业特色产业的发展，促进农村产业结构调整，农业综合生产能力明显提高，农民收入增加。梯田还是一种重要的文化和自然景观，具备独特的旅游价值，是农旅融合的重要载体，有助于促进当地旅游、餐饮和休闲服务等第三产业的发展，从而增加村集体和农民收入。此外，农民还可以通过参加坡改梯工程建设，就地获取非农收入。

④ 减少耕地撂荒

在坡改梯工程实施过程中，改善原有撂荒耕地的农业生产经营条件和推动撂荒耕地复耕是其重要一环，可以显著减少耕地撂荒面积。对于未撂荒耕地，坡改梯工程的实施减少了农业生产所需的劳动力投入，提高了单位面积上耕地的产出，有助于实现耕地的机械化和规模化经营，在一定程度上可以缓解耕地“无人种、不愿种、种不好”的问题。在农村劳动力持续流出和社会经济快速发展的背景下，坡改梯工程有效降低了现有耕地的撂荒风险，减少了耕地撂荒现象的发生。

(3)存在的问题

① 资金投入不足

据测算，在大部分地区，每1亩坡改梯的投入为1500元左右，如2021年河南嵩县坡耕地水土流失综合治理工程总投入为1220万元，预计新修水平梯田7000亩，而坡改梯实际所需成本投入在每亩3000元左右，其中土地平整工作的资金则要求地方政府配套，在地方政府无力配套时，很多坡改梯工程并不能完全按照标准的建设内容进行建设。此外，梯田的维护和管理是一个系统工程，单靠农户或村集体难以承担，水土流失专项治理项目的资金全部用于坡改梯工程建设，随着工程的建设完毕，项目资金也拨付完毕，对项目实施内容的后期管护缺乏必要的经济措施支撑。

② 工程技术标准不统一

目前我国没有全国性的坡改梯工程建设标准，仅重庆、四川、河北等地出台了坡改梯工程相关技术规范。虽然国家标准《高标准农田建设　通则》(GB/T 30600—2022)规定了田块整治、灌溉排水、田间道路、农田防护、农田配电等内容，但涉及坡改梯工程只有坡式梯田和水平梯田两种技术模式，且只对耕层厚度和有效土层厚度做出了要求，不够具体，未考虑各地区之间的差异(如南北方降水量差异较大，南方地块应里高外低以便于排水，北方地块应里低外高以便于蓄水等。

河北省地方标准《坡改梯工程建设技术规范》(DB 13/T 2019—2014)和四川省地方标准《坡改梯工程建设技术规程》(DB 51/T 1196—2011)都对梯田工程、水源及灌溉工程、防洪排水工程、田间道路、防护林网和地力建设的内容和规范做出了规定。山西省地方标准《丘陵山区农田宜机化改造技术规范》(DB 14/T 2302—2021),规定了水平条田、缓坡地块、坡改梯、水平梯田、坡式梯田、反坡梯田、隔坡梯田等7种技术模式的建设内容、技术要求、建设程序。重庆市地方标准《丘陵山区坡改梯宜机化土地整治技术规范》(DB 50/T 915—2019)规定了丘陵山区坡改梯宜机化土地整治的地块选择、梯台建设、道路建设、土壤培肥、生物护坡、梯台维护等技术要求。地方标准在实践中都发挥了较大作用,但仍相对粗略,一些参数的提出没有给出科学依据,需进一步补充完善。同时,实践中一些有效的做法还未纳入标准中,导致不同地方的工程效果跟施工队伍的经验有很大关系,标准化程度还有待提高。

③ 未充分发挥综合效益

由于大部分坡改梯工程实施前未进行经济效益评估,导致坡改梯工程的综合效益不明显。相关研究表明,若坡耕地改造成本高于218182元/hm^2,则该区域地块没有任何改造价值。若坡耕地改造成本高于109091元/hm^2,则该区域地块不适宜改造。一方面,坡改梯工程无法改变当地的气候和土壤条件,解决不了干旱缺水等问题,导致水土保持效益不明显,甚至减少了可利用耕地面积。另一方面,大部分坡改梯工程实施后仍以种植粮食作物为主,与平地相比其优势不明显。

(4)政策建议

① 因地制宜实施坡改梯工程

基于我国耕地资源利用现状和梯田撂荒的态势,坡改梯的重点地形应在坡度为5°~15°的耕地。一方面,我国坡耕地和梯田撂荒现象严重,2000年以后黄土高原区、南方丘陵山区和西南山区梯田撂荒现象明显增多,这些地区也是坡改梯工程实施的重点地区,而地形条件、灌溉条件、耕作交通条件和土壤肥力等是影响坡耕地和梯田撂荒的重要因素。对于坡度在15°以上的坡耕地,其地形条件和耕作条件难以得到充分改善,农业生产经营收益不高,面临着较高的耕地撂荒风险。另一方面,出于水土保持和生态保护的需要,2019—2021年,黑龙江已经组织开展了全省15°以上坡耕地退耕还林还草工作,《黑龙江省水土保持条例》规定禁止开垦陡坡地的坡度为15°以上,已在规定禁垦陡坡地开垦种植农作物的,应当限期退耕还林还草,退耕前,应当根据实际情况采取水土保持措施。因此,对于坡度大于15°的坡耕地应及早退耕还林还草,不宜再继续修筑梯田,有助于水土保持和生态环境改善,提高生态效益。

在梯田建设工程规划期间,要做好梯田建成后的土地使用方案,并依据未来土地利用方案对坡改梯工程的项目可行性进行经济评估,确保梯田不撂荒,避免建设经费的浪费和梯田失去维护。

② 提高工程建设标准,扩大资金投入

在坡改梯工程的规划制定时,应与现行土地整治和高标准农田建设相结合,集聚和整合相关项目,逐步升级建设标准,防止重复低效建设和片面追求短期目标。同时,顺应农业规模化、机械化、智慧化和生态化的发展,在推动乡村振兴和建设中,科学制定和实施具有前瞻性、科学性和可操作性坡改梯工程建设项目,以提高坡改梯工程的综合效益。

在坡改梯工程实施过程中,应通过国家和地方各级财政加大投入、鼓励社会资本投入和引导农民投资等多种渠道,将坡改梯工程的亩均投入逐步提高到3000元/亩,并鼓励各地进一步加大投入。坡改梯工程的实施如果可以为各类农业经营主体带来实实在在的收益，就会吸引更多带着资本和技术的农业经营主体从事梯田建设、经营和管理。

在坡改梯工程实施后，应及时明确管护责任主体，强化责任主体管护意识，落实工程管护责任。按照"谁受益、谁管护，谁使用、谁管护"原则，调动新型农业经营主体的管护积极性。在符合相关法律、法规和村民委员会征求受益农民代表同意的前提下，可通过承包、租赁、拍卖、业主负责制等多种方式落实工程管护主体。创新社会资本参与机制，建立梯田管护资金池，拓宽管护经费来源，完善管护经费使用管理与监督机制。

③ 推动多样化种植，促进项目统一流转

坡耕地改造为梯田后，不仅可用于种植水稻、小麦和玉米等粮食作物，也适于种植蔬菜、果树、茶叶和药材等经济作物。对于在永久基本农田之外修筑的梯田，应根据"宜农则农、宜耕则耕、宜林则林"的原则，推行多样化种植和多种利用方式，增加经营收益，避免撂荒，提高坡改梯工程的经济效益。

坡改梯工程整合了细碎化的坡耕地，降低了耕地在空间上的细碎化程度，可通过推进田块合并或置换，使农户家庭承包地集中连片，有利于实施机械化作业，作物全覆膜种植技术、高效节水灌溉技术、新型农机具实用技术等也得以推广和应用，进一步提升农业生产效率，有助于实现土地规模化经营。应抢抓这一有利契机，加大对规模经营主体的支持力度，促进农地流转市场发育。通过引导承包地规模较大的农户和经营主体转入梯田，用于发展农业产业和旅游业，推动产业增效、农民增收和乡村振兴，实现企业、农户、村集体多方共赢。

9.1.2 耕地占补平衡评述

(1)耕地占补平衡简介

保护耕地是我国的一项基本国策，耕地占补平衡是指建设占用多少耕地，就应补充数量和质量相当的耕地的制度要求，是我国耕地保护制度的核心和严格保护耕地的重要手段。1997年，中共中央、国务院在《关于进一步加强土地管理切实保护耕地的通知》中指出，各地必须严格做到耕地总量动态平衡，非农建设占用的耕地必须由土地开发、复垦等手段进行补充，且补充耕地的数量要超过建设占用的耕地数量，质量要符合标准。1998 年修订的《中华人民共和国土地管理法》中增加耕地占补平衡条款，成为耕地占补平衡制度的发端。随着我国耕地保护和社会经济发展态势的变化，耕地占补平衡政策也在不断调整和完善，建立了建设占用耕地项目与土地开发整理复垦项目的挂钩、补充耕地市场化交易、耕地占补平衡考核等机制，耕地占补平衡政策的目标也从注重数量平衡转变为数量、质量、生态三位一体保护，主要可分为以下三个阶段(表 9-3)。

1997—2003 年，是耕地占补平衡政策的耕地数量保护阶段。基于我国土地基本国情和所面临的耕地保护形势与现状，国家将保护耕地确立为必须长期坚持的一项基本国策。1996年，"实现耕地总量动态平衡"被正式提出；1997 年，《关于进一步加强土地管理切实保护耕地的通知》的印发，耕地占补平衡制度进入公众视野；1998 年，修订的《土地管理法》确立了以"占补平衡"为核心的土地用途管制制度，同年国土资源部的成立，进一步强化了耕地占补平衡制度在耕地保护中的重要性；1999 年明确了耕地占补平衡的具体执行措施。1997—2003 年，我国非农建设占用耕地 132.63 万 hm^2，补充耕地 210.62 万 hm^2，实现了耕地数量占补平衡的目标。

2004—2017 年，是耕地占补平衡政策的耕地数量、质量保护阶段。为避免耕地占补平衡实施过程中出现的占优补劣、占水田补旱地等损害耕地质量的现象，2004 年国务院发布《关于深化改革严格土地管理的决定》指出，补充耕地的数量、质量实行按等级折算，是耕地占补平衡制度的进一步完善。但由于缺乏统一的耕地质量评价标准，直至 2009 年《中国耕地质量等级调查与评定》成果发布，耕地质量分等定级有了全国标准，耕地占补平衡才正式进入数量和质量并重阶段。同年，在《关于全面实行耕地先补后占有关问题的通知》中提出，全面实施耕地先补后占。2016 年《关于补足耕地数量与提升耕地质量相结合落实占补平衡的指导意见》出台，创新性地提出了补改结合策略，进一步明确了耕地保护必须坚持数量、质量并重，有效遏制了"先占后补"带来的不补、少补和耕地质量损失的乱象。

2017 年至今，是耕地占补平衡政策的数量、质量和生态三位一体保护阶段。在早期耕地占补平衡中的实践中，耕地补充以未利用地开发为主。然而据相关研究，这种耕地补充方式造成草地等大量生态用地流失，对生态环境造成了不利的影响。在生态文明和美丽中国建设的背景下，2017 年《关于改进管理方式切实落实耕地占补平衡的通知》的颁布，标志着我国耕地占补平衡制度进入数量、质量、生态三位一体平衡阶段。2018 年组建自然资源部，加强对自然资源的统一整合和管理，并在同年出台了跨省域补充耕地国家统筹管理办法和城乡建设用地增减挂钩节余指标跨省域调剂管理办法。这些举措扩大了补充耕地的途径，有利于山水林田湖草生命共同体的保护，体现出耕地占补平衡制度的逐步完善。

表 9-3　耕地占补平衡政策沿革

时间	标题	相关内容
1997 年	《关于进一步加强土地管理切实保护耕地的通知》	必须严格按照耕地总量动态平衡的要求，非农业建设确需占用耕地的，必须开发、复垦不少于所占面积且符合质量标准的耕地
1998 年	《中华人民共和国土地管理法》	国家实行占用耕地补偿制度
1999 年	《1997—2010 年全国土地利用总体规划纲要》	占用耕地与开发复垦耕地相平衡，严格控制耕地转为建设用地，实行占用耕地补偿制度
2000 年	《关于加大补充耕地工作力度，确保实现耕地占补平衡的通知》	肯定了全国各地为落实耕地占补平衡政策所做的大量工作和已取得的成效，并要求尚未实现"平衡"的 7 个省(区、市)努力完成耕地占补平衡目标
2001 年	《关于进一步加强和改进耕地占补平衡工作的通知》	立足于本行政区域内实现耕地占补平衡，难以在本行政区域内做到耕地占补平衡的，可向上级国土资源管理部门申请，在省域内进行易地补充耕地
2004 年	《国务院关于深化改革严格土地管理的决定》	各类非农业建设经批准占用耕地的，建设单位必须补充数量、质量相当的耕地，补充耕地的数量、质量实行按等级折算，防止占多补少、占优补劣
2006 年	《耕地占补平衡考核办法》	对依法批准占用耕地的非农业建设用地补充耕地方案的落实情况进行检查核实……主要考核经依法批准的补充耕地方案确定的补充耕地的数量、质量和资金
2008 年	《关于严格耕地占补平衡管理的紧急通知》	建设占用耕地不得跨省域易地补充，进一步规范本行政区域内耕地占补平衡工作，严格耕地占补平衡监督管理和考核工作，统筹协调建设占用和补充耕地规模
2008 年	《关于进一步加强土地整理复垦开发工作的通知》	严格补充耕地，坚守 18 亿亩耕地红线，从 2009 年起，除国家重大工程可以暂缓外，非农建设占用耕地全面实行先补后占
2009 年	《关于全面实行耕地先补后占有关问题的通知》	在全国范围全面实行先补后占，提高补充耕地质量

续表

时间	标题	相关内容
2009年	《关于加强占补平衡补充耕地质量建设与管理的通知》	进一步提高补充耕地质量建设的认识和管理水平，明确国土资源部与农业部在补充耕地验收中的分工合作，并对补充耕地在"验收前""验收时"和"验收后"的工作都做了具体规定
2010年	《关于切实加强耕地占补平衡监督管理的通知》	建立耕地占补平衡全面全程监管制度，充分利用"一张图"和国土资源综合信息监管平台，实行"补、备、核、用、考"的占补考核机制
2010年	《全国主体功能区规划》	确保18亿亩耕地数量不减少、质量不下降。对优化开发区域实行更严格的建设用地增量控制，适当扩大重点开发区域建设用地供给，严格对限制开发区域和禁止开发区域的土地用途管制，严禁改变生态用地用途
2015年	《关于落实发展新理念加快农业现代化实现全面小康目标的若干意见》	落实和完善耕地占补平衡制度，坚决防止占多补少、占优补劣、占水田补旱地，严禁毁林开垦
2017年	《中共中央　国务院关于加强耕地保护和改进占补平衡的意见》	坚决防止耕地占补平衡中补充耕地数量不到位、补充耕地质量不到位的问题，坚决防止占多补少、占优补劣、占水田补旱地的现象
2017年	《关于改进管理方式切实落实耕地占补平衡的通知》	在耕地占补平衡管理中更加注重生态保护。坚持绿色发展理念，转变补充耕地方式，扩大补充耕地来源
2018年	《跨省域补充耕地国家统筹管理办法》	明确了跨省域补充耕地资金要全部用于巩固脱贫攻坚成果和支持实施乡村振兴战略，从而充分发挥经济发达地区和资源丰富地区资金、资源互补优势，推动区域协调发展
2021年	《关于严格耕地用途管制有关问题的通知》	提出耕地"进出平衡"的概念，对一般耕地转为林地、草地、园地的，要实行耕地"进出平衡"，并要求各省（区、市）细化管制措施，全面实施耕地用途管制，是对耕地占补平衡制度的拓展和补充

(2)耕地占补平衡成效

① 守住18亿亩耕地红线

保证一定数量和质量的耕地是牢牢端好"中国饭碗"的基础，"占一补一"的耕地占补平衡是耕地保护的一项基本制度。耕地占补平衡制度的实施，一方面补充了相当数量的建设占用耕地，另一方面倒逼新增建设用地少占耕地，抑制了建设用地对耕地的盲目占用，有效缓解了我国耕地面积急剧减少、"口粮田"受到严重威胁的现象。相关数据显示，实施耕地占补平衡制度的前十年，我国平均每年非农建设占用耕地750万亩。而实施耕地占补平衡制度后的2000—2010年，全国建设占用耕地面积6560万亩，新增耕地面积为6387万亩。1999—2015年，平均每年非农建设占用耕地350万亩，相较1985—1995年下降了400万亩，同期补充耕地量比实际占用量多出1000多万亩。从各省份的政策执行情况来看，1998年全国共有17个省份实现了耕地占补平衡，1999年增加到24个，2000年底增加到29个，此后，全国31个省份基本全部实现了建设占用耕地的占补平衡和耕地总量的动态平衡。从粮食生产情况来看，2004—2022年我国粮食生产实现了"十九连丰"。因此，占补平衡制度在耕地数量上保证了耕地的"补大于占"，遏制了耕地快速减少的态势，为守住18亿亩耕地红线发挥了重要而积极的作用，保障了国家粮食安全。

② 提高用地效率，促进区域协调发展

我国的城镇化和工业化进程快速发展，不可避免要占用大量耕地。1997年我国的人口城镇化率为29.9%，2023年我国人口城镇化率已达65.22%，耕地占补平衡制度缓解了工业化、城镇化过程中建设用地与耕地之间的紧张关系，一定程度上保障和促进了国家社会经济的发展。耕地占补平衡制度的实施让珍惜耕地、保护耕地、合理利用和开发耕地的“资源理念”深入人心，“耕地价值”开始逐渐被正确认识，显化了耕地的社会价值和经济价值，凸显了耕地作为战略资源的重要性，增强了群众的耕地保护意识，在全社会形成了耕地保护的氛围，提升耕地涉及的相关主体严格保护耕地的内生动力，落实耕地保护主体责任，有助于提高用地效率。耕地占补平衡制度以补充耕地指标交易的形式“连接”了占用耕地的地区和补充耕地的地区，促进了城乡之间、发达地区与欠发达地区之间的要素流动，补充耕地区域获得了相应的资金，改善了农业生产条件和农村生活环境，有助于实现土地利用水平和效率的整体提升，推动城乡融合和区域协调发展。

③ 推动土地整治，助力乡村振兴

为落实建设占用补充耕地任务，各地因地制宜采取未利用地开发、农用地和农村建设用地整理、工矿废弃地复垦等多种土地整治形式补充耕地。“十三五”期间，全国累计完成土地整治项目约8.7万个，合计补充耕地1827.98万亩。一方面，土地整治项目区灌排、农机具通行等农业生产条件得到明显改善，耕地集中连片化管理破解了耕地细碎化的难题，为土地规模化与新型化经营创设条件，加快促进资本下乡的步伐。新型经营主体将先进技术和服务引入乡村，全面提升农业现代化水平，延长农业生产经营链，实现多元化乡村新业态，助推乡村振兴战略的进程。同时，各地将农村建设用地整治与新农村建设、乡村振兴等紧密结合起来，废弃闲置的村庄建设用地得到复耕，成为补充耕地的重要途径，低效利用的集体建设用地实现了集约高效利用，既增加了耕地面积，又改善了农村生产条件和人居环境，为农村新产业新业态发展创造了有利条件，有助于合理布局农村居民点和建设用地，促进城乡基本公共服务均等化。耕地占补平衡让土地增值收益更多地向农村地区倾斜，既拓宽了乡村振兴的资金来源，也有助于乡村的产业兴旺，推动乡村产业振兴。

(3)存在的问题

① 补充耕地来源不足

耕地占补平衡中补充耕地多来自于土地开发，占补充耕地的63%，土地整治新增耕地只占补充耕地的20%。我国是一个农业大国和人口大国，耕地开垦历史悠久，经过多年的开发利用，耕地后备资源数量较少。对补充耕地的巨大需求造成耕地后备资源的进一步减少，其中面积大、条件好、易开发的优质资源已接近枯竭，而现有后备资源的地形、土壤和生态环境受限，开发难度大。随着多年来持续开垦补充耕地的力度持续加大，可供继续开垦为耕地的后备资源越来越少，且多呈小规模、分散性和碎片化，补充耕地数量和质量达标的难度越来越大。

② 补充耕地质量和生态难以平衡

随着耕地保护政策的日趋严密，耕地占补平衡逐渐向数量、质量、生态三位一体的平衡转变，但占优补劣、不重视质量和生态环境的现象在一些地方不同程度存在。占补平衡工程建设标准较低，补充耕地质量建设内容不足，新开发的耕地或复垦后新增的耕地土壤耕作层薄，土壤肥力较低，质量很难在短期内达到相应的等别，即使通过采取工程、生物等措施勉强实现了与占用耕地质量相当，也难以确保能够长期稳定，导致占用一块耕地造成的产能损失需要三块相同面积的补充耕地才能弥补，耕地占补平衡前后的粮食产量难以持平。在生态环境上，未利用地大量开发为耕地会造成周边生态环境的严重破坏和生态环境风险的增加，导致耕地生产力下降、水土流失、地下水超采、土壤退化、面源污染加重等问题，补上了耕地数量的缺口，却造成了生态环境的漏洞。

③ 补充耕地后期管护不足

由于补充耕地的后期管护不到位，部分占补平衡项目补充耕地在后期利用过程中出现了撂荒或“非农化”问题。这一方面是由于部分补充耕地的位置主要在偏远山区，立地条件不好，细碎化特征明显，且缺少水源，灌溉条件较差，因此容易被撂荒。另一方面，补充耕地虽然与乡镇政府、村委会和农村集体等土地权属主体签订了移交管护协议，明确了管护责任主体和相关管护责任，强调补充耕地专门用于种植粮食作物。但是从实际来看，由于缺少对项目后续管护、利用情况的专项跟踪和管理，以及粮食种植效益低下或者村集体无利可图的客观原因，项目后期的管护责任难以落实，部分补充耕地被撂荒或改种经济作物。

(4)政策建议

① 保障补充耕地产能平衡

耕地占补平衡政策的根本目标是保障国家粮食安全，耕地产能是维持耕地功能和保障粮食产量的基础，应更加重视补充耕地产能的平衡和提升。为确保补充耕地长期稳定利用和产能平衡，在选址时应充分考虑其自然资源条件、基础设施条件、农业生产条件等因素，在项目规划和设计时要融入土壤检测、土体有机重构与修复、土壤改良与提升等工作内容，提高工程设计和验收标准。应当进一步推广耕地耕作层剥离和回填这一保持和延续耕地产能的有效手段，有利于保护耕地质量和产能，从而进一步增加耕地利用效益，减少耕地撂荒等现象。

② 保障补充耕地生态平衡

为维持耕地生态平衡，在补充耕地选址时要充分考虑空间规划、专项规划、地形坡度、自然保护区、生态红线等范围，从空间分布上要严格依法依规，确保补充耕地项目不会对区域生态环境造成破坏。随着耕地后备资源的日益稀缺，土地综合整治和高标准农田建设应当成为补充耕地的重要来源，不仅有助于耕地产能提升，同时对生态环境保护和改善农村生产生活条件也具有良好推动作用。对于生态脆弱地区，更要将耕地生态环境保护放在突出位置，通过退耕还林、退耕还草、退耕还湿等适当退出一部分边际耕地，降低耕地保护数量和比例。

③ 落实补充耕地后期管护

补充耕地后期管护工作的开展事关耕地占补平衡政策效益，首先，政府部门应统筹安排补充耕地后期管护资金，明确管护标准，确保补充耕地稳定耕作和持续发挥效益。其次，在监管时，应补充运用卫星遥感监测、航拍、自然资源管理“一张图”和实地检查等综合手段，加强补充耕地利用情况管理，严格管控耕地撂荒行为，保障补充耕地持续发挥生产能力。同时，要提高农户对耕地保护和占补平衡的认识及参与程度，扩大补充耕地后期管护工作的群众基础。最后，有必要引入耕地多元经营主体和市场机制，通过土地流转引入种植大户、合作社或农业公司，以实现补充耕地的流转和规模化经营，提高其收益预期，强化和激发经营主体管护新增耕地的内生动力。

9.2 中国著名梯田维护措施

2018 年，联合国粮农组织认定“中国南方山地稻作梯田系统”入选全球重要农业文化遗产系统(Globally Important Agricultural Heritage Systems，GIAHS)。全球重要农业文化遗产定义为农村与其所处环境长期协同进化和动态适应下所形成的独特的土地利用系统和农业景观，这种系统与景观具有丰富的生物多样性，而且可以满足当地社会经济与文化发展的需要，有利于促进区域可持续发展。“中国南方山地稻作梯田系统”包括广西龙胜龙脊梯田、福建尤溪联合梯田、江西崇义客家梯田、湖南新化紫鹊界梯田，是具有森林—村寨—梯田—水系“四素同构”特征的自流灌溉农业生产体系，其特色的水土保持技术、绝美壮丽的梯田景观、多样的稻作文化遗存与民族风情，蕴含着人类生态文明的中国智慧，是宝贵的自然景观、农耕景观和人文景观。但同时，在南方丘陵山区，劳动力价格上涨驱动的种粮收益下降和地块细碎导致的机械化程度低，对梯田利用和保护的影响更甚，这些宝贵的重要农业文化遗产同样面临梯田撂荒的问题。各地为保护梯田这一重要的农耕文化遗产和自然景观，相应出台了一系列举措。

9.2.1　湖南新化紫鹊界梯田

紫鹊界梯田位于湖南省娄底市新化县水车镇，分布在海拔 500～1200 m 的山地上，依山就势而造，小如碟、大如盆、长如带、弯如月，形态各异。紫鹊界梯田总面积超过 8 万亩，其中核心景区集中成片的梯田面积为 3785 亩。据考证，紫鹊界梯田起源于先秦、盛于宋明，成型时间距今已有 2000 年，是历代先民共同劳动的结晶。紫鹊界梯田以稻作农业为主，主要灌溉方式为自流灌溉，被列入世界灌溉工程遗产名录，被称为“世界水利灌溉工程之奇迹”。

(1)统一流转梯田

当地人说“紫鹊界每‘走’一位老人，就要荒一片地”，劳动力转移对紫鹊界梯田撂荒的影响十分显著。2008 年，由返乡年轻人成立的 11 个水稻合作社开始了第一批水稻复耕。2015 年，新化县提出了梯田全球“认租”方案，一旦认租了某一块梯田，除了享有认租田专属冠名权外，认租者还可获得新化县政府颁发的“紫鹊界荣誉村民”称号，并享受梯田农耕亲子互动体验，还可获得该梯田产出的有机农产品。2016 年，紫鹊界核心景区水车镇引导农户成立了一家合作社及农场，引导梯田旱化治理。

对于 3785 亩核心景区梯田，2020 年新化县决定由新化县旅游投资开发有限公司作为梯田保护、利用和管理的责任主体，成立子公司新化县紫鹊界梯田米业有限公司，从当地农民手中接过种田“接力棒”，流转核心景区 3758 亩梯田，开展梯田保护治理。新化县从农业三项补贴改革资金中安排 80 万元，从紫鹊界景区门票收入中提取 30%，作为梯田保护经费；对核心景区梯田，采取“公司＋合作社＋农户”模式，实施统一管理、修缮恢复、代耕代种，将 3700 亩梯田修复一新；引导高档水稻种植，发展紫鹊界梯米、贡米等特色产业，形成网红产品；新化县紫鹊界梯田米业有限公司与 14 家水稻种植专业合作社结成利益共同体，共同发展高档水稻种植，生产的紫鹊界梯米远销北京、上海等地，每斤最高售价达 60 余元，带动了当地农民致富和旅游人气增加；通过彩色稻观景工程、梯田生态游步道、梅山农耕文化演艺等项目，打造沉浸式梯田体验品牌。为使农民有种稻谷的主动性，紫鹊界旅游部门决定每年将门票收入的 10% 返还给村民，实现利益共享模式化，村民积极种植水稻，主动维护梯田景观，使紫鹊界旅游真正实现可持续发展。

(2)整修灌溉系统，治理旱化梯田

紫鹊界梯田是一个特殊的整体灌溉系统，不依靠外部水源和水利工程，灌溉措施十分简易，水源为山体土壤水，属于自流灌溉，不易受干旱影响。但这一灌溉系统也十分脆弱，部分梯田的撂荒会直接破坏自流灌溉系统，高处梯田的撂荒会造成连锁反应，低处借田灌溉的梯田同样会被撂荒，进而导致一整片梯田的旱化。据估算，2014 年紫鹊界核心景区 14 个村梯田旱化面积约为 1600 亩。为防止梯田继续退化，保护梯田景观资源，新化县委、县政府于 2014 年启动梯田旱化治理工作，当年投资 537 万元启动了梯田旱化治理试点，治理近 500 亩旱化梯田。当地计划用 3 年时间治理紫鹊界梯田旱化，重点将对核心景区 14 个村的梯田进行整治建设，恢复生态渠道，力争水稻种植面积及农田联灌率达到 95%以上，投入资金 1.5 亿元，紫鹊界风景名胜旅游公司从门票收入中提 5%用于梯田旱化治理。

(3)设立梯田专项补贴，制定种植奖惩制度

为了激励种粮主体的积极性，从 2016 年起，新化县每年拿出 100 万元补贴核心景区内的梯田耕种，每公顷每年 7500 元。按照旱化抛荒程度，新化县财政对耕种承包观景台可视范围内梯田的种粮者给予补贴。过去没有抛荒现象的，每亩补贴 200 元，抛荒程度较轻的每亩补贴 500 元，抛荒程度中等的每亩补贴 1200～1500 元，抛荒程度严重的每亩补贴 2000～2500 元。与此同时，一套奖罚分明的制度被建立起来。奖励原则是在村民必须耕种承包梯田的前提下实施。设立土地流转奖(10～20 亩每亩奖励 400 元；20～50 亩每亩奖励 600 元；50～100 亩每亩奖励 800 元，100 亩以上每亩奖励 1000 元)、种田能手奖(10～19 亩每亩奖励 200 元，20～29 亩每亩奖励 400 元，以此类推)、梯田卫士奖(在紫鹊界景区内对梯田保护有突出贡献的当地居民，每年评选 10 人，每人奖励 800 元)。对景区内村民拒不履行农田耕种义务的，依据《中华人民共和国土地管理法》等相关法律和文件规定进行处罚，即连续两年不耕种撂荒且限期未复垦的由县人民政府无偿收回土地使用权，并不能享受旅游所带来的相关利益，停发所有涉农补助资金。

9.2.2 广西龙胜龙脊梯田

龙脊梯田位于我国广西壮族自治区桂林市龙胜各族自治县龙脊镇龙脊山脉，龙脊也因山脉如龙的脊梁而得名。龙脊梯田农业系统范围面积约为 101 km^2，分布在海拔 300～1100 m，其中梯田面积 1174 hm^2，主要包括平安壮寨梯田、龙脊古壮寨梯田和金坑红瑶梯田三大部分，是农业文化遗产的核心保护区域，有“天下一绝”之美誉，龙脊梯田一年四季的风景各有神韵，还有依山而建的古村古寨、吊脚木楼、青石板路和丰富多彩的壮、瑶少数民族风情，每年吸引了大量中外游客，被评为全国农业旅游示范点、国家 AAAA 级旅游景区，于 2017 年被列为全球重要农业文化遗产。1999 年以前，由于当地居民多外出务工维持生计，大量梯田被撂荒。1999 年，龙脊梯田景区成立并开始收取门票，经过 20 多年的旅游开发，已形成稳定的旅游产业，梯田撂荒现象大大缓解。

(1)构建利益联结机制，多渠道增加农民收入

2004 年，当地为提升梯田旅游发展水平，由两家国有企业和一家民营企业共同投资成立了旅游公司，建立了“公司＋梯田＋农户”的旅游开发模式。其中农户负责用传统的方式维护和耕种梯田，保持梯田的原始风貌，获得旅游分红收入，激发了村民对水稻种植的热情，有效地保持了龙脊梯田的稻田生产方式，维护了梯田景观和自然生态的持续发展。

以旅游收入为例，农户收入包括：①门票分红。旅游公司与景区内的各村寨签订了梯田维护协议，按门票收入的 7% 提取梯田维护费分红给村寨，再由村寨分配给农户。②种田补贴。当核心景区的接待量超过 36 万人时，公司按 1000 元/亩的标准给予农户种田补贴，鼓励农户

使用传统方式耕种梯田，加强田坎维护，定期清理杂草，延迟收获稻谷，以维持景观。农户如果出现占用梯田葬坟、建房、建停车场等行为会被取消补贴。③索道分红。2012年县政府引进企业建设金坑索道，按索道收入的4%提取分红给大寨村的村民。④房屋出租收入。公司利用村民的闲置宅基地建设民宿，部分没有资金和劳动力的农户通过房屋出租获得收益。⑤务工就业收入。当地村民从事餐厅歌舞队员工及服务员、旅游协管员、卫生员、观光车驾驶员等工作岗位，增加务工收入。⑥农户开展旅游接待服务收入。如开办农家旅馆和售卖旅游商品。⑦村集体开展旅游接待服务收入。政府引导村集体开发红瑶刺绣、稻田抓禾花鱼、自制竹筒饭、种植彩色水稻、开发开耕节和梳秧节，并融入农民丰收节，提高旅游的吸引力和附加值。

(2)加大梯田维护投入

从2009年起，景区每年按照一定比例从门票收入中提取梯田维护费用，用于梯田的保洁和修缮等方面，并由政府出资修建了梯田灌溉系统，降低梯田塌方和水土流失的风险，为稻作梯田的正常生产提供保障。同时，招募景区协管员，推动景区管理工作的实施及受损梯田的修缮。2011年5月，全国首个梯田整治项目在龙胜启动，龙胜梯田展开大规模修复工作。通过开展梯田修复项目，分别对田、水、路进行综合整治，修复翻耕塌方和撂荒的田块，完善灌溉、排水系统，改建景区道路。其中，梯田修复工艺以原始工艺为主，采用生态、绿色、环保等办法，要先清理基础，用木桩深钉固定后用片石干砌，再取土坯回填，并人工夯实。田埂恢复后再耕犁，使梯田景观得以永久、完好地保存下去。2020年，龙脊梯田基础设施继续得到完善。新建设观景平台总面积为11790 m^2；旅游步行道面积39610 m^2，大小停车场15个，共有小车停车位2280个；修建公厕共有34座。各村寨的道路、人饮、消防、用电、排污系统等民生工程都得到了进一步的改善。2020年底，核心景区大寨村、中禄村、金江村的道路、村容村貌、生活垃圾、污水处理项目全部竣工，有效提升核心区域的农村环境，为可持续发展打下良好的基础。

(3)打造文化旅游新业态、新产品

龙脊保存着以梯田农耕为代表的稻作文化、以北壮服饰为代表的服饰文化、以干栏民居为代表的建筑文化、以铜鼓舞和弯歌为代表的歌舞文化和以“龙脊四宝”为代表的饮食文化，构成了龙脊梯田独具特色的文化吸引力。龙脊景区在做好梯田休闲、观光游产品的基础上，形成了独特的发展经济和保护生态辩证统一的“龙脊模式”。根据不同村寨、时段、民族等元素，举办“龙脊梯田文化节”“开耕节”“晒衣节”“辣椒节”等系列民族节庆活动，推动特色村寨建设。引导群众发展辣椒、罗汉果、百香果等特色种植业，开发插秧摸鱼、瓜果采摘等农耕体验活动。推出凤鸡、翠鸭、龙脊茶、龙脊辣椒、地灵花猪、红糯等国家地理标志产品和皇金菊等有机食品，打造功能多样的文化旅游新业态、新产品，并通过业态创新、文旅融合，带动形成产业融合发展的新模式，催生了新产品、新服务，推动旅游全面提档升级。依托生态和农耕文化、民族文化、红色文化等独特旅游资源优势，推进旅游与文化、生态、农业的深度融合，形成了产业发展新业态，让乡村旅游真正成为农民共同富裕的“造血工程”。

9.2.3　福建尤溪联合梯田

联合梯田位于福建省尤溪县联合镇，是中国历史最为悠久的古梯田群之一。联合梯田开垦于唐开元时期，1300多年前，大量农人涌入尤溪，在垂直落差近700 m的山地上开垦。梯田绵延8个行政村，最高海拔近900 m，最低260 m，梯田坡度在15°～75°，梯田最高级数达上千级，总面积10717亩，规模宏大、气势磅礴、蔚为壮观，拥有梯田传统的农耕方式和独有的“森林—竹林—村庄—梯田—梯田村庄复合—河流”山地农业水利灌溉系统，经过多年的沉淀，形成了以语言、民歌、舞蹈、习俗和祭祀活动等为主要内容，具有联合独特内涵的农耕文化。先后获评首批中国重要农业文化遗产、中国美丽田园、中国五大魅力梯田等称号。

2018年，尤溪县制定了《联合梯田三年保护提升工程实施方案》，争取上级资金约3200万元，县财政投入梯田保护与利用资金约1100万元，实施梯田维护、生态保护、基础设施、旅游开发、农耕文化五大提升工程。①实施梯田维护工程，对梯田核心区抛荒田进行复垦，2019年完成核心区560亩抛荒田复垦，2020年对剩余200余亩抛荒田进行复垦；核心区各村成立专业合作社，推进整村土地流转，实行集约化经营、规模化经营，提高农业生产力，带动农民增收。②实施生态保护工程，通过推广绿色种植模式及食用菌种植，引导农户转型升级；控制农药、化肥使用，减少农业面源污染。加大梯田上方水源林保护，严禁乱砍滥伐；适当缩小梯田核心区竹林规模，种植阔叶林，增强森林涵养水源、保持水土功能；加强水库管理，修建蓄水池，保障梯田灌溉。③实施基础设施提升工程，投入2510万元完成中小流域治理、水土流失综合治理、节水灌溉、粮食产能建设等项目。修建田间机耕路，用石板铺设生产步道，降低劳动强度，方便游客观光。连续三年在联合梯田示范推广南方山地梯田水稻提质增效技术。④实施旅游开发提升工程，编制完成《尤溪县联合乡（镇）总体规划（2016—2030年）》《联合镇旅游专项规划》《尤溪县联合镇联合梯田片区控制性详细规划》《尤溪县联合镇联合梯田片区景观设计》，将景区划分为旅游商务购物区、生态农业体验区、生态康养体验区、梯田农耕文化综合体验区等五大功能区，引进“锦绣梯田”旅游开发项目。⑤实施农耕文化提升工程，深挖本土文化。联合梯田持续挖掘和提升梯田民俗文化、农耕文化、红色文化等特色文化内涵，讲好“联合故事”，传承和发展南宋古迹伏虎岩庙会民俗文化，举办“开耕节”“丰收节”、熬“九粥”等民俗活动，展示和弘扬丹溪河畔“耕读传家”文化传统。在梯田核心区建成大地丰收艺术馆，结合实物、图片、音频、视频等向游客呈现具象农耕文化，持续开发培育“联合梯田”品牌系列伴手礼产品，策划“家有良田”等梯田认种的订单生产模式。

9.2.4　江西崇义上堡梯田

上堡梯田位于江西省赣州市崇义县西北部山区，最高海拔1260 m，最低海拔280 m，垂直落差近千米，梯田依山势开建，上堡梯田开发历史最早可追溯至先秦时期，距今有2000多年的历史，后经历代不断扩建和修缮，达到现在5万余亩的宏伟规模，被称为“世界最大客家梯田”。基于复杂地形所建设的上堡梯田，是较早的“山水林田湖草沙”生态系统的体现：“森林—水系—梯田—村落”山林农业生态体系，由森林子系统、水系子系统、梯田子系统和村落子系统组成，充分展示了森林的水源涵养功能、水系的灌溉功能、梯田的水土保持功能、村落的粮食生产功能。如前文所述，这种良好梯田生态系统面临着大面积的撂荒问题，崇文县政府为应对梯田撂荒采取了一系列措施。

（1）统一规划，科学管理

崇义县坚持“保护优先、统一规划、科学管理、永续利用”原则，立足客家梯田文化景观的构成要素和景观、地质、环境、水文、气候等方面的变化演进情况，持之以恒保护梯田的原生态。通过成立客家梯田保护管理局，高标准编制梯田保护规划，落实行动措施，统筹做好客家梯田的保护、传承、发展工作。对核心区域梯田复垦按照标准进行奖励，采取“谁种粮食谁得补贴”，对梯田核心保护区的种植农户实行财政再奖补。为恢复梯田的完整度，全面引导农户对景区撂荒梯田的流转和复耕，核心区梯田已由政府统一流转，农民每年每亩可获得 300 元租金收入。

(2)提升梯田种植收益

崇义县立足上堡梯田生态优势和农耕文化，积极鼓励梯田复耕复种，以“谁种粮食谁得补贴”的措施加以激励，成功复耕 2000 余亩梯田。通过成立农业开发公司进行统一耕种、统一管理、统一经营，推崇生态古法耕种梯田米，保证梯田米健康、绿色、有机。通过探索“旅游＋梯田米”模式，融入观光、露营、古耕体验、民俗休闲等旅游功能，推动单一的“卖梯田米”向“卖梯田米、卖风景、卖情怀”转变。目前，崇义上堡梯田景区已有 2000 多名当地居民进入旅游产业链。梯田米通过“崇水山田”品牌赋值，价格提升至每千克 40 元，高端产品价格达每千克 133 元，梯田大米收入突破了 5000 万元，村庄人均年增收近 2000 元。除水稻种植收益外，大力支持当地加大高山有机茶的发展，扩大种植规模，打造示范基地，提升产品附加值，带动原住居民致富增收。同时，开发梯田稻田耕作、生态采摘、攀岩登山等农事体验项目，开发九层皮、黄元米果等当地原生态产品制作项目，吸引游客参与到农事体验和土特产品的制作中来，将各类农副产品项目与梯田串联，共同推动以梯田观光为主线的生态旅游产业链发展，从而增加农民收入，提高农民种植和维护梯田的积极性。

(3)公益众筹，守护梯田

2020 年，崇义县引入公益众筹模式，企业或个人通过认筹便可在景区获得“一亩三分地”，众筹者不仅能获得梯田生产的梯田稻，还附带“崇义五宝”及景区观光旅游等产品。公益众筹通过返聘原村民承揽企业或个人认筹的梯田，给村民带来额外收入，缓解了梯田撂荒现象。2021 年，上堡梯田景区吸收 82 户农户古法种植富硒有机水稻 1900 余亩，农户每亩实现增收 3500 元。基于众筹活动，让上堡梯田的农业属性与旅游属性相融合，让加工产品与旅游相联合，让农业教育与旅游相契合，带动了更多企业和个人参与梯田保护，实现了梯田生态价值的创造性转化和创新性发展。

9.3 中国梯田撂荒的对策

(1)以农业服务外包和机械化缓解农业劳动力的约束

本研究的分析结果表明，劳动力非农转移之所以诱导山区农户撂荒梯田，原因在于非农转移对山区农业劳动供给产生了较强的约束。不同于相对平坦的地区可以通过服务外包和机械化的劳动替代来缓解劳动力转移造成的负面影响，山区的梯田机械作业难度大，农业服务外包市场发展缓慢，无法有效替代非农转移减少的农业劳动供给，梯田的农业劳动力供给不断下降。

一是应该重视丘陵山区小微型机械发展，做到梯田也能机耕、机种和机收，提高南方丘陵梯田耕作区机械化作业水平。可结合当下留守劳动力老龄化的现状，积极研发适合老年劳动力的小微型农业机械，并针对梯田耕作区地形因素，研制出能由单个农户操作“爬坡”“过坎”等梯田适用性机械，方便农户在不同海拔和坡度的田块间耕作。同时，提高相关农业机械补贴，完善农业机械操作示范、指导和售后维修等服务，推进丘陵山区农业生产机械化进程。从而以机械替代农业劳动力，并减轻留守家庭成员的体力负担，缓解梯田撂荒。

二是培育农业托管和服务外包市场，缓解农业劳动力季节性供应紧张。研究发现，随着农户家庭劳动力的非农转移，部分农户家庭农业生产面临劳动力季节性供应紧张，尤其在农忙时节，远距离转移的劳动力无法兼顾农业生产，导致农业劳动力供给受限，使梯田区农业生产逐渐由"粗放"种植变成"不种植"，梯田撂荒现象普遍。因此，政府在政策上应积极扶持农业专业合作组织的发展，逐步发展种植大户和专业合作社，提供代育秧服务和病虫害统防统治等田间管理环节外包。鼓励农民特别是外出务工农民通过集体经济组织或流转服务组织托管承包土地，盘活撂荒梯田，减少撂荒。

(2)以农田宜机化改造推动梯田的二次开发建设

一是积极推进梯田宜机化改造。丘陵山区地形条件复杂，梯田田块狭长、细碎、高低起伏，不仅给农业生产增加了难度，还制约了机械化作业，导致梯田区农业机械化水平远远低于平原地区。因此，相关部门应该对山区部分荒废和设施不健全的梯田进行二次开发建设，推动改善梯田机耕道和机械作业条件，提高山区农业机械适应性。依托梯田资源特征，注重加强梯田耕作区生产性基础设施建设和土地整治力度。例如，对已建成的梯田某些田面狭窄需要加宽，结合土地整治对田面进行扩大，以适应农业机械化的要求。然而这样的梯田宜耕化改进的成本过高，地方政府难以支撑，还需要国家及省级层面进行资金投入，不仅要针对已经形成规模的农业大户进行宜耕化改进，还需要普及到"小农户"，这样才能从根本上提高山区梯田的机械化程度，提高山区农民种田积极性，有效缓解梯田撂荒。

二是梯田土地综合整治。梯田耕作区农业基础设施薄弱，道路、水利等农业基础不完善。调研发现，部分地区上方梯田撂荒后下方梯田灌溉条件受限制，被迫撂荒，最后成片梯田出现撂荒、垮塌的现象。因此，应改善丘陵地区耕作条件，提高耕地产出效益。农村的公共产品的建设都应该由政府来承担，如道路、排水灌溉、电力供应等农业生产基础设施，由于理性经济人都想搭便车，单个农户对农业经营的投入是有限的。政府要解决农户耕地撂荒的现象，必须在政策上给予强力的支持，必须从改变农业产业的弱势入手，借助于新农村建设、全面推进农村改革的时机，继续强化相关农业政策，加大对农业各方面的投入力度，加强农业生产基础设施的建设，特别是农田水利设施建设，改善耕作条件，进而提高梯田产出率和农业生产的收益。农业生产的收益率提高了，农户自然会增加对农业劳动力的投入，梯田撂荒现象也会随之减少。

(3)以农业"新产品"和经营"新主体"促进梯田区农业产业发展

随着社会经济发展，可以预测的是，会有越来越多的农户以家庭化的迁移模式彻底向城镇和非农部门转移，要缓解因劳动力流失而产生的梯田撂荒行为，就必须增加更多本土就业机会，切实提高农民收入。

一是发展梯田特色产业。政府应该盘活已经撂荒的梯田，积极扶持新型农业经济主体，帮助引进先进品种，如"彩色稻""巨人稻"等具有观赏价值的作物，促进作物与梯田景观的融合，让农业生产的过程融进梯田景观，同时将农业种植与乡村体验旅游相结合，形成梯田耕作的"产前"人文体验、"产中"梯田景观、"产后"农业产业链条，提升农业生产效益，带动当地梯田农业产业发展，为农户提供本地就业机会，减缓劳动力外流趋势，从而缓解农户撂荒。此外，政府还应加强宣传，扶持本地“农产品带货”电商的发展，拓宽农产品的线上和线下销售渠道，从而增加农户的种植业收入，提高其种植耕地的积极性，达到减少撂荒的目的。

二是引进农业新型经营主体。培育新型农业经营主体，发展适度规模经营。大规模农户相对于小规模农户有更高的土地生产率、劳动生产率、成本利润率和技术效率，因此，培育新型农业经营主体，发展适度规模经营是当前的政策选择。

(4)以农业农村信息化平台为依托推动梯田区分类管控

一是以农地流转信息平台，鼓励农户流转梯田。随着劳动力非农就业的不断发展，丘陵山区梯田要盘活撂荒梯田、实现规模经营，除了解决梯田宜机化改造、提高山区机械作业水平之外，还需要通过土地流转来实现。因此，地方政府应积极搭建信息畅通的梯田流转平台，鼓励撂荒或者耕作意愿较低的农户转出梯田，帮助种养大户转入梯田。提供梯田流转的信息咨询平台，为有意愿参与流转的农户提供政策咨询、信息发布、合同签订等服务工作，为已经参与的流转的农户提供土地登记、纠纷调解等援助服务。必须建立健全农村社会保障体系，完善农村非农就业市场，弱化部分已经非农转移农户对耕地资源的“依恋”情节，促进丘陵山区梯田流转市场的发展，从而减少撂荒现象的发生。

二是结合农户农业生产大数据，针对不同撂荒类型农户实施不同的政策措施。构建以乡镇、行政村为单元的农户大数据平台，深入了解村内因劳动力转移差异带来的农户分化，翔实了解农户家庭劳动力转移情况，从不同类型农户的角度有针对性地实施撂荒缓解措施。对于“留农守土”户和“离农不离土”户提高农业机械作业水平，鼓励种植特色作物，对这类种植大户相应提高农业补贴和机械购入补贴，扶持新型农业经济主体。针对“离农离土”和“离农弃耕”农户，则促进这两类农户家庭梯田资源向农业大户和农业新型经济主体流转，盘活非农程度高的农户已撂荒的梯田。

通过搭建农业生产大数据平台，帮助政策实施部门全面了解农户家庭农业和非农业可能的发展趋势，预测村内农户潜在撂荒风险，主动采取应对措施。

参考文献

白丹，王玮，王勇，2010. 南水北调中线水源区水平梯田建设效益分析[J]. 西北大学学报：自然科学版，40(1)：158-161.

孛永明，陈瑾，王丽洁，2022. 新时代定西市梯田建设的思考[J]. 中国水土保持(7)：25-27.

毕宝德，2011. 土地经济学[M]. 北京：中国人民大学出版社.

毕于运，郑振源，2000. 建国以来中国实有耕地面积增减变化分析[J]. 资源科学，22(2)：8-12.

蔡昉，2017. 改革时期农业劳动力转移与重新配置[J]. 中国农村经济(10)：2-12.

蔡新广，2004. 石匣小流域水土保持措施蓄水保土效益试验研究[J]. 资源科学，26(S1)：144-150.

曹阳，李庆华，2005. 我国农户劳动力配置决策模型及其应用[J]. 华中师范大学学报：人文社会科学版，44(1)：48-53.

陈蝶，卫伟，陈利顶，2017. 梯田景观的历史分布及典型国际案例分析[J]. 应用生态学报，28(2)：689-698.

陈恩，于绯，2013. 马克思主义经济学与西方经济学劳动力迁移理论的比较[J]. 贵州社会科学(8)：108-113.

陈晓红，汪朝霞，2007. 苏州农户兼业行为的因素分析[J]. 中国农村经济(4)：25-31.

董世杰，辛良杰，李升发，等，2023. 中国梯田撂荒程度及空间格局分异研究[J]. 地理学报，78(1)：3-15.

董晓霞，黄季焜，SCOTT R，等，2006. 地理区位，交通基础设施与种植业结构调整研究[J]. 管理世界(9)：59-63，79.

董祚继，2018. 土地科学的“三大定律”和“三大猜想”[J]. 中国土地(2)：20-23.

杜挺，朱道林，2018. 中国土地流转价格时空演化与宏观机制研究[J]. 资源科学，40(11)：2202-2212.

风笑天，2018. 社会研究方法[M]. 北京：中国人民大学出版社.

封志明，刘宝勤，杨艳昭，2005. 中国耕地资源数量变化的趋势分析与数据重建：1949—2003[J]. 自然资源学报，20(1)：35-43.

冯中朝，1995. 农民分化与城乡协调发展的实证分析[J]. 农业经济问题，16(3)：37-41.

付广华，2008. 环太平洋梯田文化圈论[J]. 广西民族研究(1)：132-138.

高一兰，2016. 人力资本，制度与我国农村劳动力迁移[D]. 上海：上海社会科学院.

关小克，王秀丽，陈伟强，2020. 县域耕地边际化风险评价与验证[J]. 农业机械学报，51(2)：153-160.

贺献林，王海飞，刘国香，等，2020. 涉县旱作梯田系统农业物种及遗传多样性保护与利用[J]. 中国生态农业学报（中英文)，28(9)：1453-1464.

贺振华，2005. 外部机会，土地制度与长期投资[J]. 经济科学(3)：5-14.

侯惠珺，罗丹，赵鸣，等，2016. 基于生态恢复和文化回归的梯田景观格局重建——以菲律宾科迪勒拉高山水稻梯田景观复兴为例[J]. 生态学报，36(1)：148-155.

侯长蓬，1999. 就业结构调整中的新趋向——兼业现象初探[J]. 人口学刊(2)：16-21.

胡伟芳，张永勋，王维奇，等，2017. 联合梯田农业文化遗产地景观特征与景观资源利用[J]. 中国生态农业学报，25(12)：1752-1760.

胡最，刘沛林，邓运员，等，2016. 紫鹊界稻作梯田的传统文化特征研究[J]. 资源开发与市场，32(12)：1466-1470.

蒋波，邱长生，吴鸣，等，2008. 土地流转模式的比较研究——试析重庆模式[J]. 经济研究导刊(10)：99-100.

金芳芳,辛良杰,2018. 中国闲置耕地的区域分布及影响因素研究[J]. 资源科学,40(4):719-728.

雷利·巴洛维,1989. 土地资源经济学——不动产经济学[M]. 谷树忠,等,译. 北京:北京农业大学出版社.

李禄胜,2008. 梯田对改善农业生产条件提高农业生产能力的影响与作用——以宁夏隆德县为例[J]. 宁夏社会科学(6):76-79.

李升发,李秀彬,辛良杰,等,2017. 中国山区耕地撂荒程度及空间分布-基于全国山区抽样调查结果[J]. 资源科学,39(10):1801-1811.

李秀彬,赵宇鸾,2011. 森林转型,农地边际化与生态恢复[J]. 中国人口资源与环境,21(10):91-95.

李阳芳,宋维峰,彭永刚,等,2012. 元阳梯田不同土地利用类型表层土壤的抗冲性[J]. 中国水土保持科学,10(5):31-35.

李赞红,阎建忠,花晓波,等,2014. 不同类型农户撂荒及其影响因素研究:以重庆市12个典型村为例[J]. 地理研究,33(4):721-734.

李志俊,郭剑雄,2011. 劳动力选择性转移对农村家庭人口生产偏好转变的影响[J]. 中国农村观察(3):40-49.

刘成武,李秀彬,2005. 农地边际化的表现特征及其诊断标准[J]. 地理科学进展,24(2):106-113.

刘勇,2001. 论菲律宾的梯田文化[J]. 世界民族(3):61-67.

罗林,胡甲均,姚建陆,2007. 喀斯特石漠化坡耕地梯田建设的水土保持与粮食增产效益分析[J]. 泥沙研究(6):8-13.

马红斌,李晶晶,何兴照,等,2015. 黄土高原水平梯田现状及减沙作用分析[J]. 人民黄河,37(2):89-93.

闵庆文,2020. 重要农业文化遗产及其保护研究的优先领域,问题与对策[J]. 中国生态农业学报(中英文),28(9):1285-1293.

牟艳,赵宇鸾,李秀彬,等,2022. 地块质量特征对西南山区梯田撂荒的影响——以贵州剑河县白岩村为例[J]. 地理研究,41(3):903-916.

缪建群,王志强,杨文亭,等,2018. 崇义客家梯田生态系统发展现状,存在的问题及对策[J]. 生态科学,37(4):218-224.

潘思怡,彭小娟,赖格英,等,2017. 江西崇义客家梯田系统生物多样性特征与演化分析[J]. 江西科学,35(2):206-212.

邱道持,2015. 农村土地资产评估[M]. 重庆:西南师范大学出版社.

邵景安,张仕超,李秀彬,2014. 山区耕地边际化特征及其动因与政策含义[J]. 地理学报,69(2):227-242.

邵景安,张仕超,李秀彬,2015. 山区土地流转对缓解耕地撂荒的作用[J]. 地理学报,70(4):636-649.

史海滨,1992. 狠抓梯田建设 改变低产面貌[J]. 中国水土保持(2):34-35.

史铁丑,李秀彬,2017. 基于地块尺度的重庆山区耕地撂荒风险研究[J]. 山地学报,35(4):543-555.

檀竹平,洪炜杰,罗必良,2019. 农业劳动力转移与种植结构"趋粮化"[J]. 改革(7):111-118.

汪永刚,李志忠,王敦民,等,2009. 坚持不懈兴修梯田改善生态开发产业[J]. 中国水土保持(8):35-36,58.

王道龙,毕于运,2002. 我国中西部生态脆弱带坡耕地水土流失及坡地梯化[J]. 中国人口·资源与环境,12(5):88-91.

王可超,肖武,余昊,等,2023. 我国耕地边际化研究现状与展望[J]. 中国农业大学学报,28(4):183-194.

王茜,吕昌河,于伯华,2011. 陕西省安塞县梯田建设及其对环境和农业发展的影响[J]. 干旱区资源与环境,25(9):51-54.

王亚辉,李秀彬,辛良杰,2019a. 山区土地流转过程中的零租金现象及其解释——基于交易费用的视角[J]. 资源科学,41(7):1339-1349.

王亚辉,辛良杰,李秀彬,2019b. 重庆典型山区耕地资产贬值特征及其发生机理[J]. 农业工程学报,35(22):107-114.

韦鸿,2008. 农地利用的经济学分析[M]. 北京:中国农业出版社.

吴春晓,高小峰,司本帅,2022. 长期施肥对黄土高原梯田土壤养分特征和微生物资源限制的影响[J]. 环境科学,43(1):521-529.
吴茗华,王薇,刘光盛,等,2019. 基于神经网络模型的耕地撂荒风险评价—以广东兴宁市为例[J]. 农业现代化研究,40(6):1002-1010.
吴钦孝,杨文治,1998. 黄土高原植被建设与持续发展[M]. 北京:科学出版社.
吴郁玲,石汇,王梅,等,2018. 农村异质性资源禀赋,宅基地使用权确权与农户宅基地流转:理论与来自湖北省的经验[J]. 中国农村经济(5):52-67.
西奥多·舒尔茨,1990. 人力资本投资——教育和研究的作用[M]. 北京:商务印书馆.
向国成,韩绍凤,2005. 农户兼业化:基于分工视角的分析[J]. 中国农村经济(8):4-9.
谢花林,吴箐,李秀彬,2023. 湘闽赣山区劳动力转移差异对梯田撂荒决策和规模的影响[J]. 地理学报,78(1):16-34.
辛良杰,李秀彬,朱会义,等,2009. 农户土地规模与生产率的关系及其解释的印证[J]. 地理研究,28(5):1276-1284.
徐福荣,张恩来,董超,等,2010. 云南元阳哈尼梯田两个不同时期种植的水稻地方品种表型比较[J]. 生物多样性,18(4):365-372.
徐勇,安祥生,杨波,等,2010. 黄土高原坡改梯综合效益分析——以燕沟流域为例[J]. 中国水土保持科学,8(1):1-5,12.
徐羽,2021. 中国农业规模经营对土地租金的影响[D]. 北京:中国科学院大学.
杨荣娟,刘洋,闵庆文,等,2019. 河北涉县旱作石堰梯田农业文化遗产景观特征及演变[J]. 中国农业信息,31(6):61-73.
杨蕊,和秋菊,徐正会,等,2022. 云南元阳梯田森林生态系统蚂蚁群落和分布格局研究[J]. 四川农业大学学报,40(4):591-600.
杨艳芬,角媛梅,刘澄静,等,2021. 全球水稻梯田生态系统服务研究进展[J]. 生态学杂志,40(3):876.
叶长卫,李雪松,2002. 浅谈杜能农业区位论对我国农业发展的作用与启示[J]. 华中农业大学学报:社会科学版(4):1-4.
袁爱莉,黄绍文,2011. 云南哈尼族梯田稻禽鱼共生系统与生物多样性调查[J]. 学术探索(2):42-47.
袁淑宁,高赟,2020. 基于粮食安全背景下的传统小农经济现状[J]. 甘肃农业(1):105-107.
张佰林,杨庆媛,严燕,等,2011. 快速城镇化进程中不同类型农户弃耕特点及原因——基于重庆市十区县540户农户调查[J]. 资源科学,33(11):2047-2054.
张超,刘国彬,薛萐,等,2010. 黄土丘陵区坡改梯田土壤碳库组分演变特征[J]. 水土保持研究,17(1):20-23.
张娟,宋维峰,彭永刚,等,2014. 元阳梯田水源区林地土壤水分时空变异性研究[J]. 西北林学院学报,29(2):49-53.
张晴,程卓,刘博,等,2022. 云南红河哈尼梯田生态系统的资源植物多样性与传统知识[J]. 生态与农村环境学报,38(10):1258-1264.
张五常,2010. 佃农理论[M]. 北京:中信出版社.
张学珍,赵彩杉,董金玮,等,2019. 1992-2017年基于荟萃分析的中国耕地撂荒时空特征[J]. 地理学报,74(3):411-420.
张英,李秀彬,宋伟,等,2014. 重庆市武隆县农地流转下农业劳动力对耕地撂荒的不同尺度影响[J]. 地理科学进展,33(4):552-560.
张永勋,闵庆文,2016. 稻作梯田农业文化遗产系统保护研究综述[J]. 中国生态农业学报,24(4):460-469.
周丁扬,吴建桥,文雯,等,2021. 粮食主产区河南省耕地撂荒特征与影响因素分析[J]. 农业机械学报,52(8):127-137.
周来友,2017. 江西丘陵地区非农就业类型对农业生产效率的影响[D]. 南京:南京农业大学.
周宗俊,保继刚,翁时秀,2021. 梯田保护利用的演化逻辑及外力影响因素[J]. 热带地理,41(2):388-397.

朱道林,杜挺,2017. 中国耕地资源资产核算方法与结果分析[J]. 中国土地科学,31(10):23-31.

朱文珏,罗必良,2020. 劳动力转移、性别差异与农地流转及合约选择[J]. 中国人口·资源与环境,30(1):160-169.

AMSALU A,DE GRAAFF J,2007. Determinants of adoption and continued use of stone terraces for soil and water conservation in an Ethiopian highland watershed[J]. Ecological Economics,61(2-3):294-302.

ANGELSEN A,2007. Forest cover change in space and time:combining the von Thünen and forest transition theories[R]. World Bank Policy Research Working Paper No. 4117.

BARBIER E B,BURGESS J C,1997. The economics of tropical forest land use options[J]. Land Economics,73(2):174-195.

BARBIER E B,DELACOTE P,WOLFERSBERGER J,2017. The economic analysis of the forest transition:Areview[J]. Journal of Forest Economics,27:10-17.

BEZU S,HOLDEN S,2014. Are rural youth in Ethiopia abandoning agriculture? [J]. World Development,64:259-272.

BROWN A G,FALLU D,WALSH K,et al,2021. Ending the Cinderella status of terraces and lynchets in Europe:The geomorphology of agricultural terraces and implications for ecosystem services and climate adaptation[J]. Geomorphology,379(15):107579.

CHEN B,QIU Z,NAKAMURA K,2016. Tourist preferences for agricultural landscapes:A case study of terraced paddy fields in Noto Peninsula,Japan[J]. Journal of Mountain Science,13:1880-1892.

CHEN D,WEI W,CHEN L,2017. Effects of terracing practices on water erosion control in China:A meta-analysis[J]. Earth-Science Reviews,173:109-121.

CHEN Q,WEN Y,ZHANG X,et al,2022. Evolutionary overview of terrace research based on bibliometric analysis in Web of Science from 1991 to 2020[J]. International Journal of Environmental Research and Public Health,19(13):7796.

CHIDI C L,ZHAO W,THAPA P,et al,2022. Evaluation of traditional rain-fed agricultural terraces for soil erosion control through UAV observation in the middle mountain of Nepal[J]. Applied Geography,148:102793.

CRAMER V A,HOBBS R J,STANDISH R J,2008. What's new about old fields? Land abandonment and ecosystemassembly[J]. Trends in Ecology & Evolution,23(2):104-112.

CRAWFORD C L,YIN H,RADELOFF V C,et al,2022. Rural land abandonment is too ephemeral to provide major benefits for biodiversity and climate[J]. Science Advances,8(21):eabm8999.

DE BLÉCOURT M,HÄNSEL V M,BRUMME R,et al,2014. Soil redistribution by terracing alleviates soil organic carbon losses caused by forest conversion to rubber plantation[J]. Forest Ecology and Management,313:26-33.

DEFRIES R,PANDEY D,2010. Urbanization,the energy ladder and forest transitions in India's emerging economy[J]. Land Use Policy,27(2):130-138.

DENG C,ZHANG G,LIU Y,et al,2021. Advantages and disadvantages of terracing:A comprehensive review[J]. International Soil and Water Conservation Research,9(3):344-359.

DÍAZ G I,NAHUELHUAL L,ECHEVERRÍA C,et al,2011. Drivers of land abandonment in Southern Chile and implications for landscape planning[J]. Landscape and Urban Planning,99(3-4):207-217.

ESTACIO I,BASU M,SIANIPAR C P,et al,2022. Dynamics of land cover transitions and agricultural abandonment in a mountainous agricultural landscape:Case of Ifugao rice terraces,Philippines[J]. Landscape and Urban Planning,222:104394.

ESTEL S,KUEMMERLE T,ALCÁNTARA C,et al,2015. Mapping farmland abandonment and recultivation across Europe using MODIS NDVI time series[J]. Remote Sensing of Environment,163:312-325.

FANG J,CHEN A,PENG C,et al,2001. Changes in forest biomass carbon storage in China between 1949 and 1998[J]. Science,292(5525):2320-2322.

GALLETTI C S,RIDDER E,FALCONER S E,et al,2013. Maxent modeling of ancient and modern agricultural terraces in the Troodos foothills,Cyprus[J]. Applied Geography,39:46-56.

GEBRERNICHAEL D,NYSSEN J,POESEN J,et al,2005. Effectiveness of stone bunds in controlling soil erosion on cropland in the Tigray Highlands,northern Ethiopia[J]. Soil Use and Management,21(3):287-297.

GHAMISI P,COUCEIRO M S,BENEDIKTSSON J A,2013. Classification of hyperspectral images with binary fractional order Darwinian PSO and random forests:Image and signal processing for remote sensing XIX[C]. SPIE Conference on Image and Signal Processing for Remote Sensing.

GRAESSER J,RAMANKUTTY N,2017. Detection of cropland field parcels from Landsat imagery[J]. Remote Sensing of Environment,201:165-180.

GU Y,WYLIE B K,HOWARD D M,et al,2013. NDVI saturation adjustment:A new approach for improving cropland performance estimates in the Greater Platte River Basin,USA[J]. Ecological Indicators,30:1-6.

HAMMAD A A,HAUGEN L E,BØRRESEN T,2004. Effects of stonewalled terracing techniques on soil-water conservation and wheat production under Mediterranean conditions[J]. Environmental Management,34:701-710.

HAMMAD A H A,BØRRESEN T,HAUGEN L E,2006. Effects of rain characteristics and terracing on runoff and erosion under the Mediterranean[J]. Soil and Tillage Research,87(1):39-47.

HE Y,XIE H,PENG C,2020. Analyzing the behavioural mechanism of farmland abandonment in the hilly mountainous areas in China from the perspective of farming household diversity[J]. Land Use Policy,99(1):104826.

HECHT S B,KANDEL S,GOMES I,et al,2006. Globalization,forest resurgence,and environmental politics in El Salvador[J]. World Development,34(2):308-323.

HOU W,SU J,XU W,et al,2019. Inversion of the fraction of absorbed photosynthetically active radiation (FPAR) from FY-3C MERSI data[J]. Remote Sensing,12(1):67.

HUANG B,ZHAO B,SONG Y,2018. Urban land-use mapping using a deep convolutional neural network with high spatial resolution multispectral remote sensing imagery[J]. Remote Sensing of Environment,214:73-86.

IENCO D,INTERDONATO R,GAETANO R,et al,2019. Combining Sentinel-1 and Sentinel-2 Satellite Image Time Series for land cover mapping via a multi-source deep learning architecture[J]. ISPRS Journal of Photogrammetry and Remote Sensing,158:11-22.

INBAR M,LLERENA C A,2000. Erosion processes in high mountain agricultural terraces inPeru[J]. Mountain Research and Development,20(1):72-79.

INTERDONATO R,IENCO D,GAETANO R,et al,2019. DuPLO:A dual view point deep Learning architecture for time series classification[J]. ISPRS Journal of Photogrammetry and Remote Sensing,149:91-104.

ITO J,NISHIKORI M,TOYOSHI M,et al,2016. The contribution of land exchange institutions and markets in countering farmland abandonment in Japan[J]. Land Use Policy,57:582-593.

JIANG Y,LI S,CAI D,et al,2014. The genesis and paleoenvironmental records of Longji agricultural terraces, southern China:A pilot study of human-environment interaction[J]. Quaternary International,321:12-21.

KASTNER T,ERB K,NONHEBEL S,2011. International wood trade and forest change:A global analysis[J]. Global Environmental Change,21(3):947-956.

KINNAIRD T,BOLOS J,TURNER A,et al,2017. Optically-stimulated luminescence profiling and dating of historic agricultural terraces in Catalonia (Spain)[J]. Journal of Archaeological Science,78:66-77.

KOŠULIČ O,MICHALKO R,HULA V,2014. Recent artificial vineyard terraces as a refuge for rare and endangered spiders in a modern agricultural landscape[J]. Ecological Engineering,68:133-142.

KOULOURI M,GIOURGA C,2007. Land abandonment and slope gradient as key factors of soil erosion in Mediterranean terracedlands[J]. Catena,69(3):274-281.

KRAHTOPOULOU A,FREDERICK C,2008. The stratigraphic implications of long-term terrace agriculture in dynamic landscapes:Polycyclic terracing from Kythera Island,Greece[J]. Geoarchaeology,23:550-585.

KUSSUL N,LAVRENIUK M,SKAKUN S,et al,2017. Deep learning classification of land cover and crop types using remote sensing data[J]. IEEE Geoscience and Remote Sensing Letters,14(5):778-782

LAMBIN E F,MEYFROIDT P,2010. Land use transitions:Socio-ecological feedback versus socio-economic change[J]. Land Use Policy,27(2):108-118.

LASANTA T,ARNÁEZ J,PASCUAL N,et al,2017. Space-time process and drivers of land abandonment in Europe[J]. Catena,149:810-823.

LAUE J E,ARIMA E Y,2016. Spatially explicit models of land abandonment in the Amazon[J]. Journal of Land Use Science,11(1):48-75.

LI L,PAN Y,ZHENG R,et al,2022. Understanding the spatiotemporal patterns of seasonal,annual,and consecutive farmland abandonment in China with time-series MODIS images during the period 2005—2019[J]. Land Degradation & Development,33(10):1608-1625.

LIU X,HE B,LI Z,et al,2011. Influence of land terracing on agricultural and ecological environment in the loess plateau regions of China[J]. Environmental Earth Sciences,62:797-807.

LIU Y,SONG W,2022. Mapping human appropriation of net primary production in agroecosystem in the Heihe River Basin,China[J]. Agriculture,Ecosystems & Environment,335:107996.

LONDOÑO A C,WILLIAMS P R,HART M L,2017. A change in landscape:Lessons learned from abandonment of ancient Wari agricultural terraces in Southern Peru[J]. Journal of Environmental Management,202:532-542.

LÖW F,FLIEMANN E,ABDULLAEV I,et al,2015. Mapping abandoned agricultural land in Kyzyl-Orda,Kazakhstan using satellite remote sensing[J]. Applied Geography,62:377-390.

LU D,LI G,MORAN E,2014. Current situation and needs of change detection techniques[J]. International Journal of Image and Data Fusion,5(1):13-38.

LUBITOW A,LIEVANOS R S,CARPENTER E,et al,2021. Transformative transportation survey methods:Enhancing household transportation survey methods for hard-to-reach populations[J]. Transportation Research Part D:Transport and Environment,98:102953.

MAERTENS M,ZELLER M,BIRNER R,2006. Sustainable agricultural intensification in forest frontier areas[J]. Agricultural Economics,34(2):197-206.

MAHDIANPARI M,SALEHI B,REZAEE M,et al,2018. Very deep convolutional neural networks for complex land cover mapping using multispectral remote sensing imagery[J]. Remote Sensing,10(7):1119

MARDIAN J,BERG A,DANESHFAR B,2021. Evaluating the temporal accuracy of grassland to cropland change detection using multitemporal imageanalysis[J]. Remote Sensing of Environment,255:112292.

MATHER A S,1992. The forest transition[J]. Area,24(4):367-379.

MATHER A S,2007. Recent Asian forest transitions in relation to forest transition theory[J]. International Forestry Review,9(1):491-502.

MAYER A,KAUFMANN L,KALT G,et al,2021. Applying the Human Appropriation of Net Primary Production framework to map provisioning ecosystem services and their relation to ecosystem functioning across the European Union[J]. Ecosystem Services,51:101344.

MCCARTHY N,CARLETTO C,KILIC T,et al,2009. Assessing the impact of massive out-migration on Albanian agriculture[J]. The European Journal of Development Research,21:448-470.

MINH T D,YANAGISAWA M,KONO Y,2017. Forest transition in Vietnam:A case study of northern mountain region[J]. Forest Policy and Economics,76:72-80.

MONTERO-DE-OLIVEIRA F,BLUNDO-CANTO G,EZZINE-DE-BLAS D,2023. Under what conditions do payments for environmental services enable forest conservation in the Amazon? A realist synthesis[J]. Ecological Economics,205:107697.

NAKAJIMA M,1996. Sustainability of rice terraces[J]. Journal of Geography (Chigaku Zasshi),105(5):547-568.

NAVARRO L M,PEREIRA H M,2012. Rewilding abandoned landscapes in Europe[J]. Ecosystems,15(6):900-912.

NGUYEN D B,WAGNER W,2017. European rice cropland mapping with Sentinel-1 data:The Mediterranean region case study[J]. Water,9(6):392.

NGUYEN H D,PHAM V D,VU P L,et al,2022. Cropland abandonment and flood risks:Spatial analysis of a case in North Central Vietnam[J]. Anthropocene,38:100341.

OLARIETA J R,PADRÓ R,2016. Investment in landesque capital in semiarid environments: Dry-stone terraces in Les Oluges (La Segarra,Catalunya)[J]. ANNALES,Series Historia et Sociologia Archives,26 (3):487-498.

PETERS F,LIPPE M,EGUIGUREN P,et al,2023. Forest ecosystem services at landscape level-Why forest transition matters? [J]. Forest Ecology and Management,534:120782.

POSTHUMUS H,STROOSNIJDER L,2010. To terrace or not:the short-term impact of bench terraces on soil properties and crop response in the Peruvian Andes[J]. Environment,Development and Sustainability,12:263-276.

PRICE S,NIXON L,2005. Ancient Greek agricultural terraces:Evidence from texts and archaeological survey [J]. American Journal of Archaeology,109(4):665-694.

QI Y,WEI W,LI J,et al,2020. Effects of terracing on root distribution of Pinus tabulaeformis Carr. forest and soil properties in the Loess Plateau of China[J]. Science of The Total Environment,721:137506.

RAKOTOMAHAZO C,RANIVOARIVELO N L,RAZANOELISOA J,et al,2023. Exploring the policy and institutional context of a Payment for Ecosystem Services (PES) scheme for mangroves in southwestern Madagascar[J]. Marine Policy,148:105450.

RAWAT J K,SOHANI S K,JOSHI V,1995. Application of computer for terrace grading design by plane method[J]. Indian Journal of Soil Conservation,(1):65-68.

ROGAN J,FRANKLIN J,ROBERTS D A,2002. A comparison of methods for monitoring multitemporal vegetation change using Thematic Mapper imagery[J]. Remote Sensing of Environment,80(1):143-156.

RUDEL T K,COOMES O T,MORAN E,et al,2005. Forest transitions:towards a global understanding of land use change[J]. Global Environmental Change,15(1):23-31.

RUTEBUKA J,UWIMANZI A M,NKUNDWAKAZI O,et al,2021. Effectiveness of terracing techniques for controlling soil erosion by water in Rwanda[J]. Journal of Environmental Management,277:111369.

SANDOR J A,GERSPER P L,HAWLEY J W,1990. Prehistoric agricultural terraces and soils in the Mimbres area,NewMexico[J]. World Archaeology,22(1):70-86.

SAYED A,SARKER A,KIM J,et al,2020. Environmental sustainability and water productivity on conservation tillage of irrigated maize in red brown terrace soil of Bangladesh[J]. Journal of the Saudi Society of Agricultural Sciences,19(4):276-284.

SEN L T H,BOND J,DUNG N T,et al,2021. Farmers' barriers to the access and use of climate information in the mountainous regions of Thùa Thiên Huê province,Vietnam[J]. Climate Services,24:100267.

SHARDA V N,JUYAL G P,SINGH P N,2002. Hydrologic and Sedimentologic Behavior of a Conservation Bench Terrace System in a Sub-Humid Climate[J]. Transactions of the ASAE,45(5):1433-1444.

SIEBER A,KUEMMERLE T,PRISHCHEPOV A V,et al,2013. Landsat-based mapping of post-Soviet land-use change to assess the effectiveness of the Oksky and Mordovsky protected areas in European Russia[J]. Remote Sensing of Environment,133:38-51.

SOLANO-CORREA Y T,BOVOLO F,BRUZZONE L,et al,2018. Automatic derivation of cropland phenological parameters by adaptive non-parametric regression of Sentinel-2 NDVI time series[C]. IEEE International Geoscience and Remote Sensing Symposium. IEEE.

SONG W,PIJANOWSKI B C,TAYYEBI A,2015. Urban expansion and its consumption of high-quality farmland in Beijing,China[J]. Ecological Indicators,54:60-70.

STANCHI S,FREPPAZ M,AGNELLI A,et al,2012. Properties,best management practices and conservation of terraced soils in Southern Europe (from Mediterranean areas to the Alps):A review[J]. Quaternary International,265:90-100.

STARK O,TAYLOR J E,1989. Relative deprivation and international migration oded stark[J]. Demography,26(1):1-14.

STRIJKER D,2005. Marginal lands in Europe—causes of decline[J]. Basic and Applied Ecology,6(2):99-106.

TAIZO U,MASAAKI F,TAKASHI M,2015. Ecological significance of masonry revetments in plant biodiversity[J]. International Journal of GEOMATE: Geotechnique,Construction Materials and Environment,9:1353-1359.

TAROLLI P,PRETI F,ROMANO N,2014. Terraced landscapes:From an old best practice to a potential hazard for soil degradation due to land abandonment[J]. Anthropocene,6:10-25.

TAYLOR J E,ROZELLE S,DE BRAUW A,2003. Migration and incomes in source communities:A new economics of migration perspective from China[J]. Economic Development and Cultural Change,52(1):75-101.

THOMAS D B,BARBER R G,MOORE T R,1980. Terracing of cropland in low rainfall areas of Machakos District,Kenya[J]. Journal of Agricultural Engineering Research,25(1):57-63.

TODARO M P,1969. A model of labor migration and urban unemployment in less developed countries[J]. The American Economic Review,59(1):138-148.

TONG X,XIA G,LU Q,et al,2020. Land-cover classification with high-resolution remote sensing images using transferable deep models[J]. Remote Sensing of Environment,237:111322.

TRACEWSKI L,BASTIN L,FONTE C C,2017. Repurposing a deep learning network to filter and classify volunteered photographs for land cover and land use characterization[J]. Geo-spatial Information Science,20(3):252-263.

UCHIDA E,SATO K,CUNIN O,et al,2013. A Reconsideration of the Construction Period of the Cruciform Terraces and the Elevated Causeways in the Angkor Monuments,Based on the Magnetic Susceptibility of the Sandstone Blocks[J]. Archaeometry,55(6):1034-1047.

VARISCO D M,1991. The future of terrace farming in Yemen:a development dilemma[J]. Agriculture and Human Values,8:166-172.

VOGEL H,1987. Terrace farming in Yemen[J]. Journal of Soil and Water Conservation,42(1):18-21.

WANG H,ZHANG G,LI N,et al,2018a. Soil erodibility influenced by natural restoration time of abandoned farmland on the Loess Plateau of China[J]. Geoderma,325:18-27.

WANG Z,YAO W,TANG Q,et al,2018b. Continuous change detection of forest/grassland and cropland in the

Loess Plateau of China using all available Landsat data[J]. Remote Sensing,10(11):1775.

WANG N,FANG M,BEAUCHAMP M,et al,2021. An indigenous knowledge-based sustainable landscape for mountain villages:The Jiabang rice terraces of Guizhou,China[J]. Habitat International,111:102360.

WEI W,CHEN D,WANG L,et al,2016. Global synthesis of the classifications,distributions,benefits and issues of terracing[J]. Earth-Science Reviews,159:388-403.

WICKAMA J,OKOBA B,STERK G,2014. Effectiveness of sustainable land management measures in West Usambara highlands,Tanzania[J]. Catena,118:91-102.

WOLFERSBERGER J,DELACOTE,GARCIA S,2015. An empirical analysis of forest transition and land-use change in developing countries[J]. Ecological Economics,119:241-251.

XI F,HE H S,CLARKE K C,et al,2012. The potential impacts of sprawl on farmland in Northeast China-Evaluating a new strategy for rural development[J]. Landscape & Urban Planning,104(1):34-46.

XIA L,LUO J,SUN Y,et al,2018. Deep extraction of cropland parcels from very high-resolution remotely sensed imagery[C]. 2018 7th International Conference on Agro-geoinformatics (Agro-geoinformatics), IEEE.

XIE H,WU Q,2020. Farmers' willingness to leave land fallow from the perspective of heterogeneity:A case-study in ecologically vulnerable areas of Guizhou,China[J]. Land Degradation & Development,31(14):1749-1760.

XIE Z,GAME T,HOBBS R J,et al,2020. Conservation opportunities on uncontested lands[J]. Nature Sustainability,3(1):9-15.

XU Y,ZHU G,WAN Q,et al,2021. Effect of terrace construction on soil moisture in rain-fed farming area of LoessPlateau[J]. Journal of Hydrology:Regional Studies,37:100889.

YAMADA S,OKUBO S,KITAGAWA Y,et al,2007. Restoration of weed communities in abandoned rice paddy fields in the Tama Hills,central Japan[J]. Agriculture,Ecosystems & Environment,119(1-2):88-102.

YAN J,YANG Z,LI Z,et al,2016. Drivers of cropland abandonment in mountainous areas:A household decision model on farming scale in Southwest China[J]. Land Use Policy,57:459-469.

YANG Y,TILMAN D,FUREY G,et al,2019. Soil carbon sequestration accelerated by restoration of grassland biodiversity[J]. Nature Communications,10(1):718.

ŽBONTAR J,LECUN Y,2015. Computing the stereo matching cost with a convolutional neural network[C]. Proceedings of the IEEE conference on computer vision and pattern recognition,IEEE.

ZEILER M D,FERGUS R,2014. Visualizing and Understanding Convolutional Networks[C]. Computer Vision-ECCV 2014,PT I.

ZHANG L,MA W,ZHANG D,2016a. Stacked sparse autoencoder in PolSAR data classification using local spatial information[J]. IEEE Geoscience and Remote Sensing Letters,13(9):1359-1363.

ZHANG Y,LI X,SONG W,et al,2016b. Land abandonment under rural restructuring in China explained from a cost-benefit perspective[J]. Journal of Rural Studies,47:524-532.

ZHANG C,SARGENT I,PAN X,et al,2018. An object-based convolutional neural network (OCNN) for urban land use classification[J]. Remote Sensing of Environment,216:57-70.

ZHAO W,DU S,2016. Learning multiscale and deep representations for classifying remotely sensed imagery [J]. ISPRS Journal of Photogrammetry and Remote Sensing,113:155-165.

ZHAO B,HUANG B,ZHONG Y,2017. Transfer learning with fully pretrained deep convolution networks for land-use classification[J]. IEEE Geoscience and Remote Sensing Letters,14(9):1436-1440.

ZHU X X,TUIA D,MOU L,et al,2017. Deep learning in remote sensing:A comprehensive review and list of resources[J]. IEEE Geoscience and Remote Sensing Magazine,5(4):8-36.